社區工作與社區發展

葉至誠　著

出版心語

　　近年來，全球數位出版蓄勢待發，美國從事數位出版的業者超過百家，亞洲數位出版的新勢力也正在起飛，諸如日本、中國大陸都方興未艾，而台灣卻被視為數位出版的處女地，有極大的開發拓展空間。植基於此，本組自民國 93 年 9 月起，即醞釀規劃以數位出版模式，協助本校專任教師致力於學術出版，以激勵本校研究風氣，提昇教學品質及學術水準。

　　在規劃初期，調查得知秀威資訊科技股份有限公司是採行數位印刷模式並做數位少量隨需出版〔POD＝Print on Demand〕（含編印銷售發行）的科技公司，亦為中華民國政府出版品正式授權的 POD 數位處理中心，尤其該公司可提供「免費學術出版」形式，相當符合本組推展數位出版的立意。隨即與秀威公司密集接洽，雙方就數位出版服務要點、數位出版申請作業流程、出版發行合約書以及出版合作備忘錄等相關事宜逐一審慎研擬，歷時 9 個月，至民國 94 年 6 月始告順利簽核公布。

執行迄今逾 3 年，承蒙本校謝董事長孟雄、謝校長宗興、劉教務長麗雲、藍教授秀瑋以及秀威公司宋總經理政坤等多位長官給予本組全力的支持與指導，本校諸多教師亦身體力行，主動提供學術專著委由本組協助數位出版，數量已達 30 本，在此一併致上最誠摯的謝意。諸般溫馨滿溢，將是挹注本組持續推展數位出版的最大動力。

本出版團隊由葉立誠組長、王雯珊老師、賴怡勳老師三人為組合，以極其有限的人力，充分發揮高效能的團隊精神，合作無間，各司統籌策劃、協商研擬、視覺設計等職掌，在精益求精的前提下，至望弘揚本校實踐大學的校譽，具體落實出版機能。

實踐大學教務處出版組　謹識

中華民國 99 年 5 月

序言

　　人類生活發展歷程，家庭是人們生活最重要的領域，而社區則是民眾公共生活中最基本的單元。1887 年德國社會學者杜尼斯（F. Tonnies）出版的名著 *Community and Society*（中文將其譯為《社區與社會》），論述：社會是人際關係的綜合，每一個社區都是一個社會，而社會卻不是社區；社區是指一個地方共同生活的人，指一群聚在一個地方分工合作的人，其是具體的，這群人之間的人際關係，構成社會。社區具備著「社會互動、地理區域、共同關係」這三個特徵。社會的發展必須扎根於社區，才能穩健經營；民眾也必須建立社區共同體意識，關心自己的家園，協力營造，社區才能永續發展。足見社區與個人、家庭、社會與國家的高度關聯性。

　　在社會工作的學理上，社區工作是社會工作者用來協助社區組織起來，並運用自己的力量、資源去解決社區問題，以滿足社區的需要。在實務運作上，社區工作則是社會工作者用來協助社區從事社區發展與社區營造。近年來，隨著全球化的推動，為了避免社群的疏離現象，對於如何加強社區發展和社區照顧，十分關注和重視，而社區工作作為一種實踐的理論，正好提供所需的知識和技巧。

　　多年來，台灣的社區民眾、社區組織者、專業工作者與文史工作者，在「公民社會」及「地方自主」的風潮催化下，積極地投入社區重建與再造的行列，以提昇全民生活品質。社區發展以結合具自發性、自主性、具意願、有動機的民眾、團體或社區共同進行一種立足於社區，注重生命，改善生活，存續生存的理念，為人民與社區的關係做新的營造與模塑。這股「社區營造」風潮除承接由下而上的社區營造精神，並豐富了民眾參與的行動模式，逐步健全發展整體社會環境，進一步形塑公民社會的機能。今天的「社區」，已不再是過去的村、里、鄰形式上的行政組織，而是在於這群居民的共同意識和生活體。在日常生活用以凝聚居民，如地方民俗的

開發、古蹟和建築特色的建立、街道景觀的整理、地方產業的發展、特有活動的提倡、地方文史館的建立、居住空間和景觀的美化等，這就是「社區營造」。社區工作與社區發展目的在關懷社區的公共議題，進而鼓勵居民參與，營造社區的嶄新風貌。

社區工作強調的是平等、互助、合作，是一種形塑現代社會的運動，是一場社會心靈的革命，即在於思考人與人（人際倫理及群我倫理）、人與環境（物質倫理及環境倫理）的關係。發展出相互依賴的人與人、人與群體及人與生態間的合作模式，這種合作模式稱之為共生（Symbioses），也就是我國自古以來所強調的「仁民愛物」倫理觀念。

社區工作是建構理想社區與理想生活方式的實踐，以促成的社會制度、社會組織、社會行動達成優質成長的場域。簡單的說，就是社區的居民大家一起來為自己的生活環境共同打拼，解決社區的問題，讓大家彼此更親近、更認同的共同生活領域，發展一個對未來充滿希望想像的藍圖。社區發展的目的，為整合社會資源，凝聚民眾意識，參與公共事務，以促進社區人、文、地、景、產的永續發展，並建立社區特色，展現社區活力，促成社區永續經營。在促進社區發展的過程中，實賴專業工作者引領社區民眾能擇定社區發展議題，導入適宜的途徑與方式，以裨益社區的和諧發展。

為能落實社會福利服務的專業精神，盱衡公民社會的君臨，《社區工作與社區發展》一書兼具理論與實務議題的探討，第一部分在提供社區工作者鉅視的架構，使讀者能掌握社區工作的總體性質。介紹並討論社區工作理論、社區意識、社區組織、社區營造、社區政策、社區行動、社區參與等。第二部分在提供具體的社區工作方案，使讀者能掌握社區工作的堂奧；包括：老人社區工作、醫務社區工作、社區照顧、社區學習等。運用寬廣的學科概念探討社區工作，達成社區發展所揭示的「造人──提昇自覺意識」，「造景──增進環境品質」，「造產──複合多元發展」等目標。共計十八單元，以精要論述社區工作主要內容，冀能有助於專業服務工作的落實。感謝實踐大學出版組及秀威公司工作團隊的玉成，得將對社區工作與社區發展的理念編撰成書，以饗讀者。

　　知識分子常以「金石之業」、「擲地有聲」，以形容對論著的期許，本書距離該目標不知凡幾。唯因忝列杏壇，雖自忖所學有限，腹笥甚儉，然常以先進師長之著作等身，為效尤的典範，乃不辭揣陋，敝帚呈現，尚祈教育先進及諸讀者不吝賜正。

葉至誠　謹序

民國 99 年 5 月 1 日

社區工作與社區發展

目　次

第一章　社區工作概述

前言

　　社區工作是社會工作直接服務三大領域之一，相對個案及團體工作，社區工作是較晚才獲確認為社會工作的介入（intervention）方法。美國在1920 年及 1930 年分別確認個案及團體工作的專業方法，社區工作遲至1962 年才被社工教育課程委員會接受為社會工作基本方法之一。這確認希望擴大社會工作的分析角度，跳出微觀的層面，補充危機介入的方法，最終令當事人的問題能全面得到處理及解決。由於社區工作是經常協助弱勢階層爭取權益，有時反而可能被視為一種社會運動而不僅是社工專業。隨著社區工作被確認為社會工作方法之一，亦反映出若干的基本價值觀，如相信人的自決權利，相信人的尊嚴及價值，相信爭取社會公義的重要等。爰此，現今的社會工作專業，已廣泛將社區工作置於助人服務的領域之中。

壹、社區工作的定義

　　「社區」（community）的定義是指：占有一定區域的一群人，因歷史背景、地理環境、社會文化、生活水準、職業聲望或其他方面的差異而造成各種不同的地域，並且形成彼此相互依存的關係。社區這個概念源於德國社會學家杜尼斯（F. Tonnies），1887 年所論著的社會學名著 *Community and Society*（中文譯為《社區與社會》），因而其被譽為社區概念的創建者。杜尼斯使用的 gemeinschaft（民俗社區）和 gesellschaft（法理社會），以說明社

會的變遷及人際互動的變化，其強調這二種理想類型的對立。民俗社區中的成員由共同價值觀和傳統維繫在一起，其有共同的價值觀念、共同的生活樣態；法理社會的特徵是更多的理智作為和多元化形式，人們崇尚的是個體、自主、契約與個人至上法則。1968 年出版的《國際社會科學百科全書》第 3 卷在談到社區時，將社區的定義概括三種：

第一，社區是居住於特定地區範圍內的人口集合體。

第二，社區是以地域為界限並具有整合功能的系統。

第三，社區是具有著地方性的自治自決的行動單位。

參酌美國 1974 年出版的《社會百科全書》，將社區一詞定義為空間或地域的社會組織，強調是指心理凝聚力或共同情感下結合於此組織者。1979 年出版的《社會科學辭典》指出，社區一詞是指人們的集體，這些人占有一個地理區域，共同從事經濟活動和政治活動，基本上形成一個具有某些共同價值標準和相互從屬的感情的自治社會單位。這裡包括地理區域、互動關係和共同情感三個特徵，或地域性社會組織和共同情感等特徵。爰此，我們可以將社區視為：

第一，「社區必須發揮一些基本功能，包括提供基本經濟需求、社會化、社會控制、社會參與和相互支持的功能。」

第二，「社區是社會的縮影，與其他群體不同，其也是一個社會系統，包括如政府、經濟、教育、宗教、家庭等子系統，所以社區須有一定的規模。」

是以，一個社區是一個「有能力回應廣泛的成員需要，解決其在日常生活中遇到的問題和困難的生活地域。」當居民能夠對其社區承擔義務、自我意識到其共享的價值觀和利益、在相互交往中產生歸屬、廣泛參與社區的決策時，社區能力將會得到加強。

由不同時代的見解，社區概念具有以下幾個主要特徵：

1. 共同性，指社區居民具有共同利益、共同文化、共同意識或價值觀。
2. 組織性，非正式組織結合著居民意識產生較高的共同期待與歸屬感。
3. 互動性，社區內居民之間互動較多，對社區的日常生活較熟悉親切。

4. 功能性，具有一些基本社會功能和一定規模，以牢固的維繫著居民。

5. 區域性，生活的共通性需求與機能的相互依賴促成統整在共同區域。

6. 認同性，當環境變異，地域性特徵弱化，認同性將會是越來越重要。

社區是一種社會系統，其各部分相互聯繫、相互影響，為社區成員履行著各種社會功能。但社區作為社會系統和正式組織不同，社區往往是民眾主動形成，並非是來自於政府機關權威性地組織起來。社區履行與地方有關的社會功能，功能上是一個社會活動的組織，為居民提供其日常生活中必需的、廣泛的活動區域和活動資源。社會工作扎根於居民、家庭、社會關係和教育網絡、工作網絡以及價值體系中，關注人們如何獲得和保持其社會關係與社會網絡。

由於社區是一個居民的工作環境（community as a context），該區域與所屬的生活、問題、資源及文化背景息息相關；因此社會工作者需要瞭解服務對象的全貌，方能達成助人的專業。社區是一個互相照顧的網絡（caring community），一個可滿足成員生理上需要及心理上需要的單位；社會工作著力發展及加強成員間的互助關係、歸屬感及自助能力，以解決成員的個別或共同問題。

根據 M. Gross 教授的說法，社區工作是一種解決社區問題的方法與過程，即先認定問題排定解決的優先順序，發展解決問題的意願與運用社區的資源，並培養社區的民眾合作的態度。社區工作的內容為：分析社區問題、發覺社區資源、組織社區關係、規劃社區方案及聯合社區機構。為發揮社區工作的功能，往往與里民中心、社區協會、基金會、廟宇、教會、老人會、里辦公室等相結合，以利服務目標的落實。

社區工作是社會工作的一種專業方法；是一個過程；運用集體行動的方法，鼓勵居民自助、互助及自決的精神；能找出及滿足社區的需要，解決社區問題，培養社區歸屬感和認同感，達致社區整合，改善社區生活素質，發展居民能力，加強其自主性，以促進社區轉變。甚而具備一些更宏

觀及更結構的目標,如:改變社會制度,改變權力分配,減低居民的疏離,增進自信及政策參與(empowerment)。

　　社區工作強調是以社區為對象的專業服務工作,透過組織居民參與集體行動,去釐訂社區需要,合力解決社區問題,改善生活環境及素質;在參與的過程中,促使居民建立對社區歸屬感,培養自助、互助及自決的精神;加強居民的社區參與及影響決策的能力和意識,發揮居民的潛能,培養社區領袖才能,以達致更公平、公義、民主及和諧的社會。

貳、社區的主要意涵

　　人們在社會生活中,不僅結成一定的社會關係,而且離不開一定的地域條件。人們會在一定的地域內形成一個各區域性的生活共同體,整個社會就是由這些大大小小的地域性生活共同體結合而成的。這種地區性的生活共同體是社會結構中十分重要的組成要素,作為人類地域性的聚居共同體。「社區」一詞源於拉丁語,原意是親密的關係和共同的地域,開創「社區」為學術性探討的是德國社會學家杜尼斯(F. Tonnies)。杜尼斯比較「社區與社會」的差異,指出「社區指的是具有根源、道德一致、親密及友誼的連結,成員對團體認同,根據人們的自然意願結合而成,這是一個具有生命共同體感的社群。社區是以生存、生活和生涯發展為目標,以友誼、互助和感情為特性。人們的關係建立在習慣、傳統和宗教之上。血緣、鄰里和朋友的關係是社區的主要紐帶,在這裡人們交往的目的和手段是一致的,傳統的農村村莊是社區的代表。」

　　「社區」一詞雖然已經成為社會大眾生活中常用的詞彙,但是社區的定義卻呈現多元多樣。社會學家希來瑞(George A. Hillery)認為社區包括三個要素:「地理區域、共同關係、社會互動」。徐震教授延伸該觀點,以:「社區是居住於某一地理區域,具有共同關係、社會互動及服務體系的一個人群。」析言之,社區是一個人群的概念,具有主要功能為:

一、生活需求功能

受到居住於相當鄰接的地區，居民彼此常有往返，具有若干共同的利益，彼此需要支援，具有若干共同的服務：如交通、學校、市場等的滿足；是社區的生活需求功能，也是社區的基本功能。

二、社會教化功能

社會教化是一個過程，透過這個過程，個人學習和獲得其社會的知識、倫理、價值和行為模式，學習適合於社會提供的多種社會角色的行為。學習這些社會價值、角色和行為規範是一個人終身的正式和非正式的學習過程。

三、社會控制功能

當人們面臨若干共同的問題：如經濟的、衛生的、教育的等，社區透過社會控制過程獲得其成員對規定和禁止的社會角色、規範和行為的遵守。社會控制在於社會或社區中，這些規範和行為模式進入到組織成員活動的每一個方面，社會控制是一個社區中使社會生存足以獲得支持水準的社會內聚力量。

四、社會參與功能

民眾生活的共同需要：如生活的、心理的、社會的等，能於社區得到滿足。社區參與需要可以發展、維持和規範社區生活和生產消費關係，這些需要包括非正式的初級和次級群體的參與，以及社區正式的法規制度的建立與治理的公民參與。

五、相互支持功能

相互支持的功能和社會福利的功能是社區在其成員和家庭遇到困難，且不能提供自己的家庭和個人關係獲得幫助時，藉由社區的協助以發揮作

用的，這種幫助可以是臨時性的，也可以是長期的。社區的相互支持所必需的內在整合是人們之間的信任和密切紐帶。

　　具備這些或其中一部分功能或潛力的一個區域人群，即可稱之為一個社區。作為社會系統的社區，系統地進行功能的運轉，同時其各功能實體相互作用、影響，各功能實體和制度結構作用、影響和貢獻於社區共同的目的，相互支持以完成各自的社會功能。社區透過正式或非正式的組織和群體模式來履行這些功能。

　　陳其南教授對社區的看法，認為：

> 社區的本意比較接近「社群」或「共同體」的含義，它既非單純的空間地域單位，也非行政體系的一環，它應該是指一群具有共識的社會單位，所謂共識也就是「社區意識」。因此，一個社區當然指的是「人」而非「地」；是「社群」而非「空間」。

現代社區是相對於傳統社區的一種描述，一般社會學者認為：都市特性在於它是一種心理與物質結構，也是人類共同營生的地方，其主要特徵是它的社會組織與制度。因此，現代都市社區係指一個集中在有限地域內的人口集團，在法律上具有社團法人的地位，在經濟上具有分工與互賴的特色，在政治上具有地方政府的體制。它的主要營生方式不是直接依賴耕種與捕獵等來獲取食物，而是靠著工商業、人際服務與其他專門技能以謀生。在社會互動與社會關係上，它也多半是集體的與間接的。

　　社會學者布魯默（H. Bulmer, 1987）則將社區的焦點放在：初級團體或個人關係非正式的連結，主要是朋友、鄰居和親戚，或是網絡、制度性或社會性的結構關係，Bulmer 在觀察現代社會的特徵時，建議使用社會網絡（social networks）這個名詞以取代定義混淆的「社區」。過去，對社區的理解大部分人是以「人際關係的群組」（sets of relationships）來定義社區，這種關係是以地理為基礎，人們互動的對象常是居住相近的人。因此，人際關係通常都發生於一定的地域或以鄰近地區為範圍，所謂「人際關係的群組」包括工作、宗教、種族、政治、教育、休閒等活動所組成的群體，而

通常我們所認定的社區亦包括其互動的性質，一個社區其成員對社區應有歸屬感、認同感、社區中人與人之間有聯繫與夥伴的關係。社區代表社會集體，提供給成員「集體身分」（collective identity）及歸屬感。社區亦代表了人際關係的理想：緊密交往、互相照顧、彼此關懷、共同合作、互為支持及相互依賴。透過社區團結關係的保護，成員獲得心理上的安全感及歸屬感，透過集體行動，成員可以瞭解他們的共同問題，更有效地保障集體和個人的利益。社區有經濟一體、教育認同、社會參與、感情歸屬及社會控制等五方面的功能。隨著社區與人們關係的密切性，是以社區可以區分為：地域性社區（geographical community）是指同一地域內的居民；功能性社區（functional community）是有著共同生活方式、信仰、背景、利益及功能的一群人。

參、社區的總體營造

聯合國經濟社會理事會對「社區發展」提出如下的看法：「社區發展一詞，指一種過程。即由人民以自己的努力與政府聯合一致，去改善社區的經濟、社會、文化環境，把社區與整個國家的生活合為一體，俾其對國家進步克盡其最大的貢獻。此一過程包括兩種基本要素：即由人民自己的參與，並儘可能靠自己創造以努力改善其生活水準；由政府以技術或其他服務以促進其發揮更有效的自助、自發與互助。」

「社區總體營造」的概念是建立在社區發展的理念上，但又向前推展了更新、更理想的社區建設觀念。社區總體營造所指的是要解決產業類型的轉化、民主政治的落實、社區意識的建立、社區環境的優質和生活內涵的提昇。陳其南教授說：

社區總體營造是要營造出一個新社區、新社會和新人種，在這個「造人」的工程中，是依賴社區公民和知識分子的互相學習、自我學習和自我改造。在社區總體營造的過程中，是要建立一個體系化的社區學習社會和學習共同體。

社區總體營造不僅是在營造一些實質環境，更重要的是建立社區共同體成員對社區事務的參與意識，和提昇社區居民生活情境的美學層次，所以社區總體營造不僅營造社區，乃是營造一個新的社會成員。因此社區總體營造包括居民共識的建立、民主程序的維持、社區公約的簽訂、協調整合的過程、周延的規劃設計、建設資金的籌措、經營計畫的擬定等等。因此社區總體營造是一項生活素養提昇的計畫。社區總體營造也強調總體性、整合性、系統性，依據公共化及人性化的原則，注重生活的美感與品味，高度發揮創意與個性，以營造新的成員、新的社會和新的生活價值觀。總而言之，社區總體營造就是一項「造人」運動，而且是一項永續經營的運動。

社區總體營造是藉著社區居民積極參與地方公共事務，凝聚社區共識，經由社區的自主能力，配合社區總體營造理念的推動，使各地方社區建立屬於自己的文化特色，也讓社區居民共同參與「產業社區化、社區產業化」、「社區事務永續發展」、「社區文化與社區組織結合運作」、「整體社區空間及公共建設的整合」等。如此因社區民眾的自主與參與，使生活空間獲得美化，生活品質獲得提昇，文化產業創新，社區經濟復興，原有的地景地貌煥然一新，進而促使社區活力的再現。

一、推動社區總體營造的造人

其目標是「創造」一個具有公民意識的人，一個工作追求「品質」、生活具有「品味」、為人有「品德」的人。此一「三品人士」，在從事社區總體營造的過程中，逐步被培育出來，社區教育便扮演相當重要的角色，因此社區總體營造與社區教育應充分配合，使得整個社區環境成為一個適宜學習的園地，造人的功能才能獲得充分的發揮，社區總體營造的目標才能有效達成。

二、促進公私合作關係的方法

公私協力合作的概念意謂著政府與民間部門共同合作，提供公共服務或生產公共財貨，以提昇國家整體行政效能與政策品質的一種治理模式。

迴異於傳統官僚層級節制、強調權威、命令——控制式的行政治理法則，這種公私協力合作的治理觀念正象徵著一種倡導公私部門資源結合、專業引導、多元合作、著重服務的治理模式的興起。

三、開創社區共同的追求目標

從事社區營造，首先要根據社區特色，分別從單一的不同角度切入，再帶動其他相關項目，逐漸整合成一個總體的營造計畫。這些可提供導入的項目，是要善盡社區專業組織與人才，整合民間資源，增加社區發展；凝聚社區意識，提振社區活力；以及建立社區特色，營造永續發展機制等目的，做到社區活化、建立特色、增進認同、培育人才、改善環境等效益。

四、鼓勵民眾參與社區的營造

透過社區居民參與公共事務的機制，社區活動舉辦由專業團隊以及動員社區成員。為了掌握居民意見，是依循著與地方上的里、鄰長、學校家長會與社區社團等進行溝通，以形成社區的共識和居民的參與。

五、社區服務中心的服務項目

1. 社區工作者主動聯繫與支援社區營造活動，扮演社區服務者的角色；
2. 提供社區居民關於地區發展與生活環境改造的專業諮詢與學習機會；
3. 協助社區規劃與社區居民達成更良好的互動，推動參與式社區計畫；
4. 協助社區進行環境診斷，研擬地區發展計畫，提昇生活環境的品質；
5. 協助社區營造活動的舉辦，提供社區各相關活動資訊，以鼓勵參與；
6. 整合社區議題，促成社區規劃與政府各部門工作的一致性與協調性。

社區總體營造不只是在營造一個社區，實際上它已經在營造一個新社會、營造一個新文化、營造一個新的成員。換句話說，社區總體營造工作的本質，其實就是在造人，也只有透過社區的方式，重新營造一個和諧社區。

社區形成有許多的要素，居民也是形成社區的要素之一，在社區營造的觀念中，居民的角色是什麼？以「社區照顧關懷據點」計畫為例，希望

結合有意願的民間社會團體一起參與「據點」的設立，並由當地的民眾來擔任志工，提供在家養老的銀髮族的照護作為，包括：關懷訪視、電話問安、生活諮詢及轉介服務，並視當地的需求特性，提供諸如：餐飲服務或辦理健康促進服務等活動，期望透過在地化的社區照顧，使高齡人口留在熟悉的社區中生活，而又不致因為缺乏關懷照顧，而發生尊嚴的淪喪。至於長期在家照顧老人的親人或子女而言，也可以獲得一個喘息的機會。一方面可以帶動社區的活力，另一方面也建立社區的初級預防、照護老人的能力，讓在地的銀髮族不必再憂心要住進安養院，這樣的構想，與國外的「在家養老」主流趨勢已不謀而合，藉由社區總體營造來達到社區照顧的目的。

肆、社區工作的信念

社區工作本身是十分籠統的名詞，亦並非社會工作者的專利，廣義來說任何人或組織，只要在社區內從事任何為人群服務的活動及服務，即是進行社區工作。1955 年，羅斯（N. Ross）將社區工作分為「社區發展、社區組織和社區關係」。1968 年羅斯曼（J. Rothman）指出，社區工作包括三大工作實踐類型，即「地區發展、社會行動和社會計畫」。從廣義上來說，社區工作、社區發展和社會組織也可視為相同，並且許多時候是可以互換的。美國常用「社區組織」這一概念，英國則常用「社區工作」。聯合國曾在 1963 年對社區發展的定義是「人民與政府群策群力的過程，目的在於改善社區的經濟、文化、及社會狀況，對國家的進步作出貢獻。」社區工作不單是一種工作方法或是一種特定的服務，社區工作的特質在於其特有的信念與服務。

一、社區工作的信念

社區工作是獻身於增加非專業人士知識、增強人們應對困難和窘迫環境的能力，能夠對自己周圍環境有更大控制能力的一種專業。社區工作者

激勵和支持社區內的個人和群體努力改善自己鄰里生活的條件，創造更多的條件。更深層次的目的是增加信心、技術和社區自我組織的權力，這些可以使參與者在社區工作者離開以後，也能夠繼續應用和擴展自己的能力。

1. 以社區為對象，強調結合民眾的集體作為，引導社區發展；
2. 採用結構導向（structural oreientation）的角度分析社區問題；
3. 採取多元參與，除了社區事務外，亦包括社會政策與制度；
4. 強調居民的集體參與，運用民主方式，增進社區生活素養；
5. 對於社區的發展與公共事務，採取目標與過程並重的方式；
6. 妥善結合相關機構及人員，運用社區資源，帶動社區發展。

二、社區工作的功能

社區工作的主要目標是滿足社區需要，解決社區問題，完成一些具體的任務，達成一些社會福利的目標，滿足社會需要。這裡的任務目標實際上就是社區工作的總體目標，因為社區工作的最主要目的就是為了解決社區的社會問題，滿足社區的需要。促進社區人士的一般能力，包括建立社區內部同群體的合作關係，發掘及培育社區領袖參與社區事務、加強對公民事務的瞭解，以致增強解決問題的能力、信心和技巧等。並且培養社區成員歸屬感和認同感，促進社區整合，改善社區生活質量，實現社會公正。

（一）就社會福利工作

1. 福利社區化是政府將社會福利輸送到基層的有效措施。
2. 福利社區化是政府對社會福利資源充分擴及運用方式。
3. 是政府對社會的因應，有助於滿足民眾對福利的需求。

（二）就社區全面發展

1. 可以促進社區居民對社會福利工作的參與，有助於社區意識的增長。

2. 可促進社區居民對社會福利工作的自助，有助於提昇社區自治能力。

3. 可促進社區組織擴大，有助於取得社區內外資源的導入，達成建設。

三、社區工作的內容

鄧漢姆（A. Dunham）提出的社區工作定義被廣泛採用，他認為社區工作是一個「有意識的社會接觸過程」和「社會工作的方法」，其應該包括以下三個方面的內容：

第一，是滿足社區需要，調適社區資源。

第二，是協助居民解決問題，培養居民的參與精神，提高居民的自決能力與合作意識，

第三，是改善社區之間和社區團體之間的關係，優質化社區內的決策機制。

1. 非正式的社區照顧服務：支持性、諮詢性、工具性、合作性；

2. 機構性的社區福利活動：例如「社區照顧關懷據點」的實施；

3. 整合性社區服務網絡：如社區活動中心與社區發展協會合作。

四、社區工作的目的

社區工作的對象不是個人，也不是家庭或團體，而是整個社區。其重點是解決社區內群體所面對的集體問題，或居民共同關心的社區事務。社區工作對問題的分析多採宏觀的角度，因為社區問題的產生並不是個人原因，而是與社區周圍的環境、社會制度以及整個社會有關。社區工作者解決問題的方法是要改變環境和不合理的制度與政策。其次，解決問題的責任不是由個人承擔，政府和社區都有責任提供資源，協助處理和解決問題。

1. 增進有組織、有計畫的福利輸送，能迅速有效照顧社區的兒童、少年、婦女、老人、身心障礙者及低收入者的福利；

2. 強化家庭及社區功能，運用社會福利體系力量，改善受照顧者的生活品質，達成「福利社區化，社區福利化」目標；

3. 結合社會福利體系與社區發展工作，整合社區內、外的資源，建立
社區福利服務網絡，以確保福利服務落實於基層。

五、社區工作的原則

社區工作十分重視居民參與，其目標並不是為居民提供全盤服務，而
是鼓勵居民一起參與，合力解決社區問題，為社區作出貢獻。社區工作認
為社區問題不是個人的問題，而是大家的問題，透過動員群體，大家組織
起來，才能增強能力。

1. 福利需求優先化；
2. 福利規劃整體化；
3. 福利資源效率化；
4. 福利參與普及化；
5. 福利工作團隊化。

六、社區營造的目標

社區工作重視運用社區內的各種資源，相信居民有不少的潛能有待進
一步的發掘和運用。社區工作者強調善於運用和組織社區的資源，為社區
作出貢獻。在社區工作中，短期目標和長期目標同樣重要，任務目標和過
程目標同樣重要。

1. 推動全面性的社區改造運動，透過產業發展、社福醫療、社區治安、
人文教育、環保生態、環境景觀等多面向、多層次的提昇，打造一
個安居樂業的「健康社區」。
2. 建立自主運作且永續經營的社區營造模式，強調貼近社區居民生
活、在地人提供在地服務、創造在地就業機會、促進地方經濟發
展。
3. 強化民眾主動參與公共事務的意識，建立由下而上提案機制，厚植
族群互信基礎，擴大草根參與層面，營造一個「永續成長、成果共
享、責任分擔」的社會環境，讓民眾健康發展，社區安定成長。

結合社會福利體系與社區發展工作，並以「整合社區內外資源，建立社區服務網絡」為目標。福利社區化二種意義包括：

第一、福利在社區內：指的是分散化、小型化，在於避免大型機構的無效率、易疏離、機構化。

第二、由社區提供福利：意指社區內非正式支持網絡或自助團體，並動員社區居民解決問題。其優點為：

1. 社區居民的參與性高，有助於社區意識的整合凝聚；
2. 福利工作的可近性高，有助於建立福利服務的體系；
3. 福利工作的可受性高，有助於滿足社區的差別需求；
4. 福利工作的自助性高，有助於提昇居民的自治能力；
5. 福利工作的分權性高，有助於保障居民的福利權益；
6. 福利資源的使用性高，有助於增進社會的合作關係。

「福利社區化」是將社會福利中的福利服務與社區工作結合的具體措施與方法；「社區照顧」則是福利社區化中最重要的一環；社區工作、福利社區化及社區照顧，彼此是有相當程度的關聯，即三者皆以社區為基礎，目的同為尋求社區人民幸福生活，理念同樣強調非正式的社區自給自足、居民自助互助，皆企圖建立一社區服務網絡。以涵蓋的服務範圍，三者雖然是有差異，如社區照顧是以社區中弱勢或失能者，甚或其家屬為照顧對象；福利社區化所含括的對象擴及所有具社會福利需求的社區居民，服務範圍自然較社區照顧廣泛。但是彼此相輔相成，相互為用，均著眼於社區服務，以提昇社區居民的生活為目標。

結語

社區是社會政策執行的區域（empowered community），社區工作是一種爭取及保障集體共同利益的手法。社區工作由地域的社區成員為服務對

象，這些以具有共同需要，也是團結許多人，以具體行動，互相支持及分享經驗的網絡。社區是個人成長與生活的處所，不論其時間、空間到地域皆為個體建構自我與群我認同的依據。社區工作就是「與生活結合」，強調「扎根在自己生活區位」的服務，專業人士在服務輸送中緊密與地方相配合，使有需要的人能在最接近的環境中得到照料。誠如學者 Sanders 在其著作《社區論》強調「社區發展是一種過程，從一種情況轉入另一種情況所經過的若干階段，同時也是一系列進行中的許多變遷，強調的是居民在社會關係上及心理態度上的轉變過程。」（Sanders, 1982）社區工作既為在特定的空間中的社會行動場域，透過計畫與行動，建立地域認同，以謀求社區的發展，為社區成員帶來相對應的情感與理性的交流，並達成社區的進步與繁榮。

第二章　社區工作理論

前言

　　社區工作是為地域族群的福祉增進的專業作為，按照社區發展的規範所進行的努力，社區工作方法是社會工作者用來協助社區組織起來，並運用自己的力量、資源去解決社區問題，滿足社區需要的方法。近年來我們的社會對於如何加強社區發展和社區照顧，投以關注和重視，而社區工作作為一種實踐的作為，需要理論以為指引，並且提供所需的知識和技巧。社區工作理論是社會工作者用來協助社區，從事社區發展與社區營造專業服務時的引導。社區工作的任務不是對服務對象加以治療，而是要和服務對象建立一種有助於服務對象潛能得以發展的積極的、開放的相互關係，使其行為逐漸由內而外地逐步發生變化。社區工作者的實踐活動為社會工作理論進一步發展提供了豐富的實務經驗和素材。

　　理論是由揭示事物的各種關聯或因果關係的概念、判斷、原理組成的知識體系。「理論」有狹義和廣義之分，也常常被區分為宏觀理論、中觀理論和微觀理論等層次。社會科學理論主要指在社會某一活動領域（如經濟、政治、社會）中實際推演出來的概念或原理。由實踐或實驗所證實的理論，被視為科學實證的過程；假說或假設則指在研究最初提出，還沒有被證實的觀點。社區工作理論可分為二個層面。一種是宏觀層次的理論，其多是借用社會科學的相關理論，著重從理論上分析社區工作的社會環境，特別是對社區工作與社會整體的關係進行了系統性的探討，如社會結構、組織系統、社會衝突與社會流動、社會公平與社會正義等，可視之為「實踐理論（theory of practice）」；這些理論的廣泛應用滿足了社會工作者多元的理

論需求，推動了社會工作實踐的健康發展。另一種是微觀層次上的理論，其主要來自社會工作者的實踐經驗，是社會工作者在展開具體工作時的經驗和依據，如工作技巧、工作方法、介入模式以及須遵守的相關原則、法則等，是社區工作者對社會的分析與理解影響其介入策略及對自身角色的看法，可以視之為「實務理論（practice theory）」。

壹、社區工作的實踐理論

社區工作理論主要援引社會科學的知識，從社區工作者對社區環境和社會結構的分析，將影響其對社會和社區問題、工作對象、介入政策、社區工作的方向及其自身的社會價值、角色定位的看法。以實踐理論為依據展開的社會分析，可以較好地幫助社區社會工作者從理論上理解社區及整個社會，從而更準確地把握社區社會工作的發展規律。其主要理論為：

一、動機理論

「動機」（Motivation）是指引起個體行動，維持已引起的活動，並導引該活動朝向某一目標進行的一種內在歷程與驅策力，促使個體對刺激產生反應或行動。激勵是指激發人的動機的心理過程，經由激發和鼓勵，使人們產生一種內在驅動力，以能朝著所期望的目標前進的過程。由於社區居民參與社區行為表現的複雜、多變性，可推測其背後可能同時蘊藏多種不同的動機。其中 Maslow 之需求層級理論，包括：生理需求，安全需求，歸屬需求，自我尊嚴，自我實現；足以作為激勵社區成員動力的觀點。

二、認知理論

認知（cognition）可界定為個人心智活動與心理狀態綜合運作的複雜歷程；而認知理論的發展是受完形心理學的影響。認知理論重視認知——即人類的思維，它假定人類的行為受制於其思考。認知理論學者及實務社工

人員相信好的社會工作處遇，應該包含直接協助案主本身能力的增強，以挑戰及改變導致自己情緒、行為及問題解決功能的思考模式。當社區成員對社區工作意義與相關知識認知不足或錯誤時，易形成偏狹見解及不恰當行為。據此，透過社區教育的實施，能有效提昇推動社區工作的認知與服務績效。

三、行為理論

行為，是指個體面對環境所作的反應，舉凡一切外在活動，諸如語言、表情、動作以及內在心理歷程，包括思想、態度等是。若想要改變一個人的行為與意向，必須先瞭解此個人的態度與主觀規範，而要改變態度與主觀規範，必須從那些形成態度與主觀規範的信念著手，改變了信念才有可能改變行為。任何價值觀念均可引起個人的行為趨勢（心理態度），態度決定之後，就有行為表現。一個人對一項行為由「行為信念（behavioral belief）」與對此行為結果的「評價（evaluation）」，形成對此行為的正反面的評價，也就是「態度（attitude）」；此外社會大眾與重要他人亦會對此行為有所看法，即「規範信念（normative belief）」。因此為提昇社區成員參與規劃、操作、執行與控制社區工作的意願和能力，宜採取本理論中有關增強及行為改變。

四、決策理論

決策，是任何組織或個人都會面臨的一項工作、課題或情境。推動社區發展過程中，也常須面臨做決策情境。決策理論（decision making theory），可分四個程序步驟：

1. 形成決策問題（confrontation），包括提出方案和確定目標及其效果量度。即面對面討論問題；
2. 用概率來定量地描述每個方案所產生的各種結局的可能性。即評價計畫方案（evaluation）；
3. 對各種結局的價值定量化，即共同做決定（decision）；

4. 綜合分析和評價各方面訊息，以最後決定方案的取捨，即經營或運
作（elaboration）的精細策劃，分派工作，合力完成任務。

因此，本理論的四個程序步驟是社區工作推動過程必要之觀點和技術。

五、功能理論

功能理論（the functional theory）或稱為結構功能理論，把社會看作一
個體系（system），此學派對於社會結構的解釋最為透徹，它的中心概念是
「結構」、「功能」、「均衡」。學說重點主要注重社會結構與社會制度的關係。
社會是一個由互相依賴的各部門所組成之複合體，各部門為了維持本身平
衡與整體生存，必須履行不同的要求。結構功能論的核心觀念是「整合與秩
序」，功能學派除把社區當做一個社會功能系統外，也將社區各種附屬系統的
主要功能分成政府、經濟、教育、宗教、家庭等幾類附屬功能。是一種強調
從人、機構及工作過程的功能，來建構社區工作的理論，認為每一個體系內
的各部門是相互關聯的。每一個部門的操作都需要其他部門的合作配合。一
般來說，體系內的每一組成單位都有助於該體系的持續操作運行。J.
Bhattacharyya（2004）強調「團結性（solidarity）與自主性（agency）」為社
區與發展的關鍵意義，他認為當前的社區發展面對的挑戰，是現代化過程中，
社會團結性的崩解與民族國家意識型態的發展，對社區自主能動性的壓抑。

六、衝突理論

衝突理論（the conflict theory），主要是依據馬克思（K. Marx）的著作
而發展，認為社會基礎由階級衝突所構成的，人們根據自己在經濟體系中
位置，劃分出不同的階級，而產生階級衝突，認為人類社會到處存有衝突。
是強調社會關係中權力和衝突的重要性，以及社會和經濟不平等帶來的問
題。著眼點在於「利益」（interests），利益的分配會使人類關係產生支配
與被剝削之分，並據以劃分社會中人們的地位和權力。社會組織不是尋求
均衡的社會系統，而是強制性協調聯合體。衝突論者把社會看成一個爭權
奪利的舞台；衝突的來源發生在那些擁有權力和沒有權力的人之間，衝突

的根源是權力鬥爭。社會中的菁英分子為維持其既得利益，而壓迫其他人或團體，任何事務只要涉及權力或利益分配，衝突是難以避免的事實現象。衝突不僅發生在階級之間（即發生在經濟層面），在各種團體與各種面向（例如：宗教、文化、種族）的衝突普遍存在於社會中。運用此觀點於社區實務中，可發現地方菁英競爭少數社會資源或爭奪資源支配權之衝突現象；當部分菁英透過選舉等手段取得社區領導權或利益時，其他競爭失利的菁英，乃形成另一分支利益集團——「地方派系」。然而，衝突對地方人際和諧與社區運作固然會帶來負面影響，但卻是社區事務爭執、權力濫用、公共資源被獨占的制衡力量，提供工作者另一逆向思考或觀察角度。

七、溝通理論

溝通（communication）的意義為：1.達到組織目標和任務；2.化解組織衝突和危機；3.互讓或雙贏；4.凝聚共識。溝通理論以重建人類的溝通能力為根本準則，透過啟蒙、反省、批判的方法，來達到成熟、自主、解放的溝通目的，從而達致「理性的社會」的最終理想。

運用溝通理論於社區工作時，包括三層面：第一，是專家學者與地方領袖之間、地方領袖與社區居民間、社區工作者與地方領袖與社區居民三者間，面對面的溝通；第二，是有關社區發展知識與方法的傳播，是社區發展的基礎；第三，是有關社區發展各級機關及民間觀念或想法由上而下和由下而上的溝通（李增祿，1995）。在社會系統下，無論是社區內在附屬系統或外在相關部門之間訊息傳播、意見溝通或進行對話，都是形成彼此真誠合作共推社區工作的基礎。

八、均衡發展理論

均衡發展理論（balance development theory）主要內容有三：1.整體的發展觀念，是一套綜融經濟、社會、政治與文化各方面的發展計畫；2.平衡的發展措施，是著重經濟與社會、農業與工業、都市與鄉村，協調與

平衡發展的策略；3.民主的發展程序，特別強調民主參與，民眾自治與自助互助力量的提昇（李增祿，1995）。社區工作包括基礎建設、倫理建設及經濟建設等事項，亦即推動社區發展，應兼顧各領域工作的同步發展；既重視有形的基礎工程建設，也兼顧無形的社區文化、社區教育與福利服務等精神層次的提昇；強調在地特色的發展，更要與國家整體發展相協調。

九、計畫變遷理論

社區為社會的生活單元，隨著社會變動，社區工作亦當有所對應。李增祿教授認為社區變遷宜朝向：1.應作通盤的規劃；2.應由社區大眾參與，以進行決策；3.應作因地制宜的配合（李增祿，1995）。社區變遷取向強調通盤規劃，以引導社區變遷，至於計畫變遷內容與方向，則應由社區民眾參與來決定。推動社區發展首先必須集合民眾的共同意志，促使社區居民自動自發、自助互助，並運用一切可能的資源，如政府、專家學者或其他機構的協助，以達到社區經濟與社區文化等方面的發展。

貳、社區工作的實務理論

社區工作的實務理論是關於社區工作基本原則、工作方法的理論，其包括社區工作的基本理念、對社區社會問題的假設、工作目標、工作原則、工作方法等內容。社區社會工作實務理論發展受到社區工作範圍廣泛，涉及的問題複雜多變，因而其實務理論也處於不斷的發展變化中。社會工作理論家在討論社區工作實務理論時，歸納了不少模式，分別從不同角度闡述社區工作的內涵。透過社區工作理論可以幫助社區工作者認識和理解其工作環境（如社會結構、政治經濟制度、文化傳統）、工作內涵（如居民的行為方式、社區組織的功能特徵），選擇適當的工作策略（如採取衝突方法、協調方法或合作方法）。裨益社區工作本身的實踐模式、工作原則、基本方法等，以作為社區工作實務的依據。社區工作雖以「社區」為服務對象，

但直接互動對象是「人」——社區領袖、幹部及居民為主。在社會系統觀點下，社區工作理論包括：

一、策劃理論

社會策劃是指在沒有採取行動之前的計畫工作，其將社區目前存在的問題和將來的發展藍圖結合起來，制定出不同時期的工作重點，並劃分出社會發展的不同階段。社區社會工作的目標是解決社區存在的問題，而在解決的過程中，社區社會工作者要注意掌握理性化的原則，要設立清晰的工作目標和假設，要進行系統而周詳的事實考察，要詳細分析實施方案並評估其結果，然後選擇最佳的工作方案。在社會策劃的過程中，社區社會工作者扮演一個高度技術的專家，要蒐集並分析資料，要執行解決問題的方案，要善於對社區進行分析，要能對社區問題有清楚的認識，要熟悉社會調查和評估的技巧，要有較好的協調和溝通能力，要能與社區組織和各種機構保持良好的關係等。

策劃理論對如何推動社區社會工作提供不同的思考方式和工作原則。策劃理論有三種觀點：

第一種是強調理性地和全面性地策劃。這一個觀點有二個基本的假設：有足夠的資源並且可以無限制地使用；決策的前提是為了公眾利益，而且是為了徹底解決問題。

第二種觀點強調以漸進的方式解決部分問題。

第三種觀點是以上二種觀點的混合，可稱為混合透視論。主要特徵是：針對某一社會問題，以理性化及全面性的方法去分析，為解決問題提供一個方向，然後順著這個方向，衡量現有資源、時間的緩急，進而有步驟地提出相應的解決方案、政策計畫，最後達到解決問題的目的。

社會是由不同的利益群體所組成，每個利益群體都在努力爭奪有利於自己的資源，維護自身利益。但有些小的、弱勢的利益群體往往成為失敗者，社區社會工作者就是要扮演鼓勵者和教導者，和這些弱勢群體一起爭取其應得的利益。

二、溝通理論

　　溝通理論有三個層次：第一層次是專家學者與地方領袖間、地方領袖與居民間、社區工作者與地方領袖以及居民彼此之間，面對面的交談或觀念的溝通；第二個層次是社區發展知識與方法的傳播；第三個層次是社區發展的各級機構及民間的觀念或想法由上而下和由下而上的交流與溝通。藉助研究、資料管理和問題分析的技術，制定一套解決社區問題的計畫或設計一系列的活動和程序。策劃理論重視社區居民在策劃過程中的發言權和作用，又稱為互動式的策劃。

三、決策理論

　　做決策理論是只做決策的方式和方法，其過程可分為四個階段：
1. 爭論，即面對面的爭論問題；
2. 評價，即對實施方案進行評估分析；
3. 決定，即在討論的基礎上達成共識，共同決定實施方案或工作方法；
4. 經營，精心策劃、分類工作、通力合作，最終完成任務，實現工作
　　目標。

　　在為數眾多的直接提供社區服務的機構中，工作人員做了大量的社會層面工作，達到了一種社區聯絡的功能。社區工作者的任務主要是促進社會機構和組織之間的聯繫、發掘社區資源、解決現實問題。其工作對象一般是個人、家庭和小組，有時也會擴大到整個社區、外在環境及政策制度。溝通理論肯定了社區工作在直接服務機構中的重要性。

四、均衡發展理論

　　這一理論的主要觀點是，經濟發展和社會發展都是國家發展的重要內容。經濟發展注重物質資源的開發，社會發展強調以人為本，關心公眾福利；經濟發展是社會發展的手段，社會發展是經濟發展的目的。社區發展理論透過對社會整體和社區內部的分析，假定可以透過和諧的共識手法，

達到社區的穩定，使居民有歸屬感且能夠相互合作，進而促使社區內部人力、物力資源的綜合發展。此一模式是在一個較大社區範圍內，鼓勵居民透過自助或者互助的方式，廣泛參與社區事務，解決社區問題，推動社區發展。均衡發展理論的主要內容包括：

1. 整體的發展理念，使各種發展計畫結合起來，共同推進；
2. 平衡的發展措施，不僅要注重經濟發展與社會發展的平衡，且要顧及工業發展和農業發展的平衡，以及城鄉發展平衡，協調各種力量；
3. 民主的發展程序，均衡發展策略注重大眾參與，強調發展民眾自助力量，提高民眾的自治精神。

社區發展模式的策略主要集中於推動居民參與和合作，改良溝通管道，合理利用社區資源。社區社會工作者扮演的角色是：1.倡導者。協助居民表達對社區問題的不滿，鼓勵並協助其組織起來，建立良好的溝通管道和人際關係。2.協調者。主要是協調社區內各個團體和居民個人之間的關係，促進合作。3.教育者。培訓並努力提高居民解決問題的能力和技巧，培養居民參與社區事務的熱情，共建互助精神。

五、基層建設理論

社區發展強調的是「使能」的概念，即幫助個人和社區提高自己解決問題的能力，鼓勵社區居民參與、居民自決和自助。基層民主建設在各國的實踐證明，其與社區發展的目標和方法是完全一致的。社區社會工作者應著力鼓勵居民參與社區事務，透過居民間、居民與居民組織之間的互助和合作，重建和諧的社區關係，增進居民對社區的感情投入和歸屬感，促進社區進步，這就是社區發展。強調自下而上的發展，社區建設本身就是一種基層建設，其強調居民的參與和創造、自助和自治、人民與政府的合作、地方與國家的合作，社區發展本身就是一種「由下而上」的發展，以及「向下扎根」的方法。由點而面的發展。以社區為地方基層建設單位的社區發展，在改善人民生活、提昇生活質量方面作用突出，

進而促進了單個社區的發展，而許多小社區的發展會逐漸形成大社會的發展。

參、社區工作與社會思潮

一、社區民主主義

　　英國社會工作協會在 20 世紀 70 年代討論社區社會工作的學派時，強調社區主義乃是指一群具有生活價值歸屬感的人們，為達到改善自身的生活目標，形成一股共同的社區生活意識，藉著社區人民自發性的參與公共事務，以培養出關懷社區公共事務的精神與參與感，進而促進社區生活改善的實現。

　　社區民主主義強調要建立人人能參與決策的制度。社區民主主義認為，以個人主義為中心的市場決策模式與以國家為中心的威權統治模式，都無法解決社會基本的問題後，提出社區主義的主張，以解決及統合社會與政治改革的思維。自由市場過於強調體現個人自由，鼓勵個人競爭資源，與集體主義是互相對立的，造成社會運作夾處在威權和自我的衝突中；是以社區民主主義從社區的特色與文化著手，展開一連串積極社區建設，推廣鄉土關懷的社區營造運動，或是從意識型態上塑造涵蓋全體成員「命運共同體」的和諧關係，方能共榮。但是，另外一個方面，個人必須依賴互相合作的群體才能生存。這個兩難局面必須得到協調，那就是建立容許人人都能參與決策的制度。因為個人的參與是保障個人自由及利益的必要條件。

　　建構新社會有多種必要條件，使得國家的公共政策能在人民生活的社區中扎根與實現，因此就必須透過全民民主的直接參與和充分自主性的討論，在建構的自由主義下，擴大集體民主主義內涵，如此，方能對公共事務決策問題產生因應及解決的辦法。社區民主主義有幾個必要條件：參與式民主決策機構、小規模多功能的制度，能融入具有優良共治與共享多元融合的生活模式。社區民主主義主張，每個參與者都要主動投身於變革社

會的過程，參與式民主決策是變革社會過程中所不可或缺的元素，成為當
前公共政策設計與執行上的重要課題！

二、社會民主主義

社會民主主義是以費邊主義（Fabianism）為主張內涵，費邊社會主義
是英國費邊社（Fabian Society）所倡導的一種民主社會主義學派。西元 1884
年成立於倫敦的費邊社，係由少數具有社會理想的青年知識分子所組成，
重要的代表人物有：韋伯夫婦（Sidney and Beatrice Webb）、蕭伯納（George
Bernard Shaw）、華萊士（Graham Wallas）。他們以古羅馬名將費邊亞（Fabius）
作為學社名稱的來源，意即師法費邊亞有名的漸進求勝的策略。費邊主義
者的基本信念認為由資本主義到社會主義的實現，是一個漸進而必然的轉
變過程。他們看到英國民主憲政的擴展以及勞工組織的發達，足以促成必
要的社會改革，因此排斥馬克思階級鬥爭及激烈革命的觀點，改採民主溫
和的方式，企圖以國家作為推動改革的工具，主張廢止土地私有制、工業
國有化，以及實現各種社會福利。社區工作中強調國家負責改善社會問題、
服務提供、促進社會平等的意見，帶有費邊主義色彩。

三、馬克思主義

馬克思主義起源於德國學者馬克思（K. Marx）其思想及主張對社會工
作的理論和實踐也有很大影響，不少學者運用馬克思主義基本觀點，建構
社會工作的知識體系和實務方法，對社會工作功能和角色重新作出解釋。
形成了社會工作領域中的「馬克思主義流派」。人們對馬克思主義社會工作理
論有多種稱呼，如「馬克思主義社會工作」、「激進社會工作」、「基變社會工
作」等。20 世紀 30 年代世界經濟大危機年代，一些社會工作專業人員開始
接觸和接受馬克思主義的批判觀點，轉向激進的社會改革運動。主要體現為：

第一，認為個人問題主要是產生於社會政治、經濟結構帶來的異化、
限制和壓迫，而不是個人或弱勢群體本身的缺陷，如貧困和階級分化現象
就是資本主義條件下資本積累和分配不平等造成的。

第二，認為傳統社會工作忽視社會工作的政治干預意義，過於強調助人的技術性質，有利於資本主義社會對弱勢群體或個人的控制。

第三，認為社會工作的干預不應只是技術和行政上的考慮，不能僅利用治療過程和個人調適目標將案主的社會問題個別化，而應針對資本主義社會的重組或轉型，從根本上解決個人和社會問題。

第四，社會工作者應當是勞動階級的一部分，而不應成為政府維持現存資本主義制度的工具，或在國家與勞動階級之間保持中立立場；社會工作者在尋求社會變遷過程中，需謀取政治主導權，扮演改革者的角色；透過協助案主提昇被壓迫意識和權利意識，建立廣泛的社會聯盟，實施積極的社會行動策略。

第五，批判社會福利制度是資本主義勞動力再生產的方式，旨在維持現存的社會階級和權力格局，與其他社會機構或制度共同構成複製、控制弱勢群體的社會機制；因此應透過集體性的行動包括運用團體工作和社區組織兩大方法，促進政治性參與和結構性改革。

馬克思主義批判性觀點有利於提昇社會工作專業的自我反省意識，揭示了同時改變個人與社會結構的重要性，並發展了一種協助個人改變與控制其生活情境與結構層面生活的干預方法。

四、新保守主義

是當代西方社會最有影響的思潮之一。20 世紀 70 年代，西方「福利國家」政策陷入困境，出現嚴重的經濟蕭條，同時，政府機構膨脹，引發了大量的社會問題。新保守主義在西方主要國家取代新自由主義占據主導地位，成為西方國家政策的主要思想理論基礎。新保守主義的主要代表人物有哈耶克（F. Hayek）、傅利曼（M. Friedman）。英國前首相柴契爾夫人（M. Thatcher）和美國前總統雷根（Ronald Reagan）都是新自由主義的奉行者，大力推行以私有化、改革社會福利為主的一系列政策。新保守主義最為鮮明的特徵是「反國家主義」，即反對國家干預社會經濟生活。他們認為過度的國家干涉導致經濟滯脹和政治極權，主張讓市場經濟自己運行。他們強

烈批評凱因斯（J. M. Keynes）的福利經濟學，認為政府可以提供某些服務，補貼最低收入，但不能以平等為目標而過分行使福利職能。在新保守主義者看來，新自由主義的國家干預政策，力圖調節人們收入的差距，注重了公平，但失去了自由和效率；這反過來必然危及機會平等和人們的自由競爭的權利，削弱那些機會好的人的狀況，使那些辛苦勞作的人去養活那些靠社會福利而生活的人，這也是極不公道的。

新保守主義認為，人人皆有自我照顧的責任，而行使自我照顧的機構便是家庭，即強調個別家庭擔負起照顧責任；如果有人遇到個人問題需要協助，應協助他們發揮自我照顧的能力，而不是長期依賴他人或福利制度。「助人自助」便成了新保守主義的特點之一。遇到社會問題時，要改變的是相關個人而不是社會制度。社區工作中的地區發展模式便帶有新保守主義色彩，該模式的假設前提為：社會問題的產生是由於社區成員沒有充分運用社區或社會資源，因此社區工作者要協助社區成員掌握自助方法（甘炳光，1994）。新保守主義認為社會福利應當採取選擇性推行方法，只供給不能自助的人，其他人應當透過市場和家庭來滿足需要。顯然，這種壓縮福利供給的政策也壓縮了社會工作的空間。

五、社群主義

從 20 世紀 80 年代，社群主義（Communitarianism，亦被譯為公共社團主義、共同體主義、社區主義等），在北美和歐洲興起。強調社區聯繫、環境和傳統的積極價值以及共同利益的理論思潮（韓震，1995）。社群主義者的社群類型主要有；第一，地方社群，即地理區域的社群，如村莊、城市；第二，歷史社群，即具有共同文化遺產的社群，如有共同語言的民族群體；第三，心理社群，即由信任、合作和面對面人際互動社群，如家庭、小型合作社或學校（Bell & Daniel, 2001）。

社群主義核心思想是弘揚與個人主義、自由主義相對立的社群主義。社群主義者認為任何個人都是許多個社群的成員——家庭、鄰里、社會性社團的成員，國家政治體本身也是一個社群。離開相互依賴、交叉的各種

社群，個人的自由都不可能維持很久。社群主義強調普遍的公共利益，認為個人的自由選擇能力，以及建立在此基礎上的各種個人權利都離不開個人所在的社群。個人權利既不能離開群體自發地實現，也不會自動導致公共利益的實現。反之，只有公共利益的實現才能使個人利益得到最充分的實現；所以，只有公共利益，而不是個人利益，才是人類最高的價值。

社群主義強調共同利益和價值，反對純個人化的福利概念，強調擴大社會工作者的視野，推動建立積極的鄰里關係和社區照顧網絡。其激起的民間社團力量逐漸壯大，出現了為數眾多，以公民身分所組成的各種社團、非營利組織，這使得社會產生了一股源自於公民自主意識的龐大力量！

六、新女性主義

從 20 世紀 70 年代開始成為社會工作的一個重要流派。各種女性主義都認定現代社會文化和制度中的「父權取向」，使女性在家庭和社會中處於弱勢地位，受到歧視或不公正待遇。比如通過社會化所賦予兩性不同的性格特徵，強調男性堅強、好動、有主見，女性柔弱、好靜、寡斷等；不合理的性別角色分工使「男主外，女主內」，成為一種家庭生活模式，社會被分為公共和私人兩個範疇領域，女性需要扮演家庭照顧者的角色，限制了她們在公共範疇的發展；角色定位和職業分層使女性在職業崗位位於不利地位，收入水準低；現代職業女性的家務負擔仍然很沉重，與男性相比承受著「雙重壓力」。

女性主義呈現多元化發展，其中：自由派女性主義（Liberalfeminism），主張兩性並無根本的社會差異，女性同樣有理性思考能力，是社會結構和文化因素對於女性群體造成歧視和不公，因此要在社會公共領域保證女性應有的權利和機會。社會主義女性主義（Socialistfeminism）強調文化心理因素，而著重於生產方式對家庭和女性地位的影響，認為在這些結構下女性承擔家務勞動，卻又不被視為生產和再生產過程，女性的勞動貢獻被抹殺，主張透過經濟和家庭結構的變革，使照顧兒童和家務成為公共責任。激進女性主義（Radicalfeminism），認為男女有先天差別，男性對女性的控制是權利不平衡以及女性問題的根源，主張透過包括家庭制度在內兩性關

係的根本變革，消除女性受壓迫的現象，特別是實現女性對性與生育的自主，消除男性對女性的文化和心理控制。

這些流派的主要差異在於對女性處於弱勢的成因以及改變方式不同。

女性主義者在社會工作方法運用方面主要透過肯定案主的觀點、自我揭露，使案主察覺具有性別歧視的社會結構，鼓勵發展支援團體、提供團體治療和集體行動。社區組織對女性主義相當重要，目的在於建立女性的相互認同，強調建立女性自主文化，設立女性中心，加強女性的互助、互動。主張包括宣導一個更有保障的社會環境，使女性免於憂慮；宣導是否生育的自由選擇，推動制訂墮胎合法化政策；經由集體行動擴大女性的參政機會。女性主義認為重要的是覺知自己的信念和價值觀，經由增權即增加案主的行動能力，改變自身處境並能控制自己的生活（宋麗玉、曾華源，2002）。

七、環境保護主義

環境保護主義也常被稱為「綠色主義」。這是 20 世紀 60 年代興起的社會思潮，並已經發展成為最深入人心的全球性運動之一。人類對環境保護的觀念自早期主要涉及大氣和水污染控制、廢物處置等。逐漸被廣泛地採用，並成為重要的價值取向。主張人類與自然和諧相處，尊重自然和其他物種的生存權利，維護生物多樣性，保護地球環境免遭破壞，遏制工商業和科學技術危害自然環境的破壞性價值，建立新的生產方式、生產技術、商業倫理和科學倫理；補救現代文明產生的物質主義、消費主義、享樂主義、道德淪喪、人性異化等弊病，克服現代人的心態危機，重視個性完善和靈性發展，追求具有生命意義和人性的生活方式；擴大社會平等和民主，追求世界長久和平。認為解決環境問題的根本不是單純的環境保護，而在於從根本上改變人類的生活方式。

社會工作者也提出「綠化社會工作」的概念，為生態環境和人類自身尋求出路；如探討環境問題和貧窮之間的結構性關係，環境污染直接打擊貧民，剝奪了他們的生產力、健康和其他生活條件（周永新，1994）。也就是說，社會工作者在處理個人、團體、社區問題時，必須面對環境惡化帶來的疾病、壓力和惡劣居住條件。這些問題被界定為「環境區域」的危機。

社會工作者提出重建生態平衡的居住社區的目標，主要行動策略包括宣傳「環境公義」，批判「工具理性」追求最大利潤和享受，對生態資源和環境造成的破壞；協助居民保留最大的和最優化的環境和社區空間，使居民享有有助於身心發展的生活條件；開展保護生態環境的公共參與活動，建構社區關係網絡。另外，針對與社區環境有關的資源再分配（如社區改造、大型設施建設）過程中出現的衝突，社會工作者常以社區組織方法介入，維護居民利益和社區認同。創建綠色社區的目的是將環境保護、節約能源和可持續發展落實到社區、家庭和個人，使大家在享受現代生活的同時，盡可能減少對資源的耗費和對環境的污染。

結語

　　現代社會的特質是快速而急劇的變遷，除了造成社區型態的變化外，也帶動了社區結構與人際關係的改變。此種改變形成人際關係的疏離，這更突顯在變遷社會中社區發展工作的重要性。西方學者密爾森（Fred Milson）曾有如下的主張：「社會變遷雖由於造成變遷的因素過於複雜而不易為人所控制，但是社會科學研究者仍能藉由已知的各種地理、人文、文化、心理、生物等因素，對社會發展加以掌控，使社會的計畫變遷有實現的可能。其中社區發展工作就是要積極的指導人類發現社會的問題和需求，發揮人群分工合作的精神，組織既有的人力、物力資源，使社區生活能在有效的建設和調適關係中，獲得更高的發展與加速的進步。」就此，可以理解在變遷社會裡推動社區工作的重要性。

第三章　社區意識與社區發展

前言

　　早期在民國 54 年行政院訂頒「民主主義現階段社會政策」以來，即致力積極推動專業社會工作制度的建立，及社會工作專業法律的制定。民國 90 年台灣加入 WTO 之後，產業面臨轉型，失業嚴重，農村社區更面臨嚴峻的考驗，由於社區長期缺乏經營，近年來隨著工商業迅速發展、經濟成長以及民主化的趨勢，導致社會以及個人行為思想的改變。人們的生活型態與價值意識也和以往大不相同，以往農業時代辛勤安分的精神已不復見，改由盲目逐利的金錢遊戲所取代。這種現象對我們所處的生活環境已經造成極大的危機，值得社會加以重視、檢討。強調物質消費不斷增長，原有的社會、經濟與精神結構，卻未能因應環境的改變而隨之調整提昇，以致舊有體制無法匡導變遷的事物，使得傳統規範失去對社會成員的約束。在這樣的一個背景之下，不但個人的價值觀有著極大的變化，甚至整個社會價值體系也受到嚴重的挑戰。有識者正努力設法，藉助於適當的理念與措施，以重新建構一個健全的社會。

壹、社區意識的基本意涵

　　社區發展是第二次世界大戰以後，聯合國所倡導推行的世界性運動，也是一項以社區為基礎的社會福利政策，希望社區居民在政府部門的支持下，以自己的力量，改善社區的經濟、社會與文化。我國在此運動下，由行政院頒布「民生主義現階段社會政策」，明訂以「社區發展」推行社會福

利措施,民國 57 年又訂頒「社區發展工作綱要」,以為執行社區發展工作
的依據。

一、社區意識的意義

社區一詞,通常包含三項意涵:

1. 是指居住於某一特定地區的一群人。
2. 有共同經濟利益或文化傳統的人群。
3. 指認同並共同擁有相同意念與情境。

此意涵中,顯現出「地理區域」、「社會互動」、「共同意識」等要素。
由於這種共同的利益,共同的問題,共同的需要,遂產生一種共同的社會
意識,促發社區居民的組織與整合,彼此相互合作,以集體行動,共謀社
區發展。

意識一詞,其意義是指「人類所特有以反應現實的最高形式。是人類
對現實的一種有意義、有組織的反應。」意識使人類的心理區別於動物的
心理,使行動成為具有思考與組織的作為。由於人類的意識能清楚地察覺
到所反應的對象,並能調節和控制自己的行動,因此人類的行動具有自覺
性和目的性,能在意識的支配與指引下,回應環境,產生作為。因為人類
意識的表現,往往在與社會互動的過程中形成,因此具有明顯的社會性。

「社區意識」是指:居住於某一地區的人對於這個社區有一種心理上
的結合,亦即所謂的「我群感」、「歸屬感」。認為該社區係屬於他的,其本
身也屬於該社區,正如同一個人對於自己的家庭、故鄉、國家所具有的特
別情感一般。這種「我群」的意念,進而促使該社區成員對該社區的活動,
賦予相當的關注。此種心理的反應,便是導致參與社區活動的動力來源。
因此,在社區發展工作上,往往強調社區意識的凝聚、發揮的重要性,其
原意即在此。

由於工業化與都市化的影響,加上理性主義、科層制度、傳播媒體的
相互衝擊,使社區的規模愈形擴增,由此導致傳統上所採用的居住久暫來
說明社區關係,運用鄰里進行社區發展的觀點,早已受到挑戰。隨著都市

社區逐漸取代鄉村社區，遂使過去以家庭與居住環境為核心，逐次的移轉為以社團及職業的關係為重心，此舉使社區關係呈現著利益性與複雜性。為此，更有必要經由社區意識的重建與發揚，重新組織社區，使社區發展的成果，能造福更多的人群。

二、社區意識對社區發展的重要意義

社區發展是一種組織民眾與教育民眾的工作，其目的在鼓勵社區居民參與社區發展工作，運用社區的資源，採取社區自助的行動，以引導社區朝向健全的發展，進而提高居民的生活素質。而這些組織、教育、參與、協調、自助等策略的有效運作，有賴於社區意識的凝集。因此欲求社區發展工作能夠有效的落實，首先須著眼於社區意識的凝聚。

德國社會學者杜尼斯，便用意識的概念，將社會建構了「社區」與「社會」兩種基本類別，此觀念很適合於社區變遷的剖析。傳統的農村社區，居民主要居於自然意願而形成的結合，經由同理心的發展，習慣的接近，共同的宗教信仰，感情的結合，存在的本身就是一種目的，由此形成自然的生活團體。相對的現代都市社區，居民大多取決於理性，以追求本身的利益為主要目標，為達成特定的目標結成契約關係。如此，傳統農村社區較重視社區共同利益與社區價值的維繫，現代都市社區則個人利益重於一切。而意識又可左右個人的行為的情況下，很明顯的社區意識可左右社區的發展，因此為謀求社區的發展有賴於社區意識的提昇。

以我國社會型態而論，傳統社區非常強調人際關係，因而有五倫的觀念，作為人際互動的準繩。然而對於個人與群體之間的「群己關係」則少有適當的規範，是以一般民眾較重族群而輕社群，重私德而輕公德，此種忽略個人與社會社區的群己關係，使社會不易統合，社區發展不易達致成效。隨著社區工作的推動，希望以新的思維及作為，凝聚社會發展的動力。

就我國社區發展而言，共有三大建設目標，分別為：

第一，基礎工程建設，其目的在於消除髒亂，改善環境衛生。

第二，生產福利建設，其目的在於消滅貧窮，提高生活水準。

第三，精神倫理建設，其目的在於端正風氣，重整道德規範。

由於前兩者大多為有形的建設，容易受到重視，第三項的倫理建設，屬於無形建設，同時其成果又不是立即可以顯現，因此容易受到忽視。但事實上這些建設目標的完成，均須要藉由社區意識的強化，使社區民眾滋生對所屬社區的認同感，才能提高民眾的參與意識，達到社區發展的目標。

貳、增進社區意識的方法

社區發展要有良好的發展，應考慮到社區居民的「自我歸屬感」，以及強化統屬凝聚力的重要性，社區居民一旦具有我群的意識，則會滋生造福鄉梓，參與建設、關懷地方的意願，不致表現出漠不關心的態度。社區歸屬感是社區賦予其居民，引以為榮的自重與安全的意識，有了這種意識，則易產生休戚與共、榮辱共存的心理，由此不僅個人參與社區受益，進而將帶動整個社會與國家趨向於良好的發展。而為使社區居民，能凝集社區意識，宜採用以下方法：

一、掌握居民需求

現代社會典型的都市社區，居民的日常往來，已脫離以往以宗親、私人的感情關係，而是隨著教育水準的提高，人口流動性的增加，彼此講求功利性與理性。因此，要使一個社區能趨向於團結合作，結合共識，已非單純的運用文化的統合力所能竟其功，尚必須瞭解居民的共同需要，共同利益及共同的發展目標，方足以促使社區居民，放棄為個人一己之私的念頭，而投入有利於社區之公益行為。

二、鼓勵熱心人士

社區建設與社區發展，雖然是由政府的行政力量介入參與其事，但如經由地方人士參與地方的事，由地方人士與之配合，則方能形成持續、整

合的力量。而喚醒社區居民參與的最佳方式，即由地方的意見領袖的領導，配合具有專業知識的社會工作人員，鼓勵居民的投入與參與。而此意見領袖，需要能在該社區居住較久，真正瞭解社區居民的需要，能經常和社區居民有接觸的機會，具有民主素養與領導能力，能擺脫地方派系的糾葛，同時具有溝通協調的能力，則將會出現良好的領導成效。

三、增強互動機會

在典型的現代都市社區，由於社會流動的頻繁，社區住民的異質性提高，加上彼此溝通機會的減少，往往出現相互隔離的現象，因此為謀新、舊居民的認識與瞭解，則增進社區居民彼此互動的機會有其必要。而融合的方式，首先社區活動的舉辦，可利用既有的團體，例如學校、教堂、寺廟等公共資源，促使各團體的人士參與，以增進社區居民彼此溝通，增加相互瞭解及互助合作的機會。另外，發展社區成員的共同價值、信仰、習慣，使新居住者融入舊有的居住人群也不失為良好方法。簡言之，運用互動的關係，可增進社區居民的瞭解與合作機會，進而促進彼此的融合。

四、善用社區資源

每一個社區往往有其獨特的人文景觀、生產品、特有的建築，及具歷史意義的紀念物等，透過這些活動的儀式，可促進社區情感，提昇民眾對社區居民的歸屬感，此舉就算是業已離開的居民，也成為居民懷念的地方。

究極而言，以往的社區存在的本身就是目的，居民基於感情的結合，社區意識容易培養；現代社會的社區，居民基於功利、理性的考慮，人情日趨淡薄；因此，社區意識的凝聚可謂工業化後社會的重大課題。

參、社區發展的基本意涵

社區發展乃是第二次世界大戰以後由聯合國所倡導的一項世界運動，其目的係希望成為一種簡易而有效地解決社會問題的方法，並用以改善居

民的生活方式，運用政府與民間力量的統合，提昇生活素質。根據聯合國於 1955 年有關社區發展緣由的報告指出：「今天，世界上大約有五百萬鄉村社區，這些地域性結合具有共通的心理意識和制度結構，有游牧性部落，也有農業村莊。隨著經濟、社會與技術變遷的進步結果，並未能為農村社區帶來更多的利益，反而打破了傳統農村自給自足的生活型態，且破壞了社會文化的整合力量。鄉村社區正遭逢極大的分裂性壓力，和來自都市文化的各種誘因。隨著人口大量移往都市找尋工作以獲取報酬，這些急遽的改變，使家庭和社區傳統和諧的關係瓦解。未開發國家的農村人民失去原有的純樸勤奮，變成冷漠平淡，新事務引進受到阻力，對社會經濟的變遷茫然不知所措。」社區發展即是在此情形下展開，企圖能改善社區生活條件的根本解決方法。然而該工作的推動並不能僅憑藉資本的大量投入，或是生產技術方法的改進，而必須配合當地人文風土的特性，發展出有效的社會制度結構，以使社區居民自發性改善自身條件，提供接納未來進步的基礎，才能有所成就。

一、社區發展的意義

自社會學的觀點，社區是指一個社會的單位，而非法定的行政單位。社區存在於所有人類社會，與家庭一樣，是真正普遍的單位。其占有一定區域的一群人，因職業、社會文化的差別，而形成各種不同的自然團結、自然地域，在該地域中生活的契合，使彼此間存有相互依賴的關係。就此定義，則社區實具有下列三種特質：第一，它是有一定境界的人口集團。第二，生活於該社群的居民具有地緣的感受，及從屬的集團意識和行為，彼此間互相隸屬、相互依賴並以集體行動實踐共同的目標。第三，具有一個或多個共同活動或服務的中心。

至於社區發展的定義，根據聯合國的文獻指稱：「社區發展，係指人民自己與政府機關協同改善社區經濟、社會及文化情況，把這些社區與整個國家的生活合為一體，使它們能夠對國家的進步有充分貢獻的一種程序。此一程序包括兩項基本要素：第一是，居民本諸自動自發精神以改善自己生活水準。第二是，運用自助互助的精神以發揮效力的方式，提供技術和

服務。」亦即，社區發展是經由激發社區民眾的需求性，引導其參與各項工作與計畫，並以自助的原則，達到社區建設的目標。

　　由於社區發展對於引導社會變遷的過程上是有價值及建設的成果，因此被譽為「民主的社會工程學」。

二、社區發展的功能

　　就聯合國推行社區發展是以解決社會問題、改善人民生活、增進社會福利為目標。我國在推動該工作時，則認為其目標是完成基礎工程，實施生產福利，推行倫理建設，並自精神到物質建設以締造均富、安和、樂利的社會。這一集體措施，發揮下述的功能：

(一) 社區發展蘊含成長與變遷，改造社區的區位環境、生產結構及精神倫理規範，使其符合現代生活的需求，並使社區居民彼此團結合作。

(二) 社區發展能改造社區的領導結構，促使其產生自發性的領導人才，以組織、協調居民的力量，並運用民眾的智能、財力、勞力，共同建設社區。

(三) 社區發展能依據專門的學識及服務技能為指針，處理社區事物，建構社區發展的目標，以群策群力的方式，謀求社區的進步與繁榮。

(四) 發揮主動積極的精神：社區發展可培育居民的自信心、責任感及社區的認同，袪除對政府的過度依賴，有助於心理、精神層次的建設。同時透過社區發展鼓勵居民普遍及積極參與社區事務，其成效包括：促使居民自願提供人力、時間、經費以配合社區建設。

　　就社區發展的功能而言，其可以全面提高生活水準，並達到：「人際關係融洽化」、「土地利用經濟化」、「群己界限明確化」、「意見溝通民主化」、「社區活動整體化」等實質效益。

三、社區發展的原則

　　社區發展的原則，是根據基本性質而引申的工作方向，聯合國於 1955年便提出十項要素以作為社區工作的指導方針：

(一) 社區各種活動須符合社區的基本需要，並根據居民的願望，以訂定各項工作方案。

(二) 須有計畫、齊頭並進：社區局部的改進，固然可從各方面著手，而全面的社區發展，則必須建立多目標的計畫與各方面聯合性的行動。同時在推展社區發展的初期，改變居民的態度與物質建設同等重要。

(三) 社區發展的目的在促進人們熱心參與社區工作，從而改進地方行政的功能。

(四) 菁英領袖與多數參與：選拔、鼓勵與訓練地方領導人才，均為各項社區發展計畫的主要工作。但社區發展工作亟需特別重視婦女與青年的參與，以擴大參與基礎而謀求社區的長期發展。

(五) 建立全國性的社區發展計畫，須有完整的政策，舉凡行政機構的建立，工作人員的選拔與訓練，地方與國家的資源運用與研究，實驗與考核機構的設立，均應著手進行。並且社區自助計畫的有效發展，有賴於政府積極而廣泛的協助。

(六) 地方與全國性兼具並籌：地方的、全國的與國際的民間組織的資源，在社區發展計畫中應充分運用。另方面，地方性的社會經濟進步，也需與全國性的發展計畫互相結合，齊頭並進。綜合上述，社區發展的原則需把握：「計畫的總體性」、「實施的可行性」、「內容的明確性」、「環境的適應性」、「目標的一貫性」等原則，才能達到社區發展所揭示的目的。

四、我國社區發展的成效與課題

自聯合國推展社區發展以來，各國所呈現的現況與問題並不相同，然而不論是已開發或開發中國家，一個成功的社區發展必須根植於：充裕的財政經費支持，足夠的行政管理及保障居民權益的法令規章，以促使民眾願意且樂於投身社區建設與社區發展的行列。

　　我國推行社區發展工作多年，其間由於政府重視及執行之有司的不斷改進，該工作確有若干成效，使社區居民受惠良多，如：將社區發展工作視為一項社會福利，應足為社會所認同。唯嚴格地檢討其成效較為顯著與獲全面肯定的，大致上仍集中於居民生活環境的改善，此並未能全然符合社區發展的原旨及期盼的目標。若依據執行單位及學者專家的見解，則其成效可列舉說明如下：

（一）具體成效

1. 脫離貧窮困境：使貧困落後地區因社區發展而受到應有的重視，居民生活環境獲得有效改善，貧困狀況得以解決。並促使政府公共救助工作與教育工作能順利進入基層社區，充實並能改善低收入的生活條件，繼而有效移轉居民髒亂、懶惰的惡習。

2. 獲得人性尊嚴：使社區居民的角色、地位與權力，普遍受到重視與尊重，減少社會性、經濟性價值的差異，使貧窮文化因之轉變，民主意識隨著提高。

3. 發揮鄉土意識：促進社區居民建立起社區意識，增進居民群策群力愛護鄉土的觀念，達到彼此照顧與守望相助的作為。

（二）今後課題

1. 法制有待整備，以利規範作為：儘管社區發展工作受到肯定，唯其所憑藉的法令，僅為行政院所頒行的「社區發展工作綱要」，相關法規的基礎甚為薄弱。

2. 缺乏積極主動精神、理念不明：因社區居民缺乏自動自發的意念，致推動工作的成效易流於形式，只按政府指定的項目應付了事，未盡符合社區居民的需要，故其成果不易維持。且大多數社區居民仍不瞭解社區發展的意義和任務，故不熱心參與工作，僅是被動性、消極性等待政府的施惠。

3. 重有形建設、輕無形精神倫理：未能妥善發掘並利用社區資源，僅靠政府補助，重視基礎工程建設，酌辦生產福利建設，而疏於精神

倫理建設。規劃及設計工作較為呆板，未能掌握社區特質，只按硬性規定作為，無法有效因應社區民眾的需要，阻礙社區居民的參與熱忱。

4. 欠缺人才培育及經費自主作為：社區發展在欠缺人才培育及擁有經費自主的情況下，加上歷來社區發展偏重在硬體建設及物質補助的型態，造成社區發展缺乏永續經營及推動的條件。

5. 缺乏社區核心價值及問題的思考：由於過往社區工作係「由上而下」，政府透過政策內容及行政命令，表達其對於社區發展的重視，但內在依然不脫國家基於計畫經濟指導的前提，以達到社區建設的目的。使得社區建設成為一個空洞、表面的現象，難於深化。

我國推行社區發展的政策，已有若干具體的成果，其若干缺失的改進，將是今後重要的課題。

肆、強化社區的發展工作

社區發展是以一個嶄新的工作模式，強調「非正式、非結構、非制度」的組織型態，結合具自發性、自主性、有意願、有動機的民眾、團體或社區共同進行一種立足於社區，關照歷史，注重生命，改善生活，延續生存的理念，為人民與社區的關係做新的營造與模塑。也就是，重建長期以來人民與土地與社區共同連結的情感與關係。期望社會發展在邁向一個嶄新的階段時，能夠以新的思維、價值、規範、作為，激濁揚清，展開鄉土的建設，厚植社會發展的根基。

一、社會道德的重建

社區是現代社會的基本單元，與個人生活關係密切，在社會既有道德規範受到頻仍的衝擊，自利、個我的價值意念環伺下，如何以社區建設工作提昇社區精神價值？成為今日社區工作的重心。所謂的社會價值是指：「社

會大眾在經驗世界中，經由長期互動所達成或體現的共識性價值。」其中的共識性，是指多數人經由自由意志的互動結果，而獲得的共同認知，至於價值是具有多樣和複雜的特性，彼此構成相關的互賴關係。任何社會價值的建立，都是社會大眾在經驗世界中，經過長期互動所造成的，而非一朝一夕所形成。由社會化的過程，使社會大眾的個人價值觀在差異中維持統一與雷同，進而影響或支配日常生活中的互動，藉以體現社會的和諧與整合。相反的如果沒有社會價值體系的存在，個人所承受的價值社會化將會凌亂不堪，根本沒有社會互動的共同基礎，那麼社會秩序一定會混亂。此時傳統社會的道德體系已經瓦解，而新的工業社會道德體系卻尚未定型。正如同我們社會今日所處的現象，因此在其對社會建構的思想體系，對道德規範、集體意識在社會變遷中的特性，有相當獨特而精湛的見解。其對社會變遷的見解，適足以用來觀察我們整體社會的客觀事實，並用以期待一個有序、嶄新社會的君臨。

二、人性價值的彰顯

社會工作特別強調對人的尊重，社區社會工作則在社區範圍內將這一原則充分展現出來。圍繞社區居民及其生存狀態、權利和發展及社區自身問題的解決，社區工作者在展開工作時以對人的尊重和對人的基本需要的充分肯定為基礎。英國社會工作教育訓練中央議會認為，個人的尊嚴和價值、個人的權利和自我實現，以及用自己的方式去解決自己的問題的權利，是社區工作的中心價值。社區工作就是透過居民的集體參與來拓展社區服務、修訂社會政策、促進社區發展，積極尋求和利用社會提供的各種服務和支持，從根本上維護人的尊嚴和價值。維護人的尊嚴最基本就是維護人的各項權利。社區工作透過日常的援助性、支持性的工作，把抽象的人權理念轉化為人的具體的權益。根據聯合國的人權定義，人的基本權利包含三大類：一是公民政治權；二是經濟、社會、文化權；三是特別社會群體的人權（婦女、弱小種族、傷殘人士、難民等）。公民政治權是指國家應賦予人民人身自由和參與政治活動的各項權利。所謂經濟、社會、文化權，是指每個公民都應享有起碼生活條件，政府有責任維持社會安定，使經濟

自由地發展。人人也都應享有教育、醫療、房屋、社會保障等服務。至於
特別社會群體的人權，主要是維護和保障弱勢人群的合法權益。在強調個
人權力的同時，也要清楚地認識到個人對他人、對社區和對自己生活的國
家、社會應該承擔的責任和義務。如果只強調個人的利益，而忽視個體對
於社會和國家的責任，那麼個人的價值和利益都將得不到保護。

三、民主精神的落實

民主和群眾參與是社區工作價值體系的重要組成部分。在社區社會工
作的視野裡，民主是指一種社會關係，指存在於政府與人民之間、人民代
表與選民之間，乃至於社會組織與社會群體中領袖人物和其成員之間的權
利和責任關係。社區社會工作的宗旨是在建立一個正義的社會，改善社會
關係是其一個重要的內容。改善社會關係可以體現在下面幾個方面上：

第一，民主文化的實踐。這方面的工作主要是強調公民有平等參與決
策的權利。社區社會工作者在工作中要特別注意共同商議、平等發言、尊
重不同意見等。

第二，彌補制度的不足。制度的制定和執行過程都不可能十分完善，
社區社會工作者的任務就是要在自己的工作實踐中，推動社會政策更加人
性化，推動社會福利制度更加完善，促進各項福利政策得到最徹底的貫徹
執行等。

第三，扶助弱勢族群，提高其自身的能力，彌補其在財富、權利、知
識和組織資源上的不足。

四、社會正義的追求

追求社會正義是社區工作的另一個重要價值觀。正義包含著相當多的
內容，僅從類型學上來看，其可分為二類，一類是報應性的正義，另一類
是分配性的正義。報應性的正義是指做了違法或違背道德的事情之後，是
否得到了相應的懲罰，分配性的正義是指各種社會、經濟、法律和政治的
組織能否對公民的利益和負擔進行合理而公平的分配。在西方，報應性正義

是建立一套人人平等的法律系統。相對而言，分配性正義所強調的是社會利益是社會成員共同創造的，社會應當制定一套基本的原則，為合理分配社會經濟權利和責任提供有效的方法和手段。這些基本原則就是社會正義原則。

社會正義有二個原則，第一個原則是「自由原則」，第二個原則是「差別原則」。自由原則是指每個人都最大限度地、平等地擁有與他人相當的平等自由權。差別原則是指社會對已經出現在人們之間的社會和經濟的差異和不平等進行調解，保護社會弱勢群體的利益，為社會上每個人提供公正而均等的機會。差別原則必須以自由原則為基礎，其實現不能以犧牲自由原則為代價。羅爾斯（John Rawls, 1921-2002）的正義的第一個原則確實可以保證每個公民都享有平等的政治權力，擁有同樣的社會尊嚴。但第二個原則的實現就需要社會上的富人和強者願意將自己的部分財富貢獻給社會上的窮人和弱者，以改善其經濟狀況和社會地位。政府的責任是保證和促進社會正義的實現，若政府制定的政策不利於消除造成人們能力不平等的根源和條件，不利於縮小社會差距，這個社會政策就是不正義的社會政策。社區社會工作的理想就是建構一個能夠相互關懷、更平等的正義社會。

五、社區目標的達成

隨著都市化的過程中，人與之間的關係變得疏遠，社區聯繫逐漸解體；由於缺乏民主參與的管道，個人在日益強大複雜的社會問題前顯得勢單力薄。因此，社區發展強調民主參與的極端重要性，認為只有透過互助合作，建立和諧的社區關係，強調居民的歸屬感，才能解決社會問題。社區發展目標可以分為直接目標和終極目標二種（徐震，1990）。

（一）直接目標

1. 協助社區認識其共同需要。
2. 協助社區能運用各種援助。
3. 協助社區動員其社區資源。
4. 協助社區改善其生活環境。

（二）終極目標

1. 經濟發展：發展居民職業的、技術的能力，以增加物質的建設，提高生活水準。
2. 社會發展：教育居民互助的、合作的精神，協調社區的力量以增進人群的關係。
3. 政治發展：發展社區居民的組織，訓練居民的自治能力與發揮自助互助的精神。
4. 文化發展：推行教育生活及休閒活動，提倡敦親睦鄰，以建立祥和的社會秩序。

社區工作乃是源於第二次世界大戰結束以後，由聯合國提倡的一項全球性運動，其主要的目的是希望能成為一種簡易而有效的解決社會問題的方法，用以改善居民的生活方式，運用政府與民間力量的統合，提昇生活素質。根據聯合國有關社區發展的報告指出：「今日，世界上大約有五百萬個鄉村社區，這些地域性結合具有共通的心理意識和制度結構，有游牧性部落，也有農業村莊。隨著經濟、社會和技術變遷的進步結果，並未能為農村社區帶來更多的利益，反而打破了傳統農村自給自足的生活型態，且破壞了社會文化的整合力量。鄉村社區正遭逢極大的分裂性壓力，和來自都市文化的各種誘因。隨著人口大量移往都市找尋工作以獲取報酬，這些急驟的改變，使家庭和社區傳統和諧的關係瓦解。未開發國家的農村人民失去原有的純樸勤奮，變成冷漠平淡，新事務引進受到阻礙，對社會經濟的變遷茫然不知所措。」提醒人民不能忘記與土地的情感與臍帶的關聯，這種不忘本且在地生根的思維卻是鼓舞與震撼原有人民、土地、社區三者之間的疏離與冷漠，進而社區發展更從人文的關照落實到生計的維繫，各種產業營造更是締造社區務實永續的基礎。社區工作就是在此種情境下展開，以期有效地改善社區生活，並提出根本的解決方法。然而，該工作的推動並不能僅憑藉資本的大量投入，或是生產技術方法的改進，而必須配合當地人文風土的特性，發展出有效的社會制度結構，以促使社

區居民能自發性地改善自身條件，提供接納未來進步的基礎，才能有所成就。

結語

台灣的工業化，使其生活型態從農業漸漸轉化成現代化的社會。無疑的，這種轉變使一般人民的物質生活更加富足，國民所得攀升至已開發國家的行列。但也因為轉化的腳步過於倉促，以及各種文化體系的條件無法在短時間迅速融合，而造成了之間的斷層，甚至產生脫序的現象。這個現象表現在對名利的追求，對物質資源的無限浪費，而且日趨嚴重，面對這個失序的社會，我們應該要重建社會價值的標準。然而「徒善不足以為法，徒法不足以自行」，良好的道德規範仍賴人人的踐行與落實，這項心靈重建的工作，尤須運用社區工作加以開展；因為個人是組成社區的基本單元，沒有個人則社區就無由存在，同樣的個人也依存於社區以滿足人類的各種需慾；是以個人與社區是相互依賴和影響的。顯而易見的，傳統社區由於居民「生於斯、長於斯、歿於斯。」自然容易產生認同的意念與歸屬感，而有利於社區意識的傳承與運作。然而，今日社會中的社區由於都市化、工業化的影響，加以交通發達、居民職業結構的多樣性，以致社區人口流動加速，社區組織結構改變，居民的居住地區與工作地區分離甚遠，民眾對職業關係的利益遠超過其對社區關係的利益。因此社區居民所呈現的社區意識，有逐漸疏離和冷漠的趨勢。是以經由社區意識的強化，把握社區發展的原則，用以增進現代社區居民對「群己關係」的認同，加以原有規範人倫互動的五倫，予以現代化、生活化及大眾化，建立能配合現代社群發展的合宜意識，進而裨益社區發展的目標——「生活共同體的建設」。

第四章　社區組織工作

前言

人們在社會生活中，不僅結合成一定的社會關係，而且離不開一定的地域環境。人們會在一定的地域內形成一個區域性的生活共同體，整個社會就是由這些大大小小的地域性生活共同體結合而成。這種地區性的生活共同體是社會結構中十分重要的組成要素，社會學稱之為「社區」。作為人類地域性的聚居共同體，現代社會的特質是快速而劇烈的變遷。現代科技的發達，直接帶動生產方式及社區交通的便捷，間接的帶動了社區結構與人際關係的改變。此種改變，造成了現代社會生活的人際疏離與規範的迷亂，從而顯示社區組織工作，在當代社會的重要性。

壹、社區組織工作的定義

依《劍橋國際英文字典》（*Cambridge International Dictionary of English*），社區的定義是指：「同住一特定地區的人，或是指因為同對特定議題感興趣、或有相同的背景或國籍而被認為屬於同一群的人們。」另依社區發展工作綱要：「社區，係指經鄉（鎮、市、區）社區發展主管機關劃定，並為依法設立社區發展協會，推動社區發展工作的組織與活動區域。」爰此，社區的劃定，是以歷史關係、地緣形勢、人口分布、資源多寡、生態特定及居民意向、興趣、共同需求為依據，不受村、里行政劃定的限制。徐震教授指出：

　　社區指的是居住於某一地理區域，具有共同關係、社會互動及服務
體系的一個人群。社區的概念是以意識認同為主，空間為輔，它並
不以行政體系、地域組織為限，本義比較接近「社群」或「共同體」
的合意，既不是行政體的一環，也不是單純的空間地域單位，是指
一群有社會共識的社會單位，其共識的程度，就是社區意識，可以
強烈到具備共同體的性格。如此談社區，當然指的是人而非地，是
社區而非空間，在對外關係上，它甚至可以視為一個具備法人人格
的團體，社區就是有歷史、有個性的地方。（徐震，2004）

　　「社區」一詞源於拉丁語，原意是親密的關係和共同的東西。將社區
這個詞作為社會學的一個範疇來研究的，起於德國的社會學家杜尼斯（F.
Tonnies, 1855-1936）。杜尼斯所謂的社區是透過血緣、鄰里和朋友關係建立
起來的人群組合。它根據人們的自然意願結合而成，社區實包含有幾個因
素：第一，有著某種範圍的一個地域，但這個地域不限定是一種行政上的
區域。第二，在這個地域上生活著一群人彼此之間有著各種交互及共同關
係。第三，這一群人有著一種相互關係的意識，這就是社區意識。因此一
個社區可以是一個村鎮，可以是一個省、縣、國家或更大的區域，也可以
是超乎地域觀念的具有某種共同興趣的人群結合。社區組織是「社區民眾
即市民或團體代表，聯合起來決定社會福利需要，制定合宜的方法，並動
用必要資源，以滿足需要的過程。」（V. E. Southern, 1995）社區組織是一種
社會行動的過程，在此過程中，社區人民首先要自己組織起來，找出其共
同需要與問題，擬訂其共同計畫以滿足需要與解決問題，在運作這一計畫時，
盡量運用當地社區的資源，必要時，由政府或其他團體協助。是以，社區組
織強調的是一干預的方法，藉著個人、團體及組織共同有計畫的行動，來影
響社會問題。其工作涉及社會機構的充實、發展與改變，並包括兩個主要的
相關程序：計畫（planning，即確認問題的地區、診斷原因及建立解決方法），
以及組織（organizing，即培育擁護者和設計影響行動的必要策略）。

　　人類進入 20 世紀以後，科學技術迅速發展，伴隨著工業化時代的到來，
都市化進程也大大加快，大量的人口進入城市，城市的社會的結構和人們

的生活方式都發生了前所未有的變化。使社區組織工作因應而起,社區組織工作有三個主要的意義:

第一,是服務範圍的選定:由社區服務機構,對社區需要和資源的協調、配合與工作。

第二,為發展的階段:經由社區組織結合相關資源,及團體互動的過程,使用社區機構和資源尋求出社會的病態,而採取行動予以根治。

第三,方法:為了要面對、解決或減少社會問題而採取行動。

社區是一個人類區域生活、生計、生命的關聯體,是有著相互及共同關係的體系,社區工作者認為讓社會明瞭這些現象,組織社群的力量,計畫社區的改進與發展,以促進整個社區的福利。社區組織的實際內容隨著社區的產生而產生。只要人們聚集而居,形成一個生活共同體,就會產生一系列的共同需要。如何解決和滿足這些需要,就產生了一種相互合作的集體行為,這就是社區組織的最基本內容。

貳、社區組織工作的原則

社區發展是一種多目標、長遠性、綜合性的社會福利事業,旨在透過社會運動方式與教育過程來培養社區意識,啟發社區民眾發揮自動自發、自助及人助的精神,貢獻人力、物力、財力,配合政府行政支援、技術指導,以改善社區居民之經濟、社會、文化等環境,提昇其生活品質。依據 V. E. Southern(1995)指出,社區支持網絡有五種較為普遍運用的策略:

一、個人網絡(Personal Network)

這種策略在集中與案主有聯繫且有支持作用的人,例如家人、朋友、鄰居等。使用的方法是社會工作者與上述案主有關的人士接觸、商議,動員這些有關人士提供資源以解決問題。另外,社會工作者也提供相關人士諮詢與協助,以維持及擴大案主的社交關係與對外聯繫。

二、志工網絡（Volunteer Linking Network）

這個策略主要用在擁有較少個人聯繫的案主身上，是要為案主尋求並分配可提供的志願工作者。讓志工與案主發展個人對個人的支持（支援）關係，例如定期探訪、情緒及心理支持、護送或購物等。社會工作者可為志工提供訓練並給予所需的督導支持。

三、互助網絡（Mutual Aid Network）

此一策略的重點是將具有共同問題，或有共同背景的案主群，集合在一起，為他們建立同儕支持小組。這個策略可加強案主群彼此之間的支持系統，增加夥伴關係、資訊及經驗交流，結合集體力量，加強共同解決問題能力。

四、鄰居網絡（Neighborhood Helping Network）

主要是協助案主與鄰居建立支持關係、召集、推動鄰人為案主提供幫助，尤其是一些即時性、危機性或非長期性的協助。

五、社區網絡（Community Empowerment Network）

主要是為案主建立一個網絡或小組，為網絡（小組）中的成員反映需要，爭取資源去解決本身的問題，並倡導案主權益。另外，更要協助該網絡（小組）與地區領袖或重要人物建立聯繫。

以上五種策略的選擇與運用，主要是視案主的需求、社區資源的狀況，以及社區文化及規範的特定性而定。

另就學者徐震教授的觀點，社區組織工作的原則可歸納如下：

一、組織的原則

社區工作本身就是一種組織的過程，維持社區成員之間的團結，協調社區成員之間的利益和行為。因此，透過組織社區獲致一致的行動，謀取共同的利益，所以社區發展工作必須從組織民眾著手，一切的活動均以組織為基本。

二、教育的原則

　　社區工作本身就是一種教育的過程，它是要改變那些妨礙社會進步的習慣，提倡有利於經濟發展的觀念。培養社區居民的社會責任感、正義感、同情心和奉獻精神，從而樹立其居民良好的社區公德。所以社區發展的一切活動均以教育民眾，使居民態度改變，以帶動社區的變遷為目的。

三、全面的原則

　　社區工作把社區看作一個整體，以全社區的利益為利益，故社區工作注重協調合作，而不能為某一階層或某一集團的人士所操縱。社區建設的最終目的，是為了滿足人民群眾日益增長的物質和文化生活需要，是為了實現民眾的根本利益。因此，社區工作必須以服務為宗旨。

四、發展的原則

　　社區工作包括社區生活習慣、社區生活習俗、社區生活方式、社區的組織形式等，它構成了某個地區的特定的生活方式或制度的基礎。社區發展工作包括經濟、社會、教育、文化等各方面生活水準的提高，是一種物質建設與精神建設，經濟發展與社會發展同時並重的工作。

五、自助的原則

　　沒有居民群眾的參與，社區文化便成了「無根之樹、無源之水」。社區工作強調社區自助，盡量運用社區本身的資源，動員社區本身的力量，歡迎政府或社區以外的技術或經濟支援，但不仰賴於社區以外的援助。

六、工作的生根

　　社區認同感是社區心理的重要因素，社區工作是社區民主自治的過程，促使民眾樂於並習於參與社區事務，並且鼓勵社區婦女與青年參

加工作並從中發掘地方領導人才，培養地方自治能力，然後才能使工作生根。

七、區域性配合

社區發展以地方社區的發展計畫為單位。使居民能從社區的文化的特質中，認識自己生活的社區，認同自己生活的社區，增強社區居民的社區認同感。

八、預防性服務

社區工作本身是一種解決問題與預防問題的策略，社區工作強調使居民習得分析其社區問題與解決其問題的能力，同時所有的服務方案亦應針對其問題，提供解決當前問題與預防今後問題的服務計畫。

民國 54 年行政院頒布「民生主義現階段社會政策」，確立了社區發展為我國社會福利措施七大要項之一，同時並明確規定「以採社區發展方式，促進民生建設為重點」。為加強各方面的協調配合，貫徹社區發展工作的推行，使其更能達到民主、自治、自助的目標，於民國80年發布「社區發展工作綱要」採人民團體型態運作，迄今，已成立「社區發展協會」有6,357個，賡續推行社區公共設施、生產福利、精神倫理等三大建設與社會福利社區化，以增進社區民眾福祉。

參、社區工作的實務模式

社會工作者所推行的社區工作，有特別的目標及理念作為方向及基礎，而其工作方法，亦有一定的模式。這些不同的模式代表著社區工作者的經驗，但不同機構與不同社會工作者，會根據社區的不同需要以及本身的價值觀，而選擇不同的工作模式，綜融引用包括 J. Rothman（1968）、K. Popple（1995）以及李增祿（1995）所提多元社區工作模式，歸納相關實務模式如下：

一、社區發展模式

Rothman 所提之社區發展模式（community development model），是一項協助落後國家或偏遠地區組織與教育民眾的工作計畫、方法和過程。主要精神和做法在於引導居民普遍參與社區事務，運用社區自發組成的集體合作力量，配合政府行政及專家技術支援，針對社區環境及居民生活品質進行有計畫、有目標之改造。

二、社區組織模式

源起 19 世紀末英美的慈善組織會社的社區組織模式（community organization model），目的在改善工業革命後，都市居民貧窮、失業、住宅等社會問題。主要策略是藉由溝通、協調及連結過程，來改善不同社會福利機構間的合作關係，共同提供有效率的福利服務。

三、社區計畫模式

社區計畫模式（community planning model）係假設在一複雜的社會環境下，需要專門的計畫者（expert planners）透過技術以最有效的方式，將各種服務輸送給有需要的人。這種以解決實質問題為目標導向的模式，被視為一種由上而下運用理性與縝密的專業計畫，控制社會變遷或解決問題的社區工作模式。

四、社區教育模式

由 Popple（1995）所提之社區教育模式（community education model），被認為是一種「意圖藉由將教育和社區結合為更緊密與平等的關係，以改變教育政策和實務的方向」。是為啟發居民對社區事務關心、且為社區的知識性行動作準備，以改變社區中固有迷思，導引社區改變方向。在此模式中社區工作者扮演教育者（educator）及促進者（faciliator）角色。

五、過程取向模式

過程取向模式（process orientation model）強調經由社區工作者與居民間的溝通、教育和組織過程，來改變居民的態度和行為，使他們願意參與社區建設，認定社區發展的基本目標是過程目標（process goal）。將社區工作者視為變遷推動者、溝通協調者、教育工作者及支持鼓勵者，藉由有系統、有計畫的溝通、協調、連結、組織及教育等過程，來提昇居民自動自發、群策群力共塑鄰里互助與地方發展願景。

六、行為改變模式

行為改變模式（behavioral change model）強調社區發展的成敗，可由社區居民行為改變的情形來斷定，認為只要社區居民的價值觀念或態度改變了，行為也會跟著改變。社區工作者主要任務，在於運用學習原理的教育計畫，來改變社區居民的價值觀念、態度及行為模式。在此模式下社區工作者扮演著社會變遷推動者、教育需求確認者、課程規劃者、教育提供者、激勵促進者等角色，藉由教育過程來增強居民推動社區工作的權能。

七、社區行動模式

社區行動模式（community action model），以社會階級為基礎，假設一群處於劣勢地位者，需要被組織起來或與他人聯合，根據社會正義或民主的理念，針對某一議題運用集體抗爭或衝突行動，發動各類社區行動，來表達不滿和需求，爭取權力（power）、資源（resources）及社會政策對他們的公平對待，以尋求社會資源或權力的再分配，甚或影響社會政策。對以協助社會弱勢族群為主的社會工作者來說，是一種倡導或影響社會政策的行動。

八、社區重組模式

社區重組模式（community reorganization model），主張現代社會的非正式網絡關係，不必再依附地緣關係，而可各自依其本身需求及所處社會脈絡，分別形成各種不同的社區關係和組織網絡，以尋求各種可能的多元資源網絡的連結或串聯，則社區功能和活力更為蓬勃發展。強調各社區實有必要考量地緣鄰近性、資源完整性與生活共同圈的可近性等原則，運用「方案合作」或「策略聯盟」方式將兩個或兩個以上的社區加以重整，以收社會資源交流分享、互補互利的成效。

肆、社區組織工作的方法

社區發展被認為是 1950 年代由聯合國基於開發、進步及現代化的思維而推動，其並與創造民主自由、發展經濟和多元社會共同形成的社會發展運動。社區組織工作有宏觀的一面，即是指如何促使社區具備有互助的氣氛，甚至主動地對社區內成員進行教育、鼓勵培養而有互助互利的態度，對於有困難或問題的成員或家庭，能夠重新接受、鼓勵其重返原有的團體，裨益社區成為一個具照顧、鼓勵、接受功能的關係。學者徐震、林萬億教授，曾針對社區組織工作的推動，詳實歸結出下述的方法，足為社區工作者參研：

一、建立關係

社區工作需要有良好的專業關係，有時候甚至比個案工作或團體工作更注重關係的建立。社區工作者所要建立專業助人關係的對象包括社區居民、社區機構以及社區中的領導人才。與社區重要人士建立良好的工作關係是推動社區計畫的第一步；而瞭解社區居民的需求與問題，則是社區工作的目標界定之基礎。與社區居民建立服務的初步關係在於：社會工作者秉持「每一個人都同等重要」的價值，尊重案主的信仰（beliefs），尊重其

自行達成決定與處理生活的能力。基於此一價值觀；社區工作乃有「以居民感覺的需要（felt need）為依歸」的原則。

二、認識環境

社區工作者，應確信人們有主動與他人結合的需要。並經由社區生活（community life）、社區需求（community needs）、社區資源（community resources）的瞭解。促進社區居民相互間的合作關係；個人不但可以發揮影響力，肯定自我的價值感，同時也可培養成為一個有尊嚴、有權利和責任的成熟公民。因此透過瞭解案主，擬定工作方向是社會工作中任何一種工作方法的第一步。尤其對一個社會計畫者或社區組織者而言，更是如此，因為這些工作人員如果不先對社區類型、面對的問題、可用的資源、提供居民服務的組織等方面加以瞭解，則工作極易受先入為主的想法、過去經驗與個人工作習慣、刻板化態度（sterotyped attitude），或發表意見的少數人以及偶發的情況等所左右。

三、發展計畫

現代社會的特質是分工細密、關係繁複。往昔的血緣連結，在快速社會變遷之下，已失去其凝結力，代之而起的是一份試圖保留人們的志同道合的努力，為了達到共同目標，應建立社區發展計畫，而有效的社區發展計畫應依照社區全體人民的願望與需要，同時計畫是對政策的選擇與決定，故應考慮其適合性、可行性及可接受性（acceptability）。有效的計畫應把握目標明確和整體規劃，各層級的發展計畫一脈相承，相互配合；各單位各機構間相互呼應，彼此支援，亦務必使各年度計畫循序漸進，有效達成計畫目標。

四、社區行動

社區組織工作就是要積極的指導人類發現其社會問題或需要，發揮人類分工合作的精神，計畫人類的分工與合作，組織包括人力與物力的社會資源，以剷除和預防人類環境中的各種障礙，使人類社會能在一種建設性

的調適關係中獲得發展與進步。社區行動是將社區評估、計畫與組織的結果，正式納入行動運作，可分會議、協調、人事、財政、宣傳等五方面：

（一）會議

社會工作者相信民主社會的社區組織工作不僅是民主社會的產物，亦是民主社會的建設者，因為社區組織不僅在工作精神與工作方法上一本民主的原則，且在工作的過程中不停的培育社會的民主制度與發揚民主精神，使成為一民主的社會。是以社區內的會議是一種組織，也是一種結合社區力量，經由意見交流經驗分享，而獲致共識（consensus）的過程與方法，具有教育與組織的雙重目的。

（二）協調

調查、研究、組織、設計與宣傳等各項工作均為執行工作之準備，最後即要付諸執行。而協調（coordination）就是協同合作以避免不必要的重複、努力和衝突。社會工作者在這個工作上扮演重要的角色，不論是人與人、機構社團之間或者是各方案之間的協調工作，都必須對下列各項有深入而正確的瞭解：1.社區特質；2.發展目標；3.運作程序；4.總體資源；5.服務方案。

（三）人事

社區組織的目的是運用組織與設計的方法，使社區的資源配合社區的需要，能有效的促進社區之福利。因此若能與有關人士建立良好關係，則對社區工作推展具有莫大的助益。所謂「建立良好關係」，是一種信任的、和諧的、可溝通的關係。

（四）財政

財政（financing）是編列預算與支付有關社區需要與資源的基金。預算的編列需對社區的各種需要有深入的瞭解，辨明各需要的輕重緩急，對經費作合理的分配。

（五）宣傳

不論是基於人們「知」的權力，或基於鼓勵居民的參與，「宣傳」在整個社區工作中，占有舉足輕重的地位。強調「宣傳」的目的是向一般社會及有關機構、人士報導事實，以激發社會對某一事件或某一問題的重視，並因而採取行動改善現況。宣傳的目的在於教育。

五、成效評估

社區組織要從事調查與研究以瞭解社區，認識其一般社會文化政治與經濟狀況及其特徵，發現其需要或問題，及其一切可用的社會資源與力量以作編製工作計畫的參考。評估（evaluation），是「根據被評鑑方案的既定目標，檢討其實施的工作過程，衡量其達到的效果程度，從而提出改進建議的一種方法」。評估的目的有以下四個：1.使投入的努力更合乎經濟原則，因為精確的評估過去的努力有助於未來方案的設計。2.評估有助於隨時彈性地修正方案，使之益趨完備。3.因評估證實工作成效，以獲得社區居民的信任與支持，以及工作人員的滿足。4.經由評估可測定社區情況與行為的改變。

六、社區服務

根據 Moreland 提出的二個主要的概念（Moreland, R. & Lovett T., 1997）：

1. 在社區內照顧（care in the community）。主要是針對有需要被照顧的人士，在其所居住的社區中接受所需要的服務。這類服務大多是正式服務（formal care），是由專業人士來推行。

2. 由社區提供照顧（care by the community）。有需要被照顧的人，除了上述正規服務提供外，並不能滿足其所有的需求。必須透過並動員社區非正式資源來協助。

所謂非正式照顧（informal care），即是指鄰居、親朋好友與社區中的志工等。非正式的支援網絡又可以包括三大類：

1. 支持性服務，如家務協助、電話問安、護理照護、日間托育等；

2. 諮詢服務和參與機會提供，如親職教育、提供法律服務與社區學苑；

3. 工具性服務，如提供設備和輔助或改善環境障礙、交通服務。

　　結合上述兩項概念，其目的更在於創造一個關懷社區（care community），整合正式與非正式服務，彼此支援，建立對社區的歸屬感，尋回互助的關懷社區，即是社區照顧的理念目標。簡言之，社區照顧是指結合資源，協助社區中有需要的人，得到服務，能與平常人一樣，居住在自己的家或自己所屬的社區之中。

　　社區照顧是指動員並聯結正式與非正式的社區資源，去協助有需要照顧的人士，讓他們能和平常人一樣，居住在自己的家裡，生活在自己的社區中，而又能夠得到適切的照顧。此一定義中呈現社區照顧政策中兩個重要的概念，第一是強調「讓需要照顧的人士留在家中」的目標，第二是突顯過程中正式和非正式資源聯結的必要性。社區照顧如以微視的角度來說，可以指如何使社區內居民、家庭的功能得以維持正常，對某些人士或家庭，因各種原因和轉變，而造成原有社會功能及關係轉弱，使其得到適當服務和機會，終而其功能得以維持正常，重新加入社區成為成員分子。

七、工作紀錄

　　工作紀錄在社區組織工作中有其重要之作用，社區組織工作機關與工作員均應予以重視。社區組織工作紀錄，應包括：1.調查與研究報告及各種有關資料；2.各種設計方案與各種組織機構之規章；3.各種會議紀錄及附件；4.工作大事紀錄。

結語

　　社會工作是一種根植在科學、價值觀及技巧的專業，目的在經由問題解決的方法及各種社會系統下，協助人類提高其生活品質。這個專業著重

在人與環境的互動上，它的基本價值觀是基於對人類的關心，以激發人類的自決（self determination），追求平等（equality）與社會正義（social justice），特別著重在增強並服務社會的弱勢或被忽略的（disadvantaged or oppressed）個人或團體。社工實務一般是以機構為基礎，是當人們處在一個複雜的社會脈動（social context）下，包括族群、文化、階層、地位、性別、年齡，及所成長的次團體（如家庭、社區）的差異上，而社區組織工作就是要積極的指導人類發現社會的問題和需求，發揮人群分工合作的精神，組織既有的人力、物力資源，使社區生活能在有效的建設和調適關係中獲得發展。

　　從社區調查和實際工作經驗中，社區工作者不難發現一個事實，處於社會不利地位者（socially disadvantaged），對於與他們利益息息相關的制度，往往無絲毫的影響力；針對這個不合理的現象，保障案主的權益，使被剝奪者（deprived people）得以分享權力，成為社區工作者應當與自然的工作。社區工作者透過社會行動，提高這些團體的地位，增進其自行控制生活的權力與表達個人抱負和關注的能力。另外經由「社區建設」的強化，將有助於型塑「生活共同體」，乃至於落實「生命共同體」的體現。因此激勵居民具有「我群」的意識，自然會流露出對生活環境的關懷和參與。這種社區歸屬感，也將使社區居民易於產生與地方休戚與共、榮辱共存的心理意念，不僅有助於造福鄉梓，同時社會與國家的關係都能有健全的發展，這項有意義的工作，將不只是專業工作者的使命，也是社區成員的共同期待。

第五章　社區工作的專業模式

前言

　　社區工作是社會工作直接服務的三大方法之一。由於社區工作涵蓋範疇甚廣，其定義也由於不同的專業有不同的意義與價值取向。譬如，對社政單位來說，社區工作是「社區發展」、「福利社區化」；對文建單位來說是「社區總體營造」、「地方文史古蹟維護」；對教育單位來說是「社區讀書會」、「社區大學」；對環保單位來說是「環境保護社區化」、「社區資源回收」等。依聯合國（1960）之定義，「社區發展」是一種過程，即由人民以自己的努力，與政府共同努力，以配合一致，去改善社區的經濟、社會、文化環境。在此過程中，包括兩種基本要素：一、是由人民自己參加、自己創造，以努力改進其生活水準。二、是由政府以技術協助或其他服務，助其發揮更有效的自覺、自發與自治。」（白秀雄，1992）徐震（1998）認為，「社區發展」是一種組織與教育的行動過程，在此過程中社區工作者協助居民組織起來參與行動。Sanders（1982：534）從社會體系的持續、社會不公平的衝突和社會行動場域等三個角度，發現「社區發展」包含四種意涵：第一視為一種過程：將社區從一種情況邁向另一種情況的歷程。第二視為一種方法：具有特定目的，有益於社區生活的提昇。第三視為一種方案：一連串的社區改造程序和活動，落實社區發展的計畫。第四視為一種運動：是一種居民公民意識的發揮。

　　所謂「社區工作」，係指一種組織與教育社區民眾，本著民主參與精神，運用集體合作共識和力量，整合社區內、外政府與民間組織各類社會資源，針對社區共同問題提出有組織、有計畫的社區行動方案，以便有效改善社

區生活環境品質、增強鄰里互助行動、維護社區安全與地方文化、增進居民身心健康與創造產業經濟利益等目標,所進行的綜合多元目標永續經營的行動過程和方法。

壹、社區服務的專業作為

社區工作是社會工作的主要方法之一,社會工作的專業作為是實踐社會工作的價值,該價值是指社會工作在專業活動中所表現出來的價值觀,是人類社會價值體系的重要組成部分。社會工作起源於宗教價值和慈善活動,在專業化和職業化的過程中,其價值觀逐步脫離宗教的價值,取而代之的是以科學和知識為基礎的專業作為。社會工作價值觀的演變過程可以劃分如以下幾個階段:

一、宗教、慈善活動時期的早期社會工作價值觀。基督徒在早期的慈善活動中,始終把救助看作是一種施捨,是對受助者的憐憫和同情。

二、工業化過程中的社會工作價值觀。西方國家在工業化和都市化過程中,基於社會穩定的需要,產生了社會工作正式形成階段的序幕。此一時期,其主要的活動包括慈善組織會社、睦鄰運動和社區發展。

三、專業社會工作的價值觀。隨著社會工作專業化的加速,社會工作價值觀也脫離宗教的直接影響,開始形成自己獨特的專業價值觀。由於專業社會工作滿足了巨大的社會需求,才使得社會工作逐漸和志願性的社會救助區別開來。社會工作依靠的不僅是慈善心,還是對社會問題冷靜和全面的分析,不是停留在表面的、物質的救助,而是深入瞭解問題的各個方面,尋求資源、協調關係,解決個人、家庭和社區的困難,顯示出專業救助的特點和長處。

早期西方社會福利救助制度剛發起時,雖然沒有社區工作這個概念,但大量的社會救助工作實際上都是透過社區(教區)來實施的。這些社會救助工作是專業社會工作的主要源頭,因此,早期的社會工作相當程度是一種社區型社會工作。以美國社區工作的歷史為例,社區社會工作的發展分為四個階段:

　　第一，1870～1917 年的慈善組織時期：當時在歐美普遍建立了慈善組織會社和社區睦鄰服務中心，其以都市內的鄰里區域為服務對象，用協調合作的方法將各慈善團體與救濟機構組織起來共同解決社區問題，同時在工作中強調「個別化」原則，即針對個人及家庭的不同需要與問題，提供不同的服務。這些活動推動了社會福利機構的發展，為社區組織工作的形成奠定了基礎。

　　第二，1917～1935 年美國社區基金會、社區委員會及聯合會成立時期：第一次世界大戰後，戰時成立的「戰事基金會」成為各地「社區聯合募捐組織」的基礎。同時，適應各團體之間協調關係的需要，社區聯合會也相繼成立。其都以社區為單位，定期舉行有計畫、有組織的聯合募捐，並設計彼此相互配合的發展計畫，促進整個社區的福利進步。

　　第三，1935～1955 年社區組織與福利時期：1929 年受世界經濟普遍不景氣，各國失業人口激增、犯罪率上升，社會問題累積得越來越多。一直被認為是社會工作基本方法的個案社會工作和團體社會工作已窮於應付。於是，社區社會工作在這個時期得到了前所未有的重視與發展。同時，在政府責任上更強調社會福利政策的調整。社會工作的專業化更趨精細，但在工作方法上則更加注重整體性和綜合性，特別是以問題為中心，將三種方法綜合起來，靈活運用。政府在推進公共福利計畫時大量引進了社區組織的原則和工作方法，這在一定程度上促進了社區組織的發展。

　　第四，1955 年至今的專業發展及社區發展時期：近 50 多年來，社會工作者和其他組織、計畫與方案制定的工作人員，開始更明確地視自己為「專業工作者」，其試圖運用既有理論，透過社區活動實務，影響政府決策和社會政策，社區社會工作的影響越來越大。

　　社會工作專業化的過程是直接服務三大方法各自獨立發展的過程，也是逐漸融合的過程。專業社會工作者在解決社會問題時，往往需要統合使用個案、團體和社區這些方法。社區工作專業化適應了社會發展的需要，社會救助思想的改變、政府福利政策的完善、社區各類組織的增進等，都使社區逐步成為促進經濟發展、維護社會穩定的重要機能。

　　對社會工作發展歷程的分析說明，各個國家社會工作的發展道路是不同的。在政治、經濟、社會與文化背景不同的情況下，社會工作的內涵和功能的界定有很大的差異。但由消極的慈善機構、私人承擔社會救助和扶助貧困，轉向由政府透過制定社會福利政策承擔保障責任的趨勢是相同的。同時，社會工作人員也從原來出於宗教教義的、熱心公益事業的志願者轉為經過專業培訓的、受薪的專職社會工作者。世界各國社會工作專業化的發展道路，可以歸納為以下幾點：

1. 從非專業向專業發展。
2. 從無理論向有理論發展。
3. 從消極的救助向積極的福利保障發展。
4. 由地方性工作向全國性工作發展。
5. 由事後補救、治療，向事先的預防發展。
6. 由少數人參與向大眾普遍參與發展。
7. 由少數人的救濟向全體大眾的福利發展。
8. 由以傳統個案工作為主，向整體性、綜合性的福利行政、立法、制度方向發展。
9. 從描述性的訪問調查向數量化的實證研究分析發展。
10. 從不計成本向講究方案的評估以及成本效益的分析發展。

　　社會工作的專業化是以個案工作的專業化為開端。隨著社會工作的發展，特別是在慈善組織會社階段、社區睦鄰運動階段，以及後來社會安全制度階段，個案社會工作實際上是和社區社會工作、團體社會工作揉合在一起進行的。影響所及，社區服務的專業化表現在以下三方面：

　　第一，資金籌措社會化。社區服務資金的籌集應當廣開管道。除了政府投入外，社區可以利用有償服務實現發展目標，並吸引更多的富有愛心人士捐資支援社區服務。

　　第二，人力資源社會化。與資金問題相比，人力資源問題更為關鍵。目前我國已經逐漸建立起由專職人員、兼職人員和志願者組成的社區服務模式。在社區服務中，不同類別的服務主體相互協作，共同推進社區服務

的發展。針對我國社區服務人力資源的實際情況，應當進一步加強專職人員培育，突顯其主導作用；進一步擴展志願者參與，提高社區居民的參與意識，發揮志願者的基礎作用。專業性的六條標準：

1. 伴隨個人責任的智慧性操作。
2. 透過科學與學習獲得專業素材。
3. 這些素材比較實用而且清晰明瞭。
4. 經由教育達成溝通技巧的提昇。
5. 朝向自我組織。
6. 逐漸形成機動上的利他性。

第三，服務管理的社會化。資金籌措和人力資源的社會化必然帶來服務管理的社區化，推動現行社區服務管理體制的改革。社區服務是一個廣泛複雜的社會工作過程，需要社會各部門的支援與參與，最終形成政府宏觀管理、各相關部門相互配合、社區直接管理、居民積極參與的管理模式。

貳、社區服務的籌資模式

縱觀世界各國社區服務的資金來源，社區服務主要有兩種籌資模式：政府主導模式和市場主導模式。

一、政府主導模式

政府主導模式是指社區服務主要依靠政府的財政投入和政策支援的資金籌集模式。通常，政府財政實力雄厚，可以為社區服務提供較為充足的資金。政府主導模式具有顯著的優點：1.可以迅速完善社區基礎設施，改善社區服務環境；2.有助於對社區服務進行統一規劃、管理和組織，實現社區服務的規範化；3.可以保障所有社區成員，尤其是老年人、殘疾人、青少年、貧困者、失業人員等弱勢群體享受社區服務，防止過度貧富分化，以穩定社會秩序。當然，政府主導模式也具有明顯的局限性：1.社區服務資金數額

受制於政府財政。由於社區服務的福利性，政府投入到社區服務中的資金並無直接經濟收益，從而對政府財政形成巨大的支出壓。2.加之福利剛性，社區服務一經實施，通常無法再行降低服務水準和品質，因此政府必須持續不斷地投入，而且持續不斷地加大投入。從這種意義上說，政府主導模式不適合財政收入和人均收入均比較低的發展中國家。實踐證明，就是西方發達國家也難以承受巨額的社會福利支出。3.政府投入社區服務的資金數額還受到政策約束。政府將多大比例的財政收入投入到社區服務，取決於政府的社會發展目標。如果政府認為目前應當以實現社會福利為主要政策目標，那麼就會加大社區服務的投入；眾所周知，發展中國家所面臨的主要問題是發展問題。從這種意義上說，政府主導模式不適合發展水準較低正在謀求經濟騰飛的發展中國家。

二、市場主導模式

市場主導模式是指社區服務主要由市場主體，即企業按照市場法則進行投入和運作的資金籌集模式。市場競爭的基本法則就是適者生存，因此市場主導模式具有的優勢：1.為了贏得市場，市場主體將會提供滿足社區居民需求的多樣化服務；2.為了占領市場，市場主體將會提供高品質高水準的社區服務；3.為了自身發展，市場主體將會把從社區服務中獲取的利潤再投入社區服務中，推動社區服務的進一步發展，從而實現社區服務的自我發展。不過由於利益驅動的限制，市場主導模式具有明顯的不足：1.服務事項的有限性，並不是任何社區居民都能夠享受社區服務，對於那些亟需社區服務的弱勢群體而言，無異於畫餅充饑，從而加大貧富差距，不利於社會穩定；2.服務專案的有限性，並不是所有的社區服務都有利可圖，對於居民需要但無利可圖的服務專案，市場主體會退避三舍；3.市場機制將淡化社區居民之間的關愛和互助，不利於人文社區的建設。此外，市場主導模式的社區服務還需要政府必要的政策支援；反之，如果政府不支持市場主體進入社區服務領域，市場主體在社區服務中就難以立足。

參、社區總體意識的凝聚

無論是社區營造抑或是其他相關的社區方案，其最終的目的是在促進社區的發展，以改善或提昇社區居民的生活品質。基本上，社區發展往往是以地理區域（area-based）為範圍，且將焦點著重於最為迫切的地方，並期待能夠促進其永續的發展。要建構一個全面性的社區發展，需要關注的不僅是其結果，也要能夠著重過程中的能力培育。因而，全面性的社區發展是要兼具過程目標與結果目標。從過程面言，社區發展要藉助於社區總體意識凝聚的運作，以提昇社區生活品質（quality of community life）。

社區發展是民眾與政府機關協同改善社區經濟、社會及文化情況，把這些社區與整個國家的生活結合為一體，使它們能夠對國家的進步有充分貢獻的一種程序。此一程序包括兩項基本要素：第一，居民本諸自動自發精神以改善自己生活水準。第二，運用自助互助的精神以發揮效力的方式，提供技術和服務。亦即，社區發展工作是經由激發社區民眾的需求性，引導其參與各項計畫與工作，並以自助的原則，達到社區建設的目標。社區發展工作對引導社會變遷的過程是有價值與建設的成果，因此其被稱作「民主的社會工程學」。由於國情的差別，聯合國推行社區發展時係強調：解決社會問題、改善人民生活、增進社會福利為目標。我國在推展該工作時，則著重於完成基礎工程，實施生產福利，推行倫理建設；也就是期望自精神到物質建設，以締造均富、安和、樂利的社會為主要目標。

一般而言，社會各部門的存在，往往是彼此相互關聯；因此當組成社會的某部分因素發生變化，也多半會直接、間接地影響其他部門的改變。如果此因素的變化速度太快，致使各結構因素之間形成不良的整合，則會帶給社會上多數成員無法適應的後果。當我們面對今日社會的紛紛擾擾，許多人將諸歸結於社會快速的變遷，其原因即在此。由於社會變遷的影響，自然也牽動著對社區的衝擊，是以社區工作的推展，必須是衡諸整體社會的變異，方不致產生偏頗。就此，我們應先瞭解今日社會變遷的主要原由，才能在社區發展上建立有效的原則。造成今日社會變遷的因素有許多，包括：科技發展、

人口變化、環境改變、信仰價值、傳播擴展等。這些因素也直接、間接地造成社區的變化，在推展社區工作時是應予以正視，才能促發社區的有效發展。

自聯合國推展社區工作以來，各國所呈現的現況和問題並不相同，然而不論是已開發或開發中國家，一個成功的社區發展必須植基於：充裕的財政經費支持，足夠的行政管理及保障居民權益的法令規章，以促使民眾願意且樂於投身社區建設與社區發展的行列。易言之，如何透過政府政策的執行規劃，法令規章的明訂確保，使社區民眾對改善社區生活的努力有充分的信心和參與，是影響社區工作的重要因素，並藉此促進社區居民的團結意識，發揮共存共榮、守望相助的目標。尤以當前社會刻正面臨價值混沌、規範不明之頃，更宜落實社區精神建設工作，以達成社會革新的目標；為此，宜朝向下列方向努力：

第一，建立「社區意識」型塑「生活共同體」：「社區歸屬感」是指個人與所屬社區關係密切；正如同一個人對自己的家庭、故鄉、社會及國家等懷有特別的情感。這種「我群」的意識，使社區成員對於該社區的建設成就有一種關注與榮譽的感受，對於隸屬該社區的活動，譬如：標誌、球隊、文化特徵、公共建築……都有相當的關注。此種心理的反應便是參與社區活動的動力基礎；因此，在社區發展工作上往往強調社區意識的凝聚與發揮，其原委即在此。由於受到工業化和都市化的衝擊，加上理性主義、科層制度、傳播媒體的影響；使現代社會中社區的規模有逐漸擴大的趨勢。傳統社會以居民居住的情形，並以鄰里為社區單元的觀點已受到挑戰。都市類型的社區已取代鄉村型的社區，因而過去以家族與居住環境為核心，漸次移轉至以社團及職業關係為重心。就此種景象，更需賴社區意識的強化，重新組織社區，重塑社區意識，形成榮辱一體的歸屬感，使社區發展順遂開展，以裨益社區居民。經由「社區意識」的強化，將有助於型塑「生活共同體」，乃至於落實「生命共同體」的體現。因為倘使居民具有我群的意識，自然會流露出對生活環境的關懷和參與。這種社區歸屬感，也將使社區居民易於產生與地方休戚與共、榮辱共存的心理意念，不僅有助於造福鄉梓，同時社會與國家的關係都能有健全的發展。

　　第二，運用實證方法以瞭解社區居民的共同需要：在現代化的社區，有別於傳統強調以宗親及私人的情感為特質，而是受到社區居民普遍教育素質的提高、流動性的增加、理性化的擴散等影響；崇尚理性易於創新，且著重現實利益。因此，一個社區能否趨向於團結合作，並非運用文化統合力量可以達成，必須是尋求居民的共同需求、共同利益及共同發展的目標，方足以促使居民放棄個人情感的私利想法，而訴諸理性公利的公益行為。為瞭解社區居民的共同需求，最佳的方式便是進行「社區居民需求調查」。由社區領導人邀集相關代表及專業人士共主其事，透過問卷設計、訪查、統計、分析等，以釐清共同需求的輕重程度，以訂定推動社區工作的先後順序。

　　第三，鼓勵熱心人士的參與和服務：儘管社區工作的推展可透過專業人員的介入，但是如果缺乏地方人士的共同參與，則不易形成持續、整合的力量。因此，喚起民眾的參與和投入成為社區發展所必須。該項工作宜由社區中的領導者，經由社工員的協助，鼓勵居民認同與投身社區建設行列。經由熱心人士的促發，並鼓勵帶動民眾的投入，社區發展工作方可推行。另，足以克服人際之間的疏離與冷漠。

　　第四，增進社區居民彼此互動的機會：由於現代社會的流動性較高，因此社區居民易呈現快速新陳代謝的景象。為能促使新、舊成員的彼此認識與瞭解，則有必要增進社區居民彼此互動的機會。此種融和的互動方式，運用既有的團體、組織，如：學校、教堂、廟宇……等的資源，促使各團體人士共同參與，以增進社區居民互動與接觸的機會，藉由互動的方式，增進社區居民的瞭解與合作，並從而發掘領導人才，包括：

　　1. 發展新、舊社區成員的共同價值、信仰和習慣。

　　2. 擴展彼此互動的範圍，使社區居民能加強合作。

　　3. 引介新進的社區居民，裨益彼此的接納和認同。

　　4. 發展出共同的利益與情誼，形成具整合的力量。

　　第五，運用社區所認同的標識和儀式，促進社區情感：尋求社區所特有的自然景觀、紀念建築、特別傳統……等（如：平溪鄉的放天燈、鹽水

鎮的蜂炮、美濃鎮的客家民俗），用以建立社區居民所認同的符號標識和儀式，促發共同的情感，發展民眾對所屬社區的「我群」歸屬感。

第六，營造終生學習的社區環境：社區發展的目標是在提供社區居民良好的生活空間，其過程需強調教育的重要性，因為只有人，才是整個社區營造的核心，促使民眾獲得啟發、參與，以發展出公民意識與社區認同。尤其是當知識已成為人們迎向未來的最大保證，終生學習亦為人們不可或缺的生活領域。為此，具體的做法有：

1. 定期舉辦成長性的聚會，如成長團體、讀書會、社區講座、聯誼會等，居民由團體中成長，有更寬闊的人際關係網，能追求理想的生活型態，能經營自己的親密家庭。

2. 透過成人教育方案，培植與訓練社區內具有潛力的輔導人士，作為領導幹部或未來的儲備人才，作為將來的人力資源，同時鼓勵具有地方特質的發展類型。

3. 結合學校資源推動「社區學院」，提供民眾進修機會，達到理想的教育體系，是學校與社區密切結合的生活共同體，讓社區豐富的生活文化以提供學校活潑的素材，並運用學校充沛的知識資源，協助提昇社區生活品質，全面培養社會人力，提昇人民文化水準和生活素質，建立高素質現代社會的目標。

肆、社區工作的介入階段

J. Rothman 強調社區工作的介入是希望一群處於不利的群體，他們需要被組織起來聯合其他人向整體社會爭取資源，及取得符合民主及公義的對待（Rothman, 1979）。行動的目標為：具體社區問題的解決，社區生活的改善，居民學會自助自決，掌握解決問題的能力，改善居民與團體之間的溝通與合作，增強居民對社區的認同和歸屬感。行動的策略為：推動參與與合作，改善溝通和合作渠道，區內不同群體的利益並非對立，只要找出共同利益所在，分歧便可解決；掌握地區資源的權力架構便視為合作的對象或夥伴，扮演著協助者及

資源提供者的角色；合作方式較偏重和諧及互利；自助既是工作目標，也是工作手法；自決及參與是重要的介入原則，而協商及互諒互讓則是必要的作為。

一、探索策劃期

是在沒有採取行動之前的計畫工作，其將社區目前存在的問題和將來的發展藍圖結合起來，制定出不同時期的工作重點，並劃分出社區發展的不同階段。社區社會工作的目標是為解決社區存在的問題，而在解決的過程中，社區社會工作者要注意掌握專業化的原則，要設立清晰的工作目標，要進行系統而周詳的事實考察，要詳細分析實施方案並評估其結果，然後選擇最佳的工作方案。此階段社區社會工作者扮演一個高度技術的專家，要蒐集並分析資料，要執行解決問題的方案，要善於對社區進行分析，要能對社區問題有清楚的認識，要熟悉社會調查和評估的技巧，要有較好的協調和溝通能力，要能與社區組織和各種機構保持良好的關係等。探索策劃中，社區社會工作者是「為社區民眾而做」，方能「與社區民眾同作」。社區社會工作者的工作對象就是社區，具體的說就是社區中存在的問題，社區社會工作者針對這些問題提出策劃，動員實施，逐步解決。

  1. 建立與社區居民初步的關係；
  2. 制定介入的事件或工作對象；
  3. 深入社區探訪居民瞭解需求；
  4. 聯絡及拜會社區內居民團體；
  5. 瞭解社區內資訊網絡的特性（時間、地點、內容、資訊的傳播）；
  6. 與居民及組織建立工作關係。

二、組織行動期

在社區行動過程中，社區社會工作者往往是一個倡導者，其扮演一個比較主動的角色，與社區菁英、居民領袖一起組織、協調居民的行動。透過和諧的共識方法，達到社區的穩定，使居民有歸屬感且能夠相互合作，進而促使社區內部人力、物力資源的綜合發展。同時，社區社會工作者一

方面帶領居民落實社區規劃的各項工作，另一方面也努力尋找資源，致力於以最小的代價獲取最大的利益。

1. 遴選及發動參加者；
2. 與參加者開會商議；
3. 建立社區組織結構；
4. 發掘社區各項資源；
5. 組成不同類別團體；
6. 組建社區領袖訓練；
7. 推動社區民眾教育。

三、鞏固檢討期

社區社會工作者應著力鼓勵居民參與社區事務，透過居民間、居民與居民組織之間的互助和合作，重建和諧的社區關係，增進居民對社區的感情投入和歸屬感，促進社區進步，進而促成社區成員自助人助、自動自發的社區發展。地區發展的目標可分為「任務目標」和「過程目標」。任務目標主要是指一些實質性的工作，或者解決一特定的社區問題。過程目標則是要建立長久的制度和組織，實現社區關係的根本性改變。具體來說就是：各種社會網絡的重新建立；居民互助和交往的增加；鄰里關係的改善；居民和居民組織之間重建緊密的聯繫；居民意識到參與的重要性，並願意承擔責任；居民對社區有更多的認同和投入。社區發展模式的策略主要集中於推動居民參與和合作，改良溝通管道，合理利用社區資源。

1. 建立有代表性的居民組織；
2. 鞏固居民團體及尋求支持；
3. 與服務對象肯定工作成果；
4. 協助居民制訂新工作目標；
5. 吸收新血輪及新團體領袖；
6. 成立永續發展的社區團體；
7. 進行檢討及後續發展方案。

今天的「社區」，已不再是過去的村、里、鄰形式上的行政組織，而是在於這群居民的共同意識和價值觀念。在日常生活可以用來凝聚居民共同意識和價值觀的事項很多，如地方民俗活動的開發、古蹟和建築特色的建立、街道景觀的整理、地方產業的再發展、特有演藝活動的提倡、地方文史人物主題展示館的建立、居住空間和景觀的美化等，各地社區可以分別依據自己的特色項目來推動，比較容易得到居民的認同，然後再逐漸擴大到其他相關項目，這就是所謂的「社區營造」。

結語

人類進入 20 世紀以後，科學技術迅速發展，伴隨著工業化時代的到來，都市化進程也大大加快，大量的人口進入城市，城市的人口開始普遍地超過農村人口，社會的結構和人們的生活方式都發生了前所未有的變化。社會學者派克（R. Park）於 1921 年認為：人與其他生物一樣，也存在一定的生活環境之中，他們把這種人類的生活環境稱為社區。社區發展、社區營造以及諸多社區相關的名詞，其最終的理想是在於建構一個有能力且符合公平正義的社區，這是社區工作所應共同秉持的基本理念，對該項理念的堅持始可能在社區方案的參與和推動中，有助於後續實務操作上的合作。社區實際上不僅僅是一個地域性社會的內涵。社區這種地域社會不僅存在於傳統的農業社會，也同樣存在於現代的工業社會中，不僅有農業村鎮類的社區，也有商業社區、工業社區，進一步在內涵與外延上發展了社區的概念和理論。

永續社區是現代社區工作訴求的標的，其基礎必須是要建立在諸多的社區價值之上，其中，社區意識的建構可謂永續社區的基礎，瞭解並分析社區意識的內涵及其影響因素，並進一步強化社區意識的作為。

第六章　社區發展政策與立法

前言

　　社區（Community）是指：由居住在某一地區裡的人們結成多種社會關係和社會群體，從事各種社會活動所構成的相對完整的社會實體。對於某一群人而言，社區是個人發展認同感與歸屬感，並擁有某些權利與義務的具體存在生活空間。社區生活是一種「生活共同體」的群體，是共有、共治與共享的生活區域。雖然「社區」的概念可能範圍大小不一，並沒有明確的界線，但是，它卻是一群人的生活空間。具有三個要素：第一，它是一個有一定境界的人口集團；第二，它的居民具有地緣感覺或某些集體意識與行為；第三，它有一個或多個共同活動或服務的中心。社區發展的建設取決於：第一，社區能力培養：培養弱勢或處於不利境遇之社區居民能力，進而自動自發、重建社會參與、減少被動心態；第二，社區經濟發展：特別是透過非營利組織的社會與經濟目標之創造，促進地方經濟發展；第三，建立夥伴關係：透過創新措施的推展、跨部門的運作，來改造與重建社區。

　　由於我們的日常生活幾乎是在自己所屬的社區範圍內進行，我們的生活方式與人格發展多半受社區組織的影響。有了社區，個人生活便獲得許多便利，人類生存機會是因社區而增強。社區發展政策強調由下而上、居民參與、社區意識、充分發揮民間創造力量等精神；此等精神促使社區居民自主意識逐漸提昇，對地方社區公共事務的參與需求越來越高漲。

壹、社區發展政策的目標

社區是一種制度、組織或體系，這種組織或體系依其空間分布來說，即是一種區位結構或區位體系。社區有自己特有的文化、制度和生活方式，每一個社區的居民，對於自己所屬社群能產生一種情感和心理上的認同感，即有一種「我是某個地方的居民」的觀念。社區生活是為了滿足社區成員為目的，隨著社會的變動社區必須積極朝向社區發展的道路。社區發展的目的是：一、提倡互助合作精神，鼓勵社區居民自力更生解決社區的問題。二、培養社區居民的民主意識，吸引其參與本社區公共事務。三、加強社區整合，促進社區參與（Community Participation），理性進行社會變遷，以加速社會進步的過程。

社區發展既是經濟發展，也是政治民主和政府權力下放與合法化，以及社會和社區狀況不斷完善的過程。社區發展政策的主要目標：

一、民主制度的推動

實施民主制度，是一套工作的程序和方法，包括人民積極參與公共事務，認識社區共同需要，透過集體思考、計畫與行動的方式，以解決共同的問題。社區發展可說是一種基層民主的訓練過程。其過程為：

1. 社區需要的決定，應當以居民的意見為主，專家的意見為輔；
2. 社區工作的組織，應當包容社區各界的力量；
3. 社區工作的設計，應當是綜合性的，並盡可能滿足多數人的利益；
4. 社區工作的宣傳應當瞭解社區文化背景，把握機會；
5. 社區工作的協調應當促使各機構、群體、組織的溝通與互助。

二、助人自助的發揮

助人的方式常有三種：替人做事；與人共事；助人自助。第三種為最高貴的方法。從社區發展的過程與目標而言，社區發展是一種最佳的助人方式。各國利用各種全國性的建設計畫，來推行社區發展工作，其主要方式有以下幾種：

1. 配合工程計畫推行社區發展，參酌二次世界大戰之後，許多國家利用全國性工程計畫來推行社區發展；
2. 透過基礎工程、土地改革及墾植計畫推行社區生產建設；
3. 普遍設置社區福利中心，中心結合政府與地方資源，以謀取自立發展；
4. 推動社區福利協會計畫，落實社區服務；
5. 配合社區教育計畫實施，達成終身教育；
6. 提昇社區精神倫理建設，優質社區文化。

三、社區安定的力量

由於工業上的革命與發展，社會的流動與變遷造成了社會解組的現象，二次世界大戰後，各國的社會解組均有加速與擴大之勢。人民的生活在物質上是有改善的事實，但在精神上由於個人與家庭的解組，反而問題增加。因為個人解組是家庭解組與社區解組的結果，於是許多人認為社會的改造必須從解決家庭與社區的問題做起。於是社區發展工作日漸重要，並被認為是一種社會的安定力量。具體工作步驟：

1. 先由工作人員與居民建立友好關係，取得信賴；
2. 工作人員與居民一起尋求社區的問題和居民的意願；
3. 確定迫切的問題，提出可行的計畫；
4. 共同策劃、共同行動，動員和利用內在資源，並尋找外來協助；
5. 政府協助社區的自助計畫，予以資助。

四、社區革新的作為

社會學家認為社區的變遷可分為自然與計畫二種。自然的社會變遷是緩進的，是未經計畫的，稱之為社會演化。演化的結果有優有劣，各社會演化不一定是社會進步。計畫的可分為急劇的和緩進的二種，緩進而有計畫的社區變遷，稱之為社區改革、社區革新或社區建設。急劇的計畫變遷稱之為社會革命。革命與新革都是人類有目的、有計畫、有指導的一種集體行動，而新革則是在承認現行的社會制度下，使用和平的手段施以各種

改革，逐漸改進為一種新的社會制度。社區發展就是一種有計畫、有目標的引導社會變遷的行動過程。社區發展的社會變遷計畫使屬於社區內或地方性的，即社區革新中從小處著手的改革方案，但其仍屬於引導社會變遷使社會進步的一種方法。至於其引導變遷的內容，由於是一種微觀社會層面，故多與社區居民的日常生活有關，或著重「社區環境」的改善而提出「創新改革模式」；或著重「居民態度的改變」而提出「改變習俗模式」，都屬於一種有計畫的變遷。在社區發展中，可將社區居民視為案主體系，將社工人員視為變遷推動者，將社區問題視為需要改革的東西，將變遷計畫視為行動的體系。

當前社區發展政策的首要任務即是如何強化居民的社區認同與社區意識，如何透過各種社區活動的辦理，加強居民的社區參與與情誼，進而使他們自動自發、相互合作，融合成社區生命共同體，形成社區發展的動力。社區發展組織模式大體可分三種：

第一，整體模式。由中央政府設立專門機構，主管制定社區發展的基本政策，研究社區發展的長遠規劃；印度、菲律賓等國採用由國家成立一個獨立的單位負責推動全國的社區發展。

第二，代辦模式。政府將社區發展工作交由一個或幾個部門負責；緬甸和牙買加等國採用國家負責統一規劃各種計畫，但將這些計畫根據其性質委託給相關職能部門辦理。

第三，分散模式。推行社區發展的組織是分散的，由各有關部門、團體分別制定計畫並執行；英國和美國等採用此一模式，各種計畫分別由不同的單位規劃，並由其自己對所定規劃實施，沒有一個統一管理與協調的部門。

社區發展的推動，自民國 57 年「社區發展綱要」頒布後次第展開。在此之後，社區發展成為國家重要的社會福利工作的一環。今日邁入 21 世紀的此際，社區發展的模式並不依循舊有的方式，而是另創一個嶄新的工作模式。以非正式、非結構、非制度的組織型態，結合具自發性、自主性、有意願、有動機的民眾、團體或社區共同進行一種立足於社區，關照歷史，注重生命，改善生活，延續生存的理念，為人民與社區的關係做新的營造

與模塑，進而更從人文的關照落實到生計的維繫，各種產業營造更是締造社區務實永續的基礎。

社區發展在整體社會福利思潮變革及調整的情況下，為社區加入新的議題及注入新的力量。從福利多元主義發展到社會福利社區化，皆是在為社區人民的需要、福利的滿足做更大的突破與努力。福利社區化是紮實地回應照顧社區居民的需求。對於人民實質生活，包括教育、文化、衛生、環保、福利、安全等課題的重視，乃至於營造落實生計、生命、生活各層面意義。由此，以社區發展所具有的活力及創意，加諸社區發展真切的服務照顧，必能為社區帶動改變，為人民共謀福祉。落實在地服務，以期再造社區新生的力量，以為 21 世紀的社區工作奠定良好的根基及創造美好的發展。

貳、社區發展工作的展開

社區具有群體、公社和共同體的含意。它們的構成本身就體現出人與自然、人與社會、人與人之間的諸種關係。社區是一個相對完整的社會實體。就是說，它不僅包括一定數量的人口，而且包括由這些人所構成的群體和組織；不僅包括人們的經濟生活，而且包括人們的政治、文化生活；不僅包括生產關係，而且包括其他社會關係；不僅包括一定的地域，而且包括人們賴以進行生計活動的區域。

參照西元 1955 年聯合國在〈運用社區發展促進社會進步〉的文件中，所提出「社區發展的十項基本原則」為：

第一，社區各種活動必須符合社區基本需要，並以居民的願望為根據制定首要的工作方案。

第二，社區的活動可局部地改進社區，全面的社區發展則需建立多目標的行動計畫和作為。

第三，社區發展之初，改變居民的態度與改善物質環境同等重要，宜為社區發展優先內容。

　　第四，社區發展要促成民眾積極參與社區事務，提高地方行政效能，贏得社區民眾的信賴。

　　第五，社區發展應特別重視婦女和青年人的參與，以擴大參與基礎而求得社區的長期發展。

　　第六，選拔、鼓勵和訓練地方領導人才，是社區發展中的主要工作，也是社區發展的資源。

　　第七，社區自助計畫的有效發展，有賴於結合政府與地區採取積極、廣泛而且是全面協助。

　　第八，實施全國性的社區發展計畫，需有完整的政策，建立專門行政機構，訓練專業人員。

　　第九，在社區發展計畫中應注意運用地方、全國和國際民間組織的資源，進行統整性作為。

　　第十，地方的社會經濟進步，須與全國的進步相互配合，以達成社區間相輔相成的功效。

　　社區工作其主旨在運用社區內資源，配合政府施政措施，改善社區生活環境，增進社區民眾福祉，提高社區生活品質的一種社會改造過程。社區發展工作推動各項社會福利業務，如兒童、少年、老年、身心障礙、婦女、勞工農民、原住民等，是社區發展工作實務推動的主要內涵。社區發展指定工作項目為：

　　1. 公共設施建設；

　　2. 生產福利建設；

　　3. 精神倫理建設；

　　4. 社區文化建設；

　　5. 社區福利服務；

　　6. 社區長期照顧；

　　7. 社區守望相助；

　　8. 社區犯罪防治；

　　9. 社區醫療網路；

10. 社區環境保護；

11. 其他有關社區發展之工作。

美國學者 Paul Starr（1989）將社會福利社區化的意義分成三個層次：

第一，將社區化作為一種理念（idea）。在這個概念之下，社區化被視為是公私部門混合的福利供給方式，由政府與民間機制共同合作，對福利需求者提供服務。亦即必須由居民自己組成一個具有約束力的社會組織，居民本身則要具備相當強烈的社區成員意識和主體意識。一旦大家都有了共識，願意積極參與，社區生活共同體很快就可以自然形成，社區有關的問題也就能迎刃而解。

第二，將社區化作為一種理論（theory）。社區化被視為一種所有權的重新分配，經濟資源的再分配，並透過社區發展的方式將權利下放給民間，以減少政府福利的過度負擔。

第三，將社區化作為一種政策（political practice）。社區發展是攸關每一個人的切身問題，在要求社區福利的同時，社區居民也應該能夠自主地經營自己的社區生活，凡是涉及社區福祉的問題，絕大部分都應該由社區居民透過群體的組織力量來處理，這樣才是一個真正民主的社會。在這個概念之下，社區化被視為對民眾申請福利給付的重新安排，將以往由政府扮演服務供給者的主要角色，逐步轉移給民間。

從「社區發展」的角度探討政府與民眾的互動關係與模式，在人類互動益趨綿密的網絡社會（network society）中，試圖在當前社會日益複雜與人民自主意識覺醒之間尋求一個新的平衡點，建構一個社會所有成員與族群間共享、共治的生活模式。

參、社區發展政策的落實

民國 54 年政府頒布「民生主義現階段社會政策」，確立了社區發展為我國社會福利措施七大要項之一，同時並明確規定「以採社區發展方式，促進民生建設為重點」。爰此，訂定「社區發展工作綱要」，為解決社區問

題，改變社區體質，使其能達到民主、自治、自助之目標，採人民團體型態運作，持續推行社區公共設施、生產福利、精神倫理等三大建設。英國前任首相布萊爾（Anthony Blair）在執政期間，提倡的「第三條路」（The Third way），亦強調採取「社區主義的路線（new communitarianism path）」（Etzioni, 1998），提出社區文化、社區意識和生命共同體的觀念，整合成一項具體的文化政策；足見中外皆對社區工作的重視。

「社區發展工作綱要」其重點分述如下：

一、社區發展工作的目的是為促進社區發展，增進居民福利，建設安和融洽、團結互助的現代化社會。

二、社區和社區發展及社區居民之定義：1.社區是指經鄉（鎮、市、區）社區發展主管機關劃定，並為依法設立社區發展協會，推動社區發展工作之組織與活動區域。2.社區發展係社區居民基於共同需要，循自動與互助精神，配合政府行政支援、技術指導，有效運用各種資源，從事綜合建設，以改進社區居民生活品質。3.社區居民為設有戶籍並居住本社區之居民。

三、社區發展協會設會員（會員代表）大會、理事會及監事會；另為推動社區發展工作需要，得聘請顧問，並得設各種內部作業組織。

四、社區發展協會應根據社區實際狀況，建立社區資料：1.歷史、地理、環境、人文資料。2.人口資料及社區資源資料。3.社區各項問題的個案資料。4.其他與社區發展有關資料。

五、社區發展指定工作項目為：

（一）公共設施建設

1. 新（修）建社區活動中心。
2. 社區環境衛生及垃圾的改善與處理。
3. 社區道路、水溝的維修。
4. 停車設施的整理與添設。
5. 社區綠化與美化。

（二）生產福利建設

1. 社區生產建設基金的設置。
2. 社會福利的推動。
3. 社區托兒所的設置。

（三）精神倫理建設

1. 加強改善社會風氣重要措施及國民禮儀範例的倡導與推行。
2. 鄉土文化、民俗技藝的維護與發揚。
3. 社區交通秩序的建立。
4. 社區公約的制訂。
5. 社區守望相助的推動。
6. 社區藝文康樂團隊的設立。
7. 社區長壽俱樂部的設置。
8. 社區媽媽教室的設置。
9. 社區志願服務團隊的成立。
10. 社區圖書室的設置。
11. 社區全民運動的提倡。

六、社區發展協會應設社區活動中心，作為舉辦各種活動的場所。另主管機關得於轄區內設置綜合福利服務中心，推動社區福利服務工作，並應與轄區內有關之機關、機構、學校、團體及村里辦公處加強協調、聯繫，以爭取其支援社區發展工作並維護成果。

肆、社區營造條例的規劃

台灣社區發展工作主要依據為民國 57 年政府所頒行的「社區發展工作綱要」，全台各地紛紛成立社區發展協會，並推動社區公共設施、生產福利和精神倫理等三大建設。3、40 年來，台灣經濟、社會、文化與政治各領域的轉型，已使得社區社會發生相當大的變化，既有社區發展政策已不符客

觀環境的需求，最近幾年來「社區總體營造」運動風起雲湧，強調結合行政、專業與社區居民之自發性，實踐由下而上的居民參與和規劃，採取跨部門的總合型發展模式，蔚為各級政府部門和民間團體有關社區工作的主流方向。政府擬定「社區營造條例」，條例將賦予各級政府和社區團體更積極的主動性和協調性，以保障社區居民對社區公共事務的參與權，落實社區民主自治精神，以營造健全的公民社會。

中央與地方政府諸多施政計畫均以地方社區為對象，但彼此在推動策略和積極性方面落差甚大，常因業務的過度分工而缺乏橫向聯繫整合，以致造成行政和社區人力與資源的重複或浪費，本條例為各級政府單位應作應為事項，提供跨部門協作之標準程序。而台灣在解嚴之後，地方社區居民自主意識逐漸提昇，對於地方社區公共事務的參與需求越來越高漲。但基層社區民眾參與公共事務的機制迄未完備，以致地方社區時因政治恩怨和派系紛擾，迭起爭端而斲喪民主自治精神，妨礙地方社區發展。本條例參考歐美與日本經驗，研擬完備的社區自主營造與公民參與機制。對於社區居民對公共事務的參與權和提案權，規定地方社區居民針對社區總體營造事務得經由適當合法程序，制定適合當地需要的社區營造協定，作為行政單位與社區居民遵行的依據。強化以地方社區為主體，尊重地方的創意、多樣性、豐富性與獨特性，鼓勵居民對於社區營造事務的提案權，充分反映地方居民意見，發揮社區主動性與潛力。

在日本所謂的社區總體營造，是源自於都市計畫法中的居民參與制度，1980 年後半，日本各地社區營造條例的擬定逐漸擺脫都市計畫分野的框架，各式各樣具創意的社區營造條例陸續地誕生。在日本所謂的社區總體營造，是源自於都市計畫法中的居民參與制度。但是於都市計畫法中的居民參與的模式非常地有限，居民的意見反映，幾乎很少產生影響的效果。經過 1980 年及 1992 年兩次都市計畫法修法，市町村的都市計畫法權限擴大，同時也確立了居民參與的方向。雖然如此，仍不足以充分展現社區營造的效果。1980 年代各地方所制定的條例，最大的特徵在於「居民參與」的進行方式。無論上述所論及的各項分野，「居民參與」成為條例形成的重

要條件。因此，原稱為「條例」幾乎全面被改稱為「社區營造條例」，1980年後半，日本各地社區營造條例的擬定逐漸擺脫都市計畫分野的框架，各式各樣具創意的社區營造條例陸續地誕生。從地方行政單位的角度而言，具創意的社區營造條例制定代表了脫離全國性的準則，追求地方特色的意義。它是追求地方自治理念的產物，同時也是地方政策的展現及地方自治與居民努力的結晶。其實這些具創意的社區營造條例，並非簡單地產生，而是經過複雜的地方思考及體制所產生的。我國「社區營造條例」（草案）已於中華民國 93 年 2 月 7 日行政院第 2876 次院會通過，已送立法院審議之中，經由內政部主導規劃之法律為我國社區發展政策最高指導法律，在社區營造條例草案總說明充分指出我國發展社區政策是基於公民社會理論以及社區發展對社區公共事務之參與權，落實社區民主自治精神而設計的。

　　「社區營造條例」草案，共計十五條，其要點如次：

一、本條例立法目的

　　　　第一條：為保障社區居民對於社區發展及社區營造等公共事務之參
　　　　　　　　與，落實社區民主自治精神，建立公民社會價值觀，並強
　　　　　　　　化各級政府施政之民意基礎，特制定本條例。

　　顯示社區營造條例依據公民社會理論，落實民眾的參政權，建立民主自治精神，並強化各級政府施政和民意基礎，與社區發展工作社會參與和社會運動模式有其差異的。

二、社區定義

　　　　第二條：本條例所稱社區，指直轄市、縣（市）行政區內，就特定
　　　　　　　　公共議題，並依一定程序確認，經由居民共識所認定之空
　　　　　　　　間及社群範圍。

　　由於為社區居民公共事務的參政權，公共議題必須經過確認，而社區組織架構與公共議題之互動關係仍需進一步釐清。

三、主管機關

第三條：本條例所稱主管機關：在中央為內政部；在直轄市為直轄
市政府；在縣（市）為縣（市）政府。本條例涉及各目的
事業主管機關職掌時，各該機關應配合辦理。

四、中央主管機關之權責；並得設立或輔導民間設立社區營造資源、培訓及諮詢服務中心

第四條：中央主管機關權責如下：
1. 全國性社區營造政策及法規之研訂。
2. 各部會社區營造相關業務之協調。
3. 直轄市、縣（市）主管機關社區營造業務之輔導。
4. 社區發展與社區營造相關資料之蒐集、統計、分析及行政與專業人力之培訓。
5. 其他全國性社區營造相關事項。中央主管機關得設立或輔導民間設立社區營造資源、培訓及諮詢服務中心。

五、直轄市、縣（市）主管機關之權責；並得設社區營造審議委員會，處理社區營造相關事務

第五條：直轄市、縣（市）主管機關權責如下：
1. 直轄市、縣（市）社區營造自治法規之研訂。
2. 轄區內社區營造協定提案之審議及社區營造事務爭議之協調。

3. 轄區內社區營造相關組織與業務之輔導及推動。

4. 其他地方性社區營造相關事項。

直轄市、縣（市）主管機關辦理前項第二款業務，得設社區營造審議委員會，置委員若干人，其中一人為主任委員，由機關首長或其指定之人員派兼之；其餘委員，就各業務機關、單位主管、社區營造學者或專家、民意代表及民間相關機構、團體代表等派（聘）兼之；其組織，由直轄市、縣（市）主管機關定之。

六、社區營造業務計畫之推動、規劃原則

第六條：主管機關在擬定有關社區營造之業務計畫時，應充分提供各項計畫內容及預算資源之訊息，採行由下而上之規劃、申請及執行模式，並以社區自主性、自發性、總合性及永續性為原則，充分考量社區內不同業務項目與期程間之整合及延續。

七、社區居民基於自主自治意識，得針對社區公共事務，依本條例規定程序形成社區營造協定並明定社區公共事務包括之事項

第七條：社區居民基於自主及自治意識，針對社區公共事務，得依本條例規定程序形成社區營造協定。前項社區公共事務，包括下列事項：

1. 社區精神、特色及公共意識之營造。

2. 社區傳統藝術文化保存、維護及推廣活動之辦理。

3. 社區居民終身學習活動之辦理。

4. 社區健康照護與社會福利之保障及供應。

5. 社區土地、空間、景觀及環境之營造。

6. 社區生產、生態及生活環境之保護。

7. 社區產業之發展及振興。

8. 社區土地及資源之開發利用。

9. 社區居民生活安全、犯罪預防及災害防救準備。

10. 其他社區營造推動事項。

八、明定社區營造協定之分類

第八條：社區營造協定依其內容及性質分類如下：

1. 社區建議：針對社區公共事務之建議，提供權責機關作為施政或辦理業務之參考，或作為社區居民自我約束及遵行之依據。

2. 社區憲章：針對社區未來發展和營造目標之基本原則，具有宣示、啟發、提醒、引導及規勸等作用。

3. 社區公約：針對社區公共事務領域所形成之具體行為規範，具有不同程度之強制力，包括罰則。

4. 社區計畫：針對開發、利用和保存社區土地、空間、景觀、環境及各種有形資產之實質計畫案，涉及社區成員權利義務之規範事項者。

九、明定社區營造協定之範圍限制

第九條：社區營造協定應以協定議題所涉及社區範圍之公共事務為限，並不得牴觸現行法令強行規定，或要求對於依法具有全國一致性之事務為特別之處理。但其內容及性質係提供權責機關作為施政或辦理業務參考之社區建議者，不在此限。

十、社區營造協定之提案程序

第十條：社區營造協定應由社區團體檢具提案申請書，在該社區內
　　　　設籍、居住、置產或經商者30人以上之連署人名冊及相關
　　　　證明文件，向當地直轄市、縣（市）主管機關提請處理。
　　　　前項提案申請書之格式，應載明事項、社區團體及連署人
　　　　格及其他應遵行事項之辦法，由中央主管機關定之。

十一、社區營造協定之審查程序

第十一條：社區營造協定之提案，應就書面審查決定之。必要時，
　　　　　並得舉辦公聽會或社區居民投票。直轄市、縣（市）主
　　　　　管機關應自收受前條第一項提案申請書之次日起二個月
　　　　　內完成審查。前項審查，包括確定社區營造協定提案之
　　　　　議題性質、範圍與共識度、提案團體與連署人之資格、
　　　　　社區居民數等事項。提案申請書應具備之文件不齊全或
　　　　　其記載內容不完備者，應通知限期補正；屆期不補正或
　　　　　補正仍不完備者，不予受理。為確定社區營造協定提案
　　　　　之議題已獲致共識，直轄市、縣（市）主管機關必要時，
　　　　　得於書面審查期間，要求提案之社區團體召開社區團體
　　　　　協議會議，並得指派代表與會。社區營造協定審議規則，
　　　　　由中央主管機關定之。

十二、社區營造協定審議通過後之處理方式

第十二條：社區營造協定經審議通過者，應依下列方式處理：
　　　　　1.社區建議及社區憲章：由直轄市、縣（市）主管機關
　　　　　　備查或轉請權責機關參酌辦理。

2. 社區公約或社區計畫：由直轄市、縣（市）議會通過，
並經直轄市、縣（市）主管機關公布，始得拘束社區
居民。

十三、主管機關得會同目的事業主管機關對社區營造工作定期辦理評鑑

第十三條：主管機關得會同目的事業主管機關對社區營造工作定期
辦理評鑑；其評鑑項目、基準及其他相關事項之辦法，
由中央主管機關會商目的事業主管機關定之。

十四、對於從事社區營造工作具有特殊優良事蹟者得給予獎勵

第十四條：從事社區營造工作有特殊優良事蹟者，得給予獎勵；其
獎勵辦法，由中央主管機關定之。

「社區營造條例」雖僅有十五條文，但涉及社區運作的法制作為，且
為居民公民權之基本問題，有其重要性；是以，應維持社區居民的主體性，
從社區的建構、社區範圍的確定、社區組織的形成、社區工作之重點、社
區發展的策略以及社區資源之運用，均以社區居民為主體，以社區居民需
求為主導，才能真正落實社區主義，而能凝聚社區共識，成為社區生活共
同體，方能促進社區整體之發展，而社區居民共同分享社區發展之成果。

伍、社區工作的努力方向

管理學大師彼得‧杜拉克（Peter F. Drucker）在其著作《杜拉克看亞洲》
（*Drucker on Asia：A Dialogue between Peter Drucker and Isao Nakauchi*,
1998）曾經強調：「要振興社會就需要一個社會部門來重建社區。並且，這

個部門的成立是建立在個人努力核對社區的關懷之下。更重要的是，這個部門必須是非政府的組織。」由於社區與民眾生活息息相關，是以社區發展工作的努力方向是結合民力強化社區發展與志願服務工作。

一、凝聚社區力量推展社區發展工作：目前台灣地區計有五千四百六十八個社區發展協會，社區活動中心計四千一百四十五所，提供社區民眾集會及辦理各項文康、育樂及福利服務活動場所。辦理社區精神倫理建設活動外，並補助社區發展協會辦理各種生活講座、社區刊物、社區運動會、媽媽教室、民俗文化等活動，充實社區居民生活內涵，增進居民情誼，凝聚社區意識，建立生活共同體。

二、辦理志願服務法規定辦理事項，並訂定相關子法及書表格式之配套措施：志願服務法業於 90 年 1 月 20 日由總統公布施行，由於志願服務工作跨越各種服務領域，例如教育、文化、體育、科學、消防救難、交通安全、環境保護等範疇，對於政府機關應辦理的事項及權責分工必須加以釐清。政府已研訂下列辦法：1.志工基礎訓練課程；2.志願服務證、服務紀錄冊及其管理辦法；3.志工倫理守則；4.志願服務績效證明書格式及其認證；5.志願服務榮譽卡；6.兵役替代役相關辦法。以為配合。任何社區要推動或進行各項的活動與規劃之際，志工的參與是絕對必需的，如何召募並志工願意長期間的替地方效力，則是一項待努力的方法與藝術。

三、強化社區參與，社區參與（community participation）是一種社區居民自我覺醒的過程，也是居民對於周遭生活環境關心與投入程度的標誌。透過社區活動與公共事務的參與，除了可拉近彼此的心理距離，也可改善現代都市社區的冷漠面貌。因此，社區參與不僅反映出公民權利意識的覺醒，也進一步形成以社區為行動單位的集體力量。然而，社區參與並無一定的模式可循，最直接有效的方式是相關經驗的學習與傳承，確認社區的問題與資源，以及尋求適切的解決方法。

四、推動「社區營造」（total community construction）強調社區生活共同體、社區意識、社區參與和社區文化。社區營造所要達成的目標是：在社會興革上，推動民主化與公共化概念，強調「由下而上」的居民參與，

讓社區居民管理自己，也思考其未來；在經濟發展上，著重「文化產業化」，試圖尋求「在地性」經濟發展策略；在精神倫理上，藉由社區總體營造的社會運動改造社會風氣，培養公義價值觀，重視社區互助與人際互動，積極參與社區事務，期使社區居民成為社區的真正主人；在文化推展上，藉由文化保存與重建地方文化特色，宏揚地方歷史古蹟與文化遺產；在基礎設施上，強調美化居住空間與景觀等社區建設運動凝聚社區意識，並且形塑社區居民的共同記憶。是以，其內涵包括社區工作所強調的「生產建設」、「福利建設」、「倫理建設」、「基礎建設」。

五、推廣社區結盟，擴充資源。許多社區皆已將績優社區的觀摩與學習視為社區自我成長的主要方式之一。透過社區的參訪，一方面可以學習績優社區在會務、財務、業務的作業方式；另外，社區如何有效組織不同的資源，如何進行成員之間的溝通與討論，應該也是觀察、瞭解與學習的重要項目。為使資源連結能被更充分運用，並補充資源之不足，使社會資源網絡得以發揮，除連結社區中各種人力、物力、財力等資源，更可考慮與其他鄰近社區之結盟，相互支援並運用相互之資源，以合作方式尋求協助。

六、人才培育與發展。培訓社區專業人力，充實社區工作幹部專業知能，以提昇專業服務品質。建立人才資料庫，主動發掘人才，培育志工投入社區工作。同時社區已開始重視並意識到社區關懷與福利工作的重要性，因此紛紛成立社區照顧關懷據點，並積極的進行對老人、青少年及外籍配偶的照顧工作。

七、鼓勵社區因應地方需要及特質，拓展地方文化產業，發展觀光事業，推廣休閒農業，配合民宿，以促進社區民眾就業，增加社區居民經濟收入，以改善民眾生活環境，增進生活品質。社區發展的工作需要結合不同的人力與資源來結合之後，才能產生或達成預定的成果。許多成熟型的社區已能尋找並集合不同資源來促進地方工作的進行，例如向內政部申請福利社區補助；向文建會申請文史編纂或文化館；向農委會申請樹苗；向環保局申請資源分類；向房屋仲介業申請補助。另外，各縣市的許多社區皆以組

織不同性質的志工隊，針對環境、治安、資源回收、關懷照顧等項目來進行在地與草根式的服務工作。社區附近的教育機構、醫療團體、宗教團體、工商產業、行政治安、自然與人文資源，都是可以列舉並思考如何將上述資源有效運用。例如，有些社區內或附近的寺廟，香火鼎盛，如何請管理委員會參與或協助社區的活動，都是社區發展協會可以努力的目標。

八、加強與教育、文化、交通、環保、農林、民政、衛生等推行社區發展相關單位協調聯繫，分工合作，以發揮整體力量，加速推動社區建設工作。許多社區皆已經跳脫出以往只是辦理自強活動、參訪、旅遊的窠臼，而能從環境的美化、整潔，資源的整理與運用，關懷在地同胞的概念來進行社區的服務。

結語

社區是一個公民社會（Civil Society），因為其是指占有一定區域的一群人，因歷史背景、地理環境、社會文化、生活水準、職業聲望或其他方面的差異而造成各種不同的地域，並且形成彼此相互依存的關係。普遍存在於各個國家和民族之中，是人類社會生活的最基本環境。對於所屬社區有一種心理上的結合，亦即所謂的「同屬感」、「歸屬感」；認為該社區與其關係密切，正如同一個人對自己的家庭、故鄉、社會及國家等懷有特別的情感。這種「我群」的意識，使社區成員對於該社區的建設成就有一種認同與榮譽的感受，對於隸屬該社區的活動，都有相當的關注，此種心理的反應便是參與社區建設的動力基礎。

展望未來，隨著公民社會的到來，社區組織宜發展出一套社區居民參與公共事務的策略，經由集體意識詳細規劃未來社區藍圖，期使形塑成社區居民的社區參與。

第七章　社區營造與社區再造

前言

　　根據西方工業國家發展的經驗而言，在經濟發展的過程中，因為都市裡有比較多的就業機會和比較高的經濟報酬，吸引農村人口大量往都市集中，一方面造成農村價值的瓦解，很多人覺得待在鄉下沒前途，因此鄉村留不住年輕人，使得傳統地方產業逐漸沒落，地方的文化特質和歷史遺產不斷消失；另外移居都會地區的外來人口，大家心理上都存著暫時來都市討生活的過客心態，因此缺乏對社區的認同，只重私利，不顧公義，造成人際關係和對公共事務的冷漠。有鑑於此，政府及有志之士提出「社區總體營造」計畫，目的就是要激發社區自主性及自發性，重建溫馨有情的居住環境；實施的方法是由居民透過共同參與的民主方式，凝聚利害與共的社區意識，關心社區生活環境，營造社區文化特色，進而重新建立人與人、人與環境的關係。

壹、社區總體營造的主要意涵

　　社區就是人們公共生活的領域，從我們走出家門開始算，樓梯間、道路、市場、學校、公園及運動場等，凡與我們生活、休閒、娛樂和工作息息相關的地方，都是我們的社區。在社區中，我們和其他人交往，滿足食、衣、住、行、育、樂等各式各樣的生活需求。所以，社區的範圍，可以小到一座公寓、街區、村落鄰里；也可以是一個鄉鎮、縣市，甚至是整個社會、國家和全世界。

　　隨著社區對應於總體社會的快速變遷，社區工作須導入「社區策劃」，社區總體營造便是社區策劃的具體作為。策劃是一種程序、一種過程，是對未來發生的事情作當前的決策，即根據各種情勢與訊息判斷事物變化的趨勢，確定可能實現的目標和預期的效果，並據此設計、選擇，期盼能產生最佳效果的資源配置與行動方式，最後形成正確決策和工作計畫的過程。社會策劃作為一種社會發展的理性主義、社會工程學的具體應用，範圍是廣闊的。由於社區工作就是某個社區的組織和服務工作，所以與社區工作相關的社會策劃主要是在地區重建規劃、社區問題的政策策劃、社區服務的項目管理、社區居民組織的計畫管理等方面應用。社區層面的社會政策就是社區工作者以理性的方法，透過清楚理解工作機構的工作理念、政策、資源和方向而確立社區工作目標，從多個方案中選擇一個最理想的工作策略，然後根據社區需要而動員、分配資源，並在工作過程中結合變化的實際隨時修改計畫，使計畫案預定的目標行進，待工作結束時對計畫執行情況加以檢討和反思。社會策劃模式是一種社區、社會發展的策略，也是具體的發展項目的管理。至於，社會策劃的價值取向有：

一、傳統變革取向

　　策劃者以研究社區在社會變遷中的角色，希望透過科學知識及分析，設計出理想的計畫，改良現行社會制度內弱勢群體的生活條件。其特點是站在保護和擴大低收入群體的角度，響應政府決策與政策，並希望和努力爭取獲得政府對社區的支持，改善不公平不正義的結構。變革傳統取向的社會策劃認為，社區應該允許持不同意見的人士或其代表表達其對政策及計畫的不同看法。由於一般的社會政策及計畫都十分複雜、專業，社區居民參與期間反映著不同的期待。因此，就需要策劃者倡導政府在制定政策時能更多地考慮到多元群體的需要和利益，設法提高弱勢群體的影響力和參與權。社區的主要問題與居民的生活息息相關，因此，社區工作者要盡可能提高居民對問題的關注及瞭解，並組織居民參與到嘗試使政府正視的活動。但社區工作概念認為，此種方式偏重專家知識及領導，容易引起居民對專家的依賴。

二、政策分析取向

策劃者是受聘於政府的技術專家，其主要工作包括收集資料，利用統計及科技手段分析資料，尋找各種解決問題及應付危機的方案。在高層，策劃者為政府出謀策劃。在社區層面，策劃者先作為社會的知情者，為機構提供實情和民意，這是科學政策、民主決策不可缺少的環節；其次作為政府政策的執行者，負責政策的貫徹落實，其狀態直接影響著政府政策目標的實現，影響著政府的形象和威信。高層決策及實際執行工作上的配合是政策成功的關鍵因素。

三、社會學習取向

社會策劃是展開工作前對社區總體狀況的全面分析。社會策劃是從社區的角度對組織進行系統的剖析，在理性的基礎上找到需要解決的問題，進而確定下一步的目標和任務。策劃者作為顧問或推動改變的中介人，與案主交往、合作，瞭解、分析及計畫改變。策劃過程是提高案主自我效能認識和集體效能認識的訓練過程，是組織和教育的過程，其價值導向和最終目標是個人的成長和提高。社會學習傳統認為策劃是一個靈活適應的過程，需要不斷地從實踐中學習，並根據實踐的變化和要求即時對原計畫進行適當的修改。

四、社會動員取向

策劃者作為組織者、指揮者、行動者，身體力行，與群體共同採取整體性的社會結構的嬗變。該取向有二個不同的內涵：一是脫離社會、發展自力更生的另類集體社區；二是參與社會運動藉以改變現有的政治經濟環境。在社會動員者來看，專業策劃工作是維護當權者的工具，是社會控制的重要機制，是統治者的幫手。因此，持社會動員反對以經濟利益為中心的計畫和政策，強調改變社會不平等及權力集中的社會結構，策劃者的工作就是動員群眾去瞭解、批判現存社會制度。

　　社區策劃是為社區發展提供專業關係的途徑。社會策劃透過對既有問題的分析和對未來的預測，發現社區中存在的問題與不足，為社區以後的發展提供準確的依據。同時，其能發揮自身的諮詢作用，幫助每一個專業工作者對社區工作有一個整體的客觀認知，作出符合實際的新決策。社會策劃者是培養工作者團隊精神和居民社區認同感、歸屬感的載體。社會策劃需要工作者、工作機構、社區行政管理人員、社區居民的參與和認同，而策劃的實施則需要工作者和參與人員的配合、支持和努力，這就為社區工作者團隊精神和居民社區認同感、歸屬感培養建立良機。團隊精神和社區認同感是社區工作者的核心問題之一，其可以使社區行為趨向自覺化。

　　「營造」含有經營、創造的涵義，社區工作應發揮創意，建立自己的社區生活特色。「總體」則是整體、全方位的意思，也就是要能滿足社區生活各方面的基本需求。「社區總體營造」結合了「社區、總體、營造」三個要素，明白表示社區生活是整體不可分割的。居民是社區的主體，社區的問題，就是居民共同的問題，社區問題的解決，需要全體居民共同參與和討論，才能找出最合乎居民需求的解決方案。因此，社區總體營造，就是社區居民自動自發的參與，發揮創意，進行全方位的經營和管理，建立屬於自己社區的文化風貌。

　　台灣的工業化，使其生活型態從農業漸漸轉化成現代化的社會。無疑的，這種轉變使一般人民的物質生活更加富足，國民所得攀升至已開發國家的行列。但也因為轉化的腳步過於倉促，以及各種文化體系的條件無法在短時間迅速融合，而造成了之間的斷層，甚至產生脫序的現象。這個現象表現在對名利的追求，對物質資源的浪費，而且日趨嚴重，面對這個失序的社會，我們應該要重建社會價值的標準。然而「徒善不足以為法，徒法不足以自行」，良好的道德規範仍賴人人的踐行與落實，這項心靈重建的工作，尤須運用社區總體營造加以開展；因為個人是組成社區的基本單元，沒有個人則社區就無由存在，同樣的個人也依存於社區以滿足人類的各種需慾；是以個人與社區是相互依賴和影響的。

　　有鑑於此，在倡導「社區總體營造」時，並不侷限於傳統的村、里形式上的行政組織，而著重於「社區」居民共同意識與價值觀念的營造。今天所謂「社區」，已不再是過去的村、里、鄰形式上的行政組織，而是在於這群居民的共同意識和價值觀念。在日常生活可以用來凝聚居民共同意識和價值觀的事項很多，如地方民俗活動的開發、古蹟和建築特色的建立、街道景觀的整理、地方產業的再發展、特有演藝活動的提倡、居住空間和景觀的美化等，各地社區可以分別依據自己的特色項目來推動，然後再逐漸擴大到其他相關項目，這就是所謂的「總體營造」。各社區都可以考量本身的資源及條件，經由民眾共同努力的過程，建立自己社區的特色。

貳、社區總體營造的運作策略

　　社區是多元的，每一個社區都有其各自的發展課題，社區總體營造的推動，除了把握社區自主、居民參與及資源共享三大原則外，在實際推動時，更應因地、因時制宜，配合社區發展階段，採取最適切的方式介入，才能收事半功倍的效果。社會策劃是透過人員的知識、科學決策的能立即其權威自上而下地介入社區，以推動社區的漸進改變。社區策劃的目的不但是解釋現狀及問題，更重要的是指導行動。因此，策劃者本人的意識型態影響策劃的價值取向。不過一般的社會策劃以公眾利益作為出發點和歸宿，力爭最適度情況，即沒有人會因為計畫的實施而受損，而計畫卻最低限度保證每一個人在實施計畫中獲益。社會策劃的目的是盡量減少未來的不確定性，因此選擇了方案僅是完成了策劃任務的第一步。社會策劃透過分析目前與過去的資料，預測將要發生的事情，設計應對之策，實現理想的目標。策劃需要權力，在策劃過程中，為將意外、風險及錯誤減至最低，策劃者要盡量集中力量，協調統一各部門的行動，使策劃的各個環節按預設的軌道前進。

　　社區總體營造因為提昇社區生活品質而起，所以策劃的內容主要是圍繞解決這些議題展開，制定一個科學合理、便於操作的行動方案，在有限的時間內有效地落實這些內容，是社區總體營造的主要任務。

一、社區資源開發規劃

制定正確的社區資源開發規劃必須在調查該社區的區位、地理、交通、自然資源和社會資源狀況的基礎上，根據市場競爭的 SWOT 分析模型，確定地區的資源開發方向、發展遠景、發展速度、發展策略等。社區資源開發的整體規劃通常由政府專業職能部門聯合組織實施，社區工作者主要倡導社區資源開發規劃、負責聯合協調規劃、組織居民提出需求和建議等。

二、社區基礎設施規劃

社區基礎設施規劃是社區總體營造的組成部分，屬於社區建設的硬體部分。社區基礎設施規劃要根據整個都市或社區經濟、社會發展遠景的需要以及為此提供的物質條件來制定。社區基礎設施規劃由政府專業職能部門制定，社區工作者主要是組織居民參與社區基礎設施的規劃、提出相應的需求和建議。

三、社區服務規劃

社區服務規劃在社區策劃中涉及最多、應用最廣。因為社區社會工作本身就是根據社區的需求，針對社區問題，組織社區居民、動員各方資源，並設計提供社會服務的專業實踐。社區服務提供的主體可以多方調動，第一是可以選擇專業機構提供社區服務；第二是可以動員社區自助服務團體提供自我服務，尤其是可動員社區人力資源，使每一個人都能夠參與到社區公共事務和公益事業；第三是可以調動社會上的人力和物力資源為社區公益事業做貢獻。

四、社區組織規劃

社區組織是社區總體營造的依托，健全的社區組織是社區建設的重要支撐。西方國家是在一個國家和社會相對分離的狀態下展開社區的工作，社區工作是政府和非政府組織平等地根據社區狀況，組織居民提供服務。

因此在西方國家，社區組織僅僅是社區居民自我服務、互助組織的建設。透過社區自治組織建設，實現居民的組織化和社會整合。

社區策劃從一開始策劃的制定到瞭解服務機構使命和目標，從分析社區對環境和對內機構到評估需要制定工作計畫和介入策略，從執行運作策劃到總結評估，社區工作者一直充當著事實的匯集者，需要和問題的分析者，方案的制定者，行動的組織者；實施者、協調者，成效的評估者、反思者的角色。社區營造中，社區工作者的角色是扮演行政者、領導者或決策者，主要體現在以下幾個方面：

一、項目的規劃者角色：充當專家，完全依靠技術理性來調查社區問題，分析社區事實條件，評價各種服務方案，規劃社區服務。

二、方案經理的角色：充當項目經理，負責項目整個執行過程的業務操作、財務、人事、物資等管理工作，保證服務項目得到有效的執行。

三、監督實施的角色：充當監督，管控業務的執行進度，收集業務執行過程中的意見和訊息，回饋給決策者和經理人員，協調項目的良好執行。

四、專業人員的協調角色：充當協調者，為專業技術人員提供服務，協調不同專業的協同合作，共同完成社區服務、社區建設的任務。

五、動員居民參與和回饋意見的角色：組織居民參與到相關部門的社區建設策劃過程中，並提出自己的需求和意見，接受相關的服務，並就服務方案提出改進意見等。

社區總體營造的行動進程，可以分為三階段，各階段工作重點略述如後：

第一階段：認識社區，建立社區意識。此一階段的工作重點，包括社區資源調查、社區議題或危機意識的引發、動員居民、尋找理念相同的人、尋求政府部門及專業者（或專業團體）之協助及出版社區刊物等，目的是要讓社區居民認識社區、共同關心社區，並提供居民共同討論社區公共事務的機會，進而激發居民對社區的歸屬感和榮譽感，建立社區共同體意識。

第二階段：凝聚社區共識，架構動員和參與基礎，規劃發展藍圖。本階段除繼續推動第一階段工作外，更強調在民眾已建立社區意識的基礎

上，加強社區工作經驗交流、擬定系列發展主題、居民參與規劃、整合社區需求、制訂社區共同願景，形成整體規劃發展藍圖，並尋求政府及民間資源的支持，再結合社區本身的資源，建立社區動員和參與的機制。

第三階段：全面主動參與社區公共事務，促成社區總體營造的永續經營。社區總體營造的根本精神在於永續經營。本階段並非社區總體營造工作的完成，而是在前二階段的基礎上，持續發展其他議題，使居民參與成為一種習慣，並將其轉化為民主決定的實質過程，使社區的共同願景，成為推動社區公共事務的指導力量。

顯而易見的，傳統社區由於居民「生於斯、長於斯、歿於斯。」自然容易產生認同的意念與歸屬感，而有利於社區意識的傳承與運作。然而，今日社會中的社區由於都市化、工業化的影響，加以交通發達、居民職業結構的多樣性，以致社區人口流動加速，社區組織結構改變，居民的居住地區與工作地區分離甚遠，民眾對職業關係的利益遠超過其對社區關係的利益。因此社區居民所呈現的社區意識，有逐漸疏離和冷漠的趨勢。是以經由社區意識的強化，把握社區總體營造的原則，用以增進現代社區居民對「群己關係」的認同，加以原有規範人倫互動的五倫，予以現代化、生活化及大眾化，建立能配合現代社群發展的合宜意識，進而裨益社區總體營造目標的實踐。

參、以社區營造落實社區發展

社區發展乃是第二次世界大戰以後由聯合國所倡導的一項世界運動，其目的係希望成為一種簡易而有效地解決社會問題的方法，並用以改善居民的生活方式，運用政府與民間力量的統合，提昇生活素質。隨著社區發展到社區營造的歷程，包含政府、專家、社區人士和關心社區建設的有識之士，體察台灣社區發展所面臨的挑戰，努力提昇其發展方向，達成社區成為人們生活的重心。社區營造是社區發展的過程、策略和作法，其本意是要促進社區發展，沒有社區發展為目標的社區營造，將營造出少數

人利益的片面社區發展；沒有社區營造歷程的社區發展，也將是一種空洞的詞彙。社區發展即是在此情形下展開，企圖能改善社區生活條件的根本解決方法。然而該工作的推動並不能僅憑藉資本的投入，或是生產技術方法的改進，而必須配合當地人文風土的特性，發展出有效的社會制度結構，以使社區居民自發性改善自身條件，提供接納未來進步的基礎，才能有所成就。

就聯合國推行社區發展是以解決社會問題、改善人民生活、增進社會福利為目標。我國在推動該工作時，則認為其目標是完成基礎工程，實施生產福利，推行倫理建設，並自精神到物質建設均有所提昇的社會。這便是社區總體營造工程企圖建立的功能：

一、社區總體營造蘊含成長與變遷，改造社區的區位環境、生產結構及精神倫理規範，使其符合現代生活的需求，並使社區居民彼此團結合作。

二、社區總體營造能改造社區的領導結構，促使其產生自發性的領導人才，以組織、協調居民的力量，並運用民眾的智能、財力、勞力，共同建設社區。

三、社區總體營造能依據專門的學識及服務技能為指針，處理社區事物，建構社區發展的目標，以群策群力的方式，謀求社區的進步與繁榮。

四、社區總體營造可培育居民的自信心、責任感及社區的認同，袪除對政府的過度依賴，有助於心理、精神層次的建設。同時透過社區鼓勵居民普遍及積極參與社區事務，其成效包括：促使居民自願提供人力、時間、經費以配合社區建設。

就社區總體營造的功能而言，其可以全面提高生活水準，並達到：「人際關係融洽化」、「土地利用經濟化」、「群己界限明確化」、「意見溝通民主化」、「社區活動整體化」等實質效益。

一個成功的社區總體營造必須根植於：充分的財政經費支持，足夠的行政管理及保障居民權益的技能與認識，人口成長維持合理的水準，人民對社區改善人民生活的努力和團結意願有充分的信心。社區總體營造要有良好的發展，應考慮到社區居民的「自我歸屬感」，以及強化統屬凝聚力的

重要性，社區居民一旦具有我群的意識，則會滋生造福鄉梓、參與建設、關懷地方的意願，不致表現出漠不關心的態度。社區歸屬感是社區賦予其居民，引以為榮的自重與安全的意識，有了這種意識，則易產生休戚與共、榮辱共存的心理，由此不僅個人參與社區受益，進而將帶動整個社會與國家趨向於良好的發展。而為能促使社區居民，能共為社區發展而奉獻心力，就社區總體營造宜採用以下方法：

一、掌握居民的需求，增進社區意識：現代社會典型的都市社區，居民的日常往來，已脫離以往以宗親、私人的感情關係，而是隨著教育水準的提高，人口流動性的增加，彼此講求功利性與理性。因此，要使一個社區能趨向於團結合作，結合共識，已非單純的運用文化的統合力所能竟其功，尚必須瞭解居民的共同需要、共同利益及共同的發展目標，方足以促使社區居民，放棄為個人一己之私的念頭，而投入有利於社區之公益行為。

二、鼓勵熱心人士，激勵志工參與：社區總體營造如經由地方人士參與地方的事，由地方人士與之配合，則方能形成持續、整合的力量。而喚醒社區居民參與的最佳方式，即由地方的意見領袖的領導，配合具有專業知識之社會工作人員，鼓勵居民的投入與參與。而此意見領袖，需要能在該社區居住較久，真正瞭解社區居民的需要，能經常和社區居民有接觸的機會，具有民主素養與領導能力，能擺脫地方派系的糾葛，同時具有溝通協調的能力，則將會出現良好的領導成效。

三、增強社區居民互動機會，產生社區認同：在典型的現代都市社區，由於社會流動的頻繁，社區住民的異質性提高，加上彼此溝通機會的減少，往往出現互相隔離的現象，因此為謀新、舊居民的認識與瞭解，則增進社區居民彼此互動的機會有其必要。而融合的方式，首先社區活動的舉辦，可利用既有的團體，例如學校、教堂、寺廟等公共資源，促使各團體的人士參與，以增進社區居民彼此溝通，增加相互瞭解及互助合作的機會。另外，發展社區成員的共同價值、信仰、習慣，使新居住者融入舊有的居住人群也不失為良好方法。簡言之，運用互動的關係，可增進社區居民的瞭解與合作機會，進而促進彼此的融合。

四、善用社區的特徵，把握社區資源：每一個社區往往有其獨特的人文景觀、生產品、獨特的建築、具歷史意義的紀念物等，透過這些活動的儀式，可促進社區情感，提昇民眾對社區居民的歸屬感，此舉就算是業已離開的居民，也成為居民懷念的地方。

究極而言，以往的社區存在的本身就是目的，居民居於感情的結合，社區意識容易培養，現代社會的社區，居民居於功利、理性的考慮，心情日趨淡薄，因此，社區意識的凝集可謂工業化後社會的重大課題。

肆、自社區營造邁向社區再造

大家庭向核心家庭轉移，無疑是台灣近五十年來，社會變遷上最明顯的特徵之一。多數人從宗族、故里中游離出來，進入都會區工作、居住，使得原有的倫理關係迅速趨於崩解。但相對的，新形成的「社區」，卻始終未能重建有效的人際網絡。於是我們看到，現在的台灣社會，特別是在都會地區，人被徹底地分子化、孤立化，遇有急務，除了核心血親，幾難得到其他依恃。

這種變化，對於處於弱勢、需要照料的老人、小孩，衝擊尤其嚴重。根據統計，台灣目前 65 歲以上老人，已占總人口的 10.6%，已邁入高齡化社會；再加上其中有許多是早期隻身來台的老榮民，更使「獨居老人」成為弱勢族群。至於幼兒養育，也因雙薪父母激增、托育費用偏高，而讓人力不足的核心家庭苦惱不已。許多婦女只好以「少生」、「不生」來因應，這樣又可能為 30 年後的人口結構，造成新的變化。

然而，除了由政府投入經費，興辦社福措施之外，社會的覺醒動員、整體參與，才是根本解決之道。過去的 3、40 年間，曾有不少預算被用於公共硬體設施，包括各社區活動中心，以及社區公園等等。但普遍的經驗是：在社區居民「欠缺空間擁有感」等因素之下，這些設施往往在一段時間之後，即遭破壞或失修。可見單要依賴政府財力，是不可能照顧到每個社區內部、每項事務的。所以，在社會需求日新月異的情況之下，政府施

政作為勢無可能涵蓋所有的議題，因此必須調整政府的角色，集中精力於與「公權力」有關者，如經費資源的調撥、社會立法的加速、社工人員的證照考核，以及社區支持系統的強化等等。政府應該做的，是尋求一個「規劃」、「整合」的合理定位，而將「活動設計」與「方案執行」交給社區，這樣才不會備多力分。尤其重要的，為了喚醒社區成員共同參與，政府應該透過「社區生活共同體」的概念，結合民間力量推動社福措施。

社區再造是社區永續機制建立的第一步，隨著社會的變遷，社區、以至社區中網絡出現了什麼變化，因此影響社區的運作與發展，社區再造是讓居民擁有「問題意識」，「問題」無所不在，停頓中的社區沒有能力發現，只能隨波逐流。意識問題的存在，需要的不僅是議題，還包括主體的觀察力與懷疑的求知慾，一旦問題被「意識」到了，就有被解決的機會。在特殊的社會轉軌時期，大多數城市社區離真正的「生活共同體」仍有一定距離，特別是在社區的建設與運行機制方面，存在一些現實困境。主要表現在以下幾點：

第一，市場經濟的長足發展與社區居民間誠信倫理的喪失。市場經濟應該是法治經濟和誠信經濟。但在社會轉型時期，市場經濟在極大繁榮城市經濟的同時，也給國民傳統倫理道德帶來極大的負面影響，敲詐、假冒、偽劣等現象層出不窮、不絕於耳，人與人之間的關係在許多時候變成一種赤裸裸的金錢關係，社區居民之間、鄰里之間的互信、互助、友愛、友情日漸淡薄。大多數社區居民認為除了自己或家人以外，沒有任何一個人可值得信任，一個缺失道德倫理與誠信的社區，難以建成真正的和諧社區。

第二，風險社會的形成與社區居民安全感的普遍下降。現代城市社會是一個高風險社會，尤其是隨著城市規模的急劇擴張、流動人口的增加等，使得城市社區居民的安全感日趨下降，自我安全和防範意識隨之增強。在一個居民普遍缺乏安全感的社區，相互提高警惕、老死不相往來就成為必然結果。

第三，社區強勢行政管理與社區參與的低迷狀態。在我國大多數城市的社區管理中，政府的管理力量成為主軸，社區組織很難成為真正的居民

自治組織，無法代表社區居民的利益或帶領居民處理自己社區內部的公共事務，缺乏足夠的自治程度，這些因素極大地挫傷著社區居民的參與熱情，缺乏社區意識和參與意識，社區參與始終處於低迷狀態。

第四，非公共服務型政府與社區居民利益表達渠道的缺失。由於缺乏社區居民正常表達利益需求的渠道、途徑及解決機制，給社區的和諧穩定帶來極大的威脅。

第五，日趨明顯的貧富差距與社會保障的乏力。貧富差距已經成為一個明顯的社會問題，社會競爭的結果致使一部分人成為「弱勢群體」，而當今社會利益公共公正調節機制的缺失，以及社會保障範圍、投入的有限性，限制著社區的建設進程。

第六，多元分頭治理下社區資源整合的步履維艱。目前，大多數社區內部職能部門之間，各自為政現象較為嚴重，社區資源難以實現整合與共享，無法滿足居民多樣化、專業化的公共服務需求，不符合社會發展的總體趨勢。

第七，經濟利益導向下社區文化特色與人文精神的危機。當前社區中的建設，隨意作為，直接導致社區面貌千篇一律，喪失歷史文化的發展脈絡和人文精神，缺乏個性和特色。一個生態環境惡劣、缺乏自身文化特色和人文精神的社區，並非是真正的社區營造。

真正的生活共同體的社區是一個旨在追求經濟消費適度化、基層參與民主化、社會管理多元化、鄰里關係和諧化、居住環境生態化，並且具有濃郁人文精神和地方文化特色的特殊地域空間。在我國特殊的社會轉軌時期，大多數社區離真正的「生活共同體」仍有一定距離，特別是在社區的建設與運行機制方面，存在一些現實困境。建設健全社區是一項綜合的系統工程，需要付出不懈的長期努力，當前應著重加快推進社區建設及其運行機制的重建與再造，保障城市和諧社區建設的有序進行。真正的社區再造，是結合社會經濟發展階段，其內涵主要包括：

第一，擁有一定的經濟基礎，以及足夠的經濟能力、消費能力和發展能力（不至於陷入貧困境地），且生活和消費行為適度化、科學化。

第二，社區居民擁有基本的傳統倫理素養，心態平衡，鄰里之間講誠信、講和諧，具有參與作為的歸屬感。

第三，擁有較高的居民自治程度，社區居民主動關心和積極參與社區公共事務，能夠順暢地表達種種利益需求，社區決策民主化、自主化、公正化，具有極強的社區凝聚力。

第四，擁有多元化、專業化的合法社會團體或社區組織（非政府組織），並且相互合作、整合資源，為社區居民提供多元、專業的社會服務。

第五，社區型態與自然生態環境相和諧，人與自然平衡共生，富有自己的歷史文化內涵和地方特色。

社區營造是一項綜合的系統工程，需要付出不懈的長期努力。當前應著重運行機制的重建與再造，保障社區發展的有序進行。為此，其工作如下：

第一，重建社區居民間相互信任的社區誠信倫理機制。鄰里之間相互信任、相互尊重、相互關照、相互幫助，才是一個和諧社區的內涵與要求。因此如何發揚我國的傳統文化優勢，重建社區內個人、企業、政府之間相互信任的誠信與倫理道德機制，是構建社區發展的首要機制。

第二，重建有利於降低風險的社區公共安全機制。增強政府、社會的投入，強化組織建設，創建居民具有安全感、歸屬感的安全社區。

第三，重建有助於增強社區凝聚力的社區居民參與機制和社會保障機制。一方面要全力構築公開透明的基層公共服務型政府，創建社區參與載體，使得絕大多數社區居民能夠積極主動地參與社區公共事務，培育新型、和諧的社會人際關係；另一方面，切實加大社會保障的範圍和作為，尤其應向社會弱勢群體傾斜，增強社區的凝聚力。

第四，重建多元互動合作的社區綜合治理機制。政府、企業、社區組織、居民之間重建平等、交流、協商、互動、合作的新關系，構築社區治理體系，為社區居民提供多元化、專業化、高效率的社會公共服務，滿足居民物質和精神需求。

第五，重建有助於資源共享的跨界組織管理機制，實現社區資源的全面整合與共享，尤其應加強資訊資源整合，建立社區內各相關職能部門之

間的雙向告知和訊息互通制度，建立健全社區應急控制管理體系，保障社區安全。

第六，重建有利於人與自然和諧的社區生態與文化特色機制。因應全球化與本土化的關係，切實保護好現有的歷史文化資源或風貌，建構社區文化特色，並不斷教育提昇社區居民的生態倫理觀念和社區人文精神理念，共同營造環保、健康、文明的生態型居住環境。

結語

所謂「社區照顧」，是希望動員並結合各項社區資源，去協助有需要照顧的人，讓他們能夠和平常人一般，生活在自己的住家、社區當中，同時又能得到妥善的照顧。所以針對老人，社區應該可以結合同質團體，組織志願人員，深入社區，瞭解服務對象的需要，提供必要的協助。總之，「社區照顧」的目標，就是希望將有特殊需要的人，留在社區之內，以期重建信心及重入社交圈中。而這勢需喚起整個社區來共同努力，才能有成。如同《禮記‧禮運篇》裡頭，「老有所終，壯有所用，幼有所長」的社會，能在總體營造下的社區得到實現。

第八章　社區發展與社會福利

前言

　　社區生活是一種「生命共同體」的社群，也是共有、共治與共享的生活區域，我們的日常生活幾乎是在自己所屬的社區範圍內進行，我們的生活方式與人格發展多半受社區組織的影響。有了社區組織，個人生活便獲得許多便利，這也是它普遍存在的重要理由。雖然「社區」的概念可能範圍大小不一，並沒有明確的界線。這些區域皆有以下的特質，如：第一，社區接觸多為直接的，人與人的關係密切；第二，社會行為標準較為單一，風俗、道德、習慣的影響力較大；第三，生活方式是固定的生活；第四，生活以家庭為中心，血緣方面的關係較為濃郁；第五，人口數量少，互動較為頻繁，易形成生活共同體。有了社區個人生活便獲得許多便利，使得我們的日常生活幾乎與自己所屬的社區有關，人類生存機會是因社區而增強，這也是它普遍存在的重要理由，也因此我們的生活方式與人格發展多半受社區組織的影響。

　　社區發展被認為是西元 1950 年代由聯合國基於開發、進步及現代化的思維而推動，其並與創造民主自由、經濟發展和社會多元，共同形成的社會發展運動。回溯社區發展推動迄今，除了協助台灣農業社會邁向工業化、都市化發展的一種適應及轉型，並透過社區基礎建設、生產福利建設及精神倫理建設，使得台灣社會在社會發展的基礎工程條件上有了相當雛形；同時，生產福利建設對於人民經濟生活的改善有一定程度的助益；精神倫理建設則提昇人民生活的素質。而社區發展更是帶動人民參與及團體運作的民主表現。

壹、社區發展工作的內涵

社區生活是為了滿足社區成員為目的，隨著社會的變動，社區必須積極朝向社區發展的道路。過去，由於我們較重視社區硬體建設，相對忽視居民的社區認同，致使社區發展理想與實際間落差過大，甚至有名無實。因此，當前社區發展政策的首要任務即是如何強化居民的社區認同與社區意識，如何透過各種社區活動的辦理，加強居民的社區參與和情誼，進而使他們自動自發、相互合作，融合成社區生命共同體，形成社區發展的動力。

社區發展是由社區工作者、社區成員及其與環境（自然與社會）的相互作用所構成的。其受到社區系統、社會系統等多種因素的影響和制約，是眾多因素綜合作用的產物。這些因素對社區發展具有重要的影響。社區發展是一種過程，這個過程的每一個階段都有其內在的規律性。

一、明確目標

瞭解社區發展的目標使命和擁有的可動員資源是成功的第一步。目標指出服務所針對的社區問題和需要、服務的工作對象和工作策略；使命代表了社區將來的情況和藍圖。目標和使命可以為工作者提供工作的方向、範圍、重要性和建立工作目標。只有瞭解限制，評估自身擁有的資源，才能作出適合的決定。

二、認清社區

瞭解社區內外的情況是社區發展的前提。其主要透過理性的研究方法，準確地收集和瞭解居民、團體和機構的意見、態度，從中分析和確定社區的狀態及存在的問題，尤其是居民的需要，為社區發展提供客觀依據。社區內的調查主要針對社區的歷史狀況、社區需要和問題、社區所擁有的資源、社區的政治經濟結構等。社區外的調查即針對社區環境進行調查。社會經濟狀況、生活水準和政府的立場決定了是否有足夠的資源支持這項

服務的發展。社區工作計畫是社區策劃的決定階段，是一項系統工程，主要由以下六個環節所構成的活動流程：

（一）界定需求

界定目標群體的需求包括二個部分：一是目標群體的條件，誰具有什麼樣的條件是該服務的目標群體；二是目標群體的需求。在社區服務項目中，關鍵是界定清楚目標群體需求的性質、滿足手段和數量。

（二）確立目標

確立社區目標時，要注意分別確立總體目標和具體目標。總體目標是工作機構在社區策劃活動中必須體現的方向；具體目標則體現在個別活動中。在實際工作中，在某個階段內，社區工作的主要方向可能只有一、二個具體目標。因此，個別目標對於確立目標的工作具有意義。

（三）界定對象

工作對象可以是地理社區，也可以是功能社區，可以是居民，也可以是團體或機構。

（四）選擇策略

在社區工作中，工作者為實現目標可採用多種策略。但其中只有一個是最優的、最理想的，因此，策劃者在選擇介入策略時應充分考慮其可行性、效果和被接受度。

（五）編制預算

預算是估計收入來源，決定是否需要尋找其他財政支持，然後對工作進行資源分配的活動。所以預算代表著對不同工作和服務的重視。在預算的收入方面，應該廣開財源，多方爭取社會機構的資助。在預算支出方面，

要量入為出，講求效率。編制預算的方法多種多樣，常用的是漸進式預算，以過往的預算為基礎，在各個項目上作少許的修改。

（六）解決困難

策劃者應在計畫被制定出來後，全面審視是否漏掉或忽略了一些對策劃及其執行可能產生重大影響的因素，預見在執行過程中可能出現的問題及應對辦法。

三、方案訂定

根據不同的環境預測，制定出不同的服務方案，包括各個方案的資源投入、產出形式和產出數量以及受環境因素的波動概率等，然後進行成本收益分析、風險敏感度分析，選擇一個成效高、風險低的方案。

四、方案調整

在選擇出優秀方案後，還要有一個小規模、小範圍的測試，評價方案的實際運行情況，作出調整，然後才能正式進行。

五、方案執行

根據預定的計畫，組織實施方案。

六、方案回饋

方案的回饋和調整為方案執行過程中的一個程序，根據對工作進度、工作品質和服務對象的意見調查，即時回饋給決策部門，調整、優化服務方案，保證服務成效最佳。

七、方案評估

方案的評估是指在服務方案執行的一個階段或結束時，對服務方案進行的評估，以評價工作成效、資源消耗、相關的社會影響等，對工作人員進行激勵。評估分工作投入評估、產出評估、工作成果評估、工作成本效益評估等。

社區發展是一種多目標、長遠性、綜合性的社會福利事業，旨在透過社會運動方式與教育過程來培養社區意識，啟發社區民眾發揮自動自發、自助及人助的精神，貢獻人力、物力、財力，配合政府行政支援、技術指導，以改善社區居民之經濟、社會、文化等環境，推行社區公共設施、生產福利、社區意識凝聚與社會福利社區化，以增進社區民眾福祉。

貳、福利工作社區化趨勢

福利工作社區化強調的是人性化的社區照顧，「照顧」是個美好、溫暖，充滿慈善的詞，是人間最好的行為。人和人之間，原本就應該彼此照顧，「人人為我，我為人人」的落實就是，人人照顧我，我也應該設法盡力照顧人。「社區」也是美好的詞，人們居住在靠近的地方，彼此幫助，相互扶持，以愛真誠對待。「社區照顧」就是由這兩個美好概念組成的專業又人性的服務，比起傳統機構式、威權的、刻板的照顧，更能貼近人心，更符合人性。

一、社區化的興起

第二次世界大戰結束以後，西方福利先進國家的政府權力藉由戰爭而得到普遍加強，加以戰後其國民也希望休養生息，渴望社會福利，從而使政府能夠在社會福利方面有較大作為。福利國家逐漸成為西方國家標榜和追求的一種理想制度，福利開支多由中央政府統籌，政府幾乎包攬了所有的社會福利責任。其結果，福利範圍愈來愈廣，可以說是「從搖籃到墳墓」無所不包，福利水準愈來愈高，福利開支愈來愈大，福利開支的增長可以

說到了缺乏理性的程度，造成了政府沉重的財政負擔。到了 20 世紀 70 年代末、80 年代初，終於釀成了福利國家危機（張學泰，2000）。

　　人們普遍對於社會福利經費的擴張與服務效果之間的關係開始產生懷疑和反省。常見的批評意見有：1.道德危機；2.缺乏效率；3.給與不公；4.無法治本；5.永續危機；6.財政危機。

　　為了解決福利國家危機，於是有許多改革措施出現，主要內容包括：1.政府財政緊縮；2.分權化與社區化；3.福利科層體系的削減；4.管制的開放；5.社會福利供給的志工化、社區化、小型化與家庭化。這些措施背後所隱藏的價值來自兩股思潮，一個是新保守主義，強調市場的自由機能、個人主義、反對政府干預、強調家庭責任、削減福利支出；另一個是福利多元主義，主張社會福利可由法定部門、志願部門、商業部門以及非正式部門來提供。總之，這些改革措施的中心思想就是，自由化——解除管制，使以往以政府為福利供給的主要角色逐漸撤離；社區化——讓民間有更多參與福利提供的機會；效率化——以強化服務提供的效率並增加民眾使用上的便捷性與選擇性。社會福利社區化的想法由此產生，並逐漸成為福利國家福利供給的主要模式。

二、社區化的涵義

　　所謂社會福利社區化是指政府將社會福利的供給，完全或部分轉移到民間部門，同時引入志願團體的服務，以達成福利服務的目標。社會福利社區化的涵義從理念到理論，到最後的政策措施，環環相扣，其內容不僅僅只是指政府活動轉移給非政府部門（如家庭、雇主、商業市場、社會團體等），而且包括了由民間部門擴大參與社會服務，以及將志願服務運用到社會服務的供給。

三、社區化的實踐

（一）社會福利社區化的發展方向

　　西方福利國家為了達到社會福利社區化，基本上是朝著三個方向發展：

1. 逐漸減低對政府補助的依賴，回歸到以私立機構為福利服務提供的主體；

2. 慈善事業逐漸加入志願服務，以嶄新及更具親和力的福利機構提供服務；

3. 服務提供的在地化，使用者付費，福利由原有的政府導向走向民間供應。

上述發展方向，使社會福利的發展在趨勢上具有了多元化色彩。

（二）社會福利社區化的主要運作方式

1. 服務承包（contraction out）：服務承包的理念是將社會福利服務透過訂立合約的方式委託給民間志工團體或非營利機構，由它們來提供社會福利服務，用以減輕政府的負擔。

2. 補貼制度（grants）：政府為保障公民獲得一些最基本的生活需求服務，往往透過補助制度以減低其服務收費。如美國醫療機構長期接受政府的巨額財政補助，以便使低收入者也能享受較低價格的醫療服務。

3. 市場機能（marketization）：消費者自行從民間市場選擇服務，政府完全不參與，但是，政府需要制定法律或規定來進行管理，以保護社會上的弱勢族群。

4. 抵用制度（vouchers）：透過發放帶有現金性質的兌換券，讓接受公共服務的人在指定項目內購買所需要的服務，其目的是鼓勵他們對特定物品和服務的消費，並且能夠控制政府所補助資金的用途。

5. 確保品質：提高申請福利服務資格的標準以確保社會福利的品質，政府需要建立服務標準，使服務對象得到專業的服務。

6. 相對補助：所謂相對補助方式指政府為了鼓勵民間機構參與社會福利服務，而設立福利服務配套資金，當民間機構自行籌措到一定資金後，政府可與民間按一定的比例共同負擔經費。而解除管制是指政府在保留提供服務的責任同時，盡量減少對民間參與社會福利供

給的限制。鼓勵私營機構參與社會福利領域的競爭，促進社會服務效率和品質的提昇。

7. 自助服務（self-service）：自助服務旨在鼓勵家庭、鄰里和朋友組成支持性網絡，恢復傳統及最有效率的自助方式。

8. 志願服務（voluntary service）：而志願服務是由志願者透過慈善或志願機構，提供原本由政府提供的服務。

（三）社會福利社區化的效果與缺失

社會福利社區化之所以成為福利國家現行福利服務供給的主要模式，是與其所能夠產生的積極效果有關。

1. 提昇了服務效率：透過各自委託方案的競爭，選取較為有效率的方案實施，能夠提高服務供給的效率。

2. 增加了民間參與：即將公共部門的服務轉移給志願服務團體，有助於服務領域的擴充。

3. 民間提供的服務成本較低且較具彈性，可以因應不同群體的需求。

4. 有助於限制政府科層體制的僵化作為。

5. 有助於增加福利消費者的選擇自由。

6. 足以激發社區居民的參與意識。

社會福利社區化不僅有助於克服現行社會資源的龐大負擔，亦能鼓勵民間參與，使得福利服務的推動獲得相當的成效。

四、社區化作為

社區的英文是 community，字首 co 的意思就是共同、靠近、相近，是人人都需要的。照顧的英文字也是 c 開頭的，也有靠近的意思。社區是人們生活的地方，大家在此享受，也在此運動、休閒、交友，分享人與人之間的關懷。早在有各種社區工作方法之前，人們已經參與社區、服務社區，也從社區獲得所需要的資源。社區是人們安身立命的地方，是最人性的地方，是居民共同的「根」。社區照顧就是「與生活結合」，

又是「扎根在自己土地上」的服務，是人性的，是屬於家庭的，是期盼
人們共同投入的，是專業人員各自貢獻所長而需要者各自獲得所需要幫
助的現代化服務。它能適當地修正過去機構照顧的缺失，把人性找回來，
又使人性中的慈愛得以發揮。在我們民族中早就有「落葉歸根」的傳統，
「在地老化」的理想正是「落葉歸根」的體現，也是對於單調化、機構
化的一種調整。由於老人的需求差異較大，提供給老人的照顧服務的人
力需求較多；對身心障礙者的服務也遇到類似的狀況。「照顧產業」，本
質上是「人力密集」的，又是「服務密集」的，既是「專業密集」的，又
是「知識密集」的，需要有關於照顧知識的獲取、分享、應用與創新，
又有技術經驗的累積、流通、更新與發展。工作人員既需要有自我導向
的學習、團隊學習、創新研發學習，還要能應用，有行動力地轉化學習
為實踐。照顧組織朝向是「學習型組織」，成員不斷一起學習、共同付
出、共同搭配、整體服務。對老人、身心障礙者和其他人口群的需求有
創新與改善，使服務水準能逐漸符合期望水準。這些方面，以下的學習
不可少：

1. 多元結合：社區照顧結合政府、企業、非營利組織，結合三者的職
   能。服務者以充分尊重的態度來協助，以專業工作者的自我期許要
   求品質。對老人和身心障礙者提供訓練，幫助他們成為照顧服務裡
   的一方，也能夠配合照顧者的要求。

2. 終身教育：讓成人教育、長期訓練和繼續教育，成為良好發展及照
   顧服務中的助力。社區資源的運用、多元能力的累積、各種方法教
   材的研發，都很重要，也都可以結合，如此才有穩定和高水準的照
   顧服務。

3. 知識社群：以持衡的知識增長和慈善的管理協助老人、身心障礙者
   和他們的家人。服務輸送體系有賴資訊管理，照顧服務產業；而其
   本質是知識經濟，需認真提昇品質以確保服務的持續。

4. 團隊服務：專業人士在服務輸送中緊密配合，使有需要的人能在最
   接近家庭的社區環境中得到照料。

社區照顧尤其需要與知識管理結合，知識管理包括了創造、儲存與運用知識，以增進績效。知識是最珍貴的資產，需要規劃、取得、學習、流通、整合、保護、評估、監督，更需要創新。如何把知識發展成有用的、能增加競爭力的，是知識管理者的任務。社區照顧是對每個人的「真正在乎」，照顧（care）一詞的本質是「真正在乎」，沒有在乎，就沒有好的照顧。參與和投入是對社區照顧的未來發展充滿期待。

參、社區工作與社會福利

社區發展的基本邏輯是源自於一個民主參與、政府協助的前提，達到自立自足的社區參與模式，甚而表達自主決定的行為。社區總體營造推動發展的模式，以非正式、非結構、非制度的組織型態，結合具自發性、自主性、有意願、有動機的民眾、團體或社區共同進行一種立足於社區，關照歷史，注重生命，改善生活，延續生存的理念，為人民與社區的關係做新的營造與模塑。也就是，民眾基於自主的立場及需要，去尋求或營造一個適合的環境與空間，全民參與的形式及機制。重建長期以來人民與土地與社區共同連結的情感與關係。從文史到空間到生態乃至於從觀光休閒而成的各項產業，連成一體，進而從人文的關照落實到生計的維繫，各種產業營造更是締造社區務實永續的基礎。社區營造為社區發展注入新的能量和活力，使社區發展與社區營造結合為共生、共存、共容、共榮的景象，為社區最大利益做最佳選擇及謀求。

社會工作的價值取向是肯定人存在、發展的價值。社會工作的價值觀可以分為二類。第一是自由主義的價值觀，其認為個人不能適應社會是由於人心理精神能力障礙造成的，解決的辦法是協助個人解決行動及心理問題。第二是社會主義的價值，其認為個人不能適應社會是由社會制度造成的，只有改變社會環境才能解決問題產生的根源。在一個多元的社會裡，不同的生產方式、生活方式、社會價值都可以並存，不同社會產生不同的主張，以及相對於主流的社群和思想。在多元化社會，沒有哪一類菁英集

團可以壟斷國家的全部主權，在這種社會，社會的不同利益將組成不同的社群，以保障其各自社群的利益，並產生相互制衡、權力平均的效果。關於社會行動策略影響較大的是布賴恩特（R. Bryant）和沃倫（R. L. Warren）提出的。渠等強調社區行動有三種：一是合作式，適用於社區內的不同系統可以和諧共處，透過理性討論及教育以達成共識；二是運動式，社區居民由於雙方關係淡漠進而缺乏共識的社區；三是競爭式，因為社區內成員的分歧太大、相互猜疑並挑戰對方的合法地位，令任何合作無法進行。社區工作者在社會行動中扮演倡導者、行動者的角色。作為倡導者，社區工作者在行動之前，要鼓勵居民團結起來，爭取自身利益，提高居民知識水準，促使其明白社會制度的不合理，強化其社會意識，還要訓練居民學習行動技巧及政策分析技巧。社區工作者在行動開始後，需要站在居民的期望，給予其支持與鼓勵。在社區推動社會行動的功能主要體現在以下三個方面：

第一，具體問題的解決：弱勢群體組織起來、參與行動的直接目的是為了爭取基本的權利，解決困擾期的具體問題。社會行動可以跨越政府的科層框架，避免官僚階層的阻礙，直接向權力核心陳述意見主張，促使政府從根本採取確實的措施，解決弱勢人群的基本需求。社會行動是在多元化社會中維護和發展弱勢群體利益的一種有效的方法。

第二，提昇居民的能力：社會行動提高了人民的權益意識，使其不再沉默疏離。社會行動亦使群眾相信，很多社會問題的產生並不是由個人的不足所引起，而是環境偏差、結構不周全導致。只要社區民眾同舟共濟，便有助於問題的解決。

第三，推動社區的進步：社會行動的結果促使政府能更加尊重群眾的意見，更加為群眾盡職負責；使各項關乎民眾權益的措施不致僵化，而失去發展動力；使政府不斷關注民主參與、富足平均、自由及人民權力這些問題，使社會和政府在這種警惕意識中不斷進步。

社會行動著眼社區內處於不利地位的群體，其與當權者存在著利益衝突。衝突的形成多是由於弱勢群體無法獲得合宜的保障，存在著資源分配及決策權分配的不均。這些利益衝突反映了弱勢群體的利益未被重視及受

到剝削，社會上出現了不公平、不合理的政策和作為。由於利益不可調和，既得利益者不會輕易放棄權利，所以，衝突或分歧不易透過協商或運用制度內的途徑獲得緩和或解決。因此，弱勢群體期盼根據社會正義，以獲得權益的維護與增進。運用社會行動於社區，是協助對時下的境況感到無奈無助，更缺乏爭取自身權益的資源；社會行動就是去組織這些人，改變其無助心態，強化其改變現狀的能力。

社會福利被視為具有悠久的歷史，因為在農業社會，世界各地有許多救災、濟貧的思想和活動。在此歷史的傳承下，社會福利往往被視為慈善的社會救濟，廉價的社會服務。事實上，現代社會福利的本質，已有別於往昔的慈善救濟活動。現代的社會福利，是指政府、民間及非營利組織，運用集體資源再分配或轉化為各種福利服務之手段，以滿足人們基本生活需求、增進社會平等、提昇社會團結和諧為目的，所進行有組織有系統的活動。其本質不是慈善施捨，而是基於政府責任、人民權利或社會互助的思想。隨著經濟富裕化、政治民主化、社會競爭劇烈化的背景下，社會福利與一般人的關係愈來愈密切，非營利組織應時勢所趨蓬勃發展。當前我們社會，正值人口高齡化、少子化，家庭功能萎縮，民眾對政府推動社會福利的需求日益殷切，顯示社會福利更需積極主動，以謀求民眾福祉，「營造關懷的公義社會」為目標。隨著我們社會邁進政治民主、經濟發展、社會多元的新階段，如何使社會福利與國家建設同步提昇，達成現代化社會福利指標，是國人應該建立共識、努力以赴的課題。推動社會福利是我國憲法所明定的基本國策，主要項目包括國民就業、勞工農民保護、全民健康保險、兒童老弱保護、婦女人身安全、原住民保障與扶助，以及身心障礙者就業、教育、醫療照護等。多年來，政府為了社會發展的需要，先後訂頒「民生主義現階段社會政策」、「現階段社會建設綱領」和「社會福利政策綱領重要措施」，以為推動社會福利的根據，為社會發展奠定了基礎。近年來全球化的浪潮，以及科技、資訊的高度發展，已改變了傳統民眾對社會福利的期待，各國政府於福利服務方式已面臨巨大的衝擊與興革。為確保民眾生活福祉，我們社會極需要一套高瞻遠矚的社會福利體系，以迎接 21 世紀的挑戰，建設一個公義祥和的新家園。

　　無論是社會福利或是社區發展，其最主要的根本即是植基於共同生活的土地，及人民生活的妥善關照。從福利多元主義發展到社會福利社區化，以致於社區照顧，甚而志願服務在地發展等等，皆是在為社區人民的需要、福利的滿足做更大的突破與努力。社區具有群體、公社和共同體的涵義，它們的構成本身就體現出人與自然、人與社會、人與人之間的諸種關係。社區是一個相對完整的社會實體，就是說，它不僅包括一定數量和素質的人口，而且包括由這些人所構成的群體和組織；不僅包括人們的經濟生活，而且包括人們的政治、文化生活；不僅包括生產關係，而且包括其他社會關係；不僅包括一定的地域，而且包括人們賴以進行生命活動的生產資料和生活資料。福利社區化是紮實地回應社區居民的需求。社區發展除了著重文史、空間及產業的議題，進而對於人民實質生活，包括教育、文化、衛生、環保、福利、安全等課題的重視，落實生計、生命、生活各層面意義上的踏實作為。由此，以社區福利工作所具有的創意及作為，加諸社會福利真切的服務照顧，對應民間力量及公民社會紛起之際，必能為社區帶動改變，為人民共謀福祉。

肆、社區福利政策的落實

　　福利國家的起緣可以追溯到 19 世紀。德國歷史學派的古斯塔夫・史莫勒（Gustav von Schmoller）強調「國家是人們道義上的結合」，國家的核心作用及價值，把工人整合到德國的民族國家中，該學派出現大量關於產業工人的生活狀況調查。英國費邊學派（Fabian Socialism）也倡導福利國家理論，主張用溫和漸進的改良辦法，透過選舉和代議制，利用現存國家結構調節經濟，主張收入再配，逐步把土地和資本轉歸社會所有，以實現福利國家的理想。20 世紀初，英國工黨建立時即接受了費邊學派的福利國家理論，把實現福利國家作為其綱領。1942 年提出的「貝弗里奇報告」（Beveridge Report）──《社會保險及有關服務》，以消除貧困、疾病、骯髒、無知和懶散等五大社會並作為目標，制定了一個以社會保險為核心的全面的社會保障計畫，構築了英國福利國家的藍圖。1948 年，英國國會先

後通過《家庭補助法》、《國民保險法》、《工業傷害保險法》、《國民健康服務法》、《國民救助法》等五大法案，加上之前已頒行的《國民住宅法》、《勞動交換法》、《職業訓練法》等，構成了完整的社會保障制度。英國宣稱建成「福利國家」，此後，英國的社會保障制度不斷修改補充，日趨完善。

福利國家是歐洲社會民主體制的重大貢獻，然而在落實了「從搖籃到墳墓」大包大攬之後，其弊端也逐步呈現。20 世紀 80 年代後，英國政府以社區照顧為主的福利哲學，嘗試減輕政府提供正規服務的壓力，鼓勵非正規服務和私有化服務的發展。1998 年，英國工黨領袖布萊爾（Anthony Blair）受到學者安東尼‧吉登斯（Anthony Giddens）在其著作《第三條道路──社會民主主義的復興》中提出改革社會福利國家的新設想，建立「社會投資型國家」，建設一個「積極的福利社會」，並在風險和安全、個人責任和集體責任之間建立新的關係。「社會投資型國家」主要原則為國家將在任何可能的情況下透過教育和培訓的途徑投資於人力資本，而盡量不直接給予利益或提供經濟資助。對於社會福利問題，應當努力改變以往營造社會安全網的作法，透過積極推動「公民公共道德」發展，來盡量避免因一味依賴社會福利而導致的「道德公害」。同時，倡導社會樹立「積極福利」的觀念，透過培養個人對自己負責的精神和獨立意識，充分發揮各社會組織和機構的作用。

在對福利國家進行反思的背景下，西方國家的福利政策發生了變遷，更注重發揮社會各方面在社會福利中的作用。在政府的積極推動下，社區照顧獲得了生存發展的空間。民國 54 年政府頒布「民生主義現階段社會政策」，確立了社區發展為我國社會福利措施主要項目之一，同時並明確規定「以採社區發展方式，促進民生建設為重點」。隨著社會環境之變遷，原由政府主導由上而下之社區發展模式，已無法肆應社會需求，解決社區問題，為期改變社區體質，使其能達到民主、自治、自助之目標，乃於 80 年發布「社區發展工作綱要」，推行社區公共設施、生產福利、精神倫理等三大建設。社區發展朝向一種多目標、長遠性、綜合性的社會福利事業，透過社會運動方式與教育過程來培養社區意識，啟發社區民眾發揮自動自發、自助及人助的精神，貢獻人力、物力、財力，配合政府行政支援、技術指導，

以改善社區居民之經濟、社會、文化等環境，提昇其生活品質。社區福利的本質，其實是在「造人」，期望透過人的品質的提昇，重新塑造台灣的社會與政治行政體系，實現一個真正現代化的公民國家理想。社區福利工作有關的內容有以下三點：

第一，鼓勵社區居民參與社區發展，活化社區組織，利用在地資源，營造活力自主的公民社會。

第二，整合觀光旅遊、工商業、農漁業、文化產業、環境保護、城鄉發展、古蹟維護、教育、衛生、社會福利等資源，推動社區家園永續發展。

第三，應結合社區特有文化與生態特色，推動社區營造工程。

為增進有組織、有計畫的福利輸送，強化家庭及社區功能，結合社會福利體系與社區發展工作，整合社區內、外資源，建立社區福利服務網絡，以確保福利服務落實於基層，政府實施「推動社會福利社區化實施要點」。其實施要領為：

1. 建置福利社區：省（市）、縣（市）政府原則以社區（或聯合鄰近社區）為核心，以生活共同圈之服務輸送可近性、社區居民參與性、福利資源完整性作為規劃福利社區之範圍，經勘定後實施。

2. 確認福利需求：指定專人協助社區訂定計畫，蒐集資料，瞭解民眾之問題及需求，掌握福利服務之現況，協調福利資源之運用，據以實施。

3. 加強福利服務：以社區現有之福利工作，繼續加強辦理，進而擴大福利工作項目，充實服務內涵，並結合社區內、外福利服務體系，建立社區服務網絡，提昇社區服務品質。

4. 落實社區照顧：推展社區福利機構小型化、社區化，並倡導福利機構開拓外展服務，促使資源有效利用。

5. 配合國宅整建：增設福利設施，便利各項福利設施之使用，達成福利可及性之功能。

6. 設置活動中心：設社區活動中心辦理地方性青少年、婦女及老人活動，並作為社區居民平日休憩聚會之場所，使社區活動中心能對社區民眾提供有效且多功能用途的服務。

7. 精神倫理建設：為凝聚社區居民意識，提昇社區居民精神生活，以達成敦親睦鄰，促進社區居民互動的目標。

8. 辦理守望相助：透過社區居民參與，發揮「守望相助、疾病相扶持」，強調「社區共同體」的概念，以促進社區居民更好、更安全的生活環境。

9. 推動志願服務：對社區內退休人員、家庭主婦、青年學生等，鼓勵參與社區服務，以協助社區自助、自治，社區環境整理，里鄰守望相助等活動。

10. 推動社區福利：隨著社會福利發展趨勢與潮流，專家學者多主張機構式的福利服務應回歸社區或家庭，將福利服務落實於社區中，推展多元化的服務方案，如老人在宅服務，以提昇社會福利服務的可近性。

結語

社會福利是指由國家以及各種社會團體透過各種公共福利設施、津貼、補助、社會服務，以及舉辦各種集體福利事業來增進群體福利，以提高社會成員生活水準和生活素質的社會保障形式，它與社會保障制度中的社會保險、社會救濟等形式是並列的。社會福利既可以是基本生活保障，也可以是較寬裕層次的生活享領，由國家、地方、企業、國際社會提供的福利，主要是「脫貧」與「致富」，產生促進社會發展的作用。社區是一個公民社會（Civil Society），因為其是指居住於一定區域的一群人，因歷史背景、地理環境、社會文化、生活水準、職業聲望或其他方面的差異而造成各種不同的地域，並且形成彼此相互依存的關係。

社區的範圍很難界定，既非行政界域，也無明確界線。然而，社區是個人成長與生活的處所，不論其時間、空間到地域皆為個體建構自我與群我認同的依據，不過，在資訊科技與溝通媒介多元化與高速化的趨勢下，

社區不單是個人與生活世界建構關聯性的一環；也是個體實踐與全球接觸及親近的場域。社區是個人發展認同感與歸屬感，並擁有某些權利與義務的具體存在生活空間。社區也是一種制度、組織或體系，這種組織或體系依其空間分布來說，即是一種區位結構或區位體系。近年來，社會科學界倡言「本土化」的呼聲極高，而這樣的反省延續迄今，而且範圍更廣，並落實到生活、教育、環境等層面。社區福利化是建立在社區居民於擁有自己特有的文化、制度和生活方式，每一位社區的居民，對於自己所屬社群能產生一種情感和心理上的認同感，即有一種「我是某個地方的居民」的觀念；同時，引用社會福利的作為，達成兩者的有機結合構成了活生生的社區整體，提供的各項「社會服務」（Social Service）及社會政策（Social Policy），包括：醫療、教育、住宅、社會保險、環境保育、社會安全及社會服務等等，目的是滿足現代公民的心理、社會和經濟需要，而這些需要的滿足是成就個人與社會福祉的根本。

第九章　全球化與社區工作

前言

　　全球化所為人熟悉的是近年來於世界貿易組織（WTO）的經濟全球化，當世界若彼鄰，經濟發展成為重心，全球化議題日益受到重視。「世界體系」論者華勒斯坦（Immanuel Wallerstein）認為，全球化過程只是人類社會歷史發展的一個階段（高宣揚，1998），任何國家或地區均無可抗拒或逃避。隨著全球化的推動，爰有「在地化」、「本土化」、「多元化」及「社區化」的反思和呼聲。其中之一是政府於「挑戰 2008 國家發展重點計畫」推出各類以「社區」為實施基礎的「社區化」政策，企圖以「地方分權」、「民間參與」等行動意識，喚起民間組織的合作意識，共同參與社會建設。在「社區化」政策理念中，藉由增強權能、凝聚共識、整合社區資源、強化集體合作等措施，回應全球化趨勢下社區發展的期待。

壹、全球化的意義和主要內涵

　　全球化乃是：世界各民族融合成單一社會的變遷過程，並以一種核心思維與價值來影響不同的地方、國家乃至個人的過程。這個過程孕育著世界各地的文化交流以前所未有的數量、速度和頻率增加。在人類歷史發展的過程，文化和知識的傳遞與養成，在傳統社會主要是在家庭、學校和教堂或社區中獲得和成長的。現代社會比以前的任何時候都能迅速獲得和接觸到不同來源的各種文化意義。因此將原來社會環境中提煉出來的文化意義傳輸到其他社會中的可能性越來越大。全球化的因素涵蓋了政治、經濟、

科技、勞動、文化、工業、媒體、生態環境和社會認同等面向，這些因素之間互為系統性的影響，而驅動全球化的思維，促使人們須從社會系統分化、生產和互動的角度來觀察此種現象。

全球化（globalization）是人類社會發展的現象過程。1990 年代後，隨全球化勢力對人類社會影響層面的擴張，已逐漸引起各國政治、教育、社會及文化等學科領域之重視，紛紛興起研究熱潮。對於「全球化」定義，季登斯（A. Giddens）以「我們都活在同一個世界」的想法，將全球化定義為：「對全球化社會關係的強化，即本地發生的事件將影響其他各地，形塑成為當地的事件，反之亦然。」使得地區性的變遷往往跨越時間和空間，成為全球性變遷的一部分（Giddens, 1994）。顯露的是地理障礙的消除及人們意識此消除的現象。亦即，全球化是一種在社會和文化上地理限制的衰退。全球化是知識經濟的產物，強調受到新科技（包括微電子、電腦、自動化、電信和生物科技）對經濟的影響，而型塑以知識為基礎的經濟型態，進而影響人類的經濟行為和社會生活。全球化是一個動態的過程，由政治、經濟和跨國行動者所運作、發展跨越、穿越民族國家主權與管制能力的行為，如跨國企業、國際組織、全球網絡化的非營利組織（NPO／NGO）（如Greenpeace）等。因此，全球化強調超越國家、跨全世界性的組織活動，它穿透、逾越了國家間的界限，並且形成動態的連線，

隨著全球化及知識社會時代來臨，使國與國間產品、資本與人員流動障礙逐漸降低，使本國企業及人員必須面對全世界的激烈競爭；而知識經濟社會來臨後，掌握知識與資訊的人，競爭力大增，無法跟上時代腳步的人只有被社會所淘汰。在過去相對封閉的社會，人們可以憑藉自身勞力，辛勤工作，一步一步靠著經驗及年資而提昇所得，但是在全球化及知識經濟時代已經不可能，只要擁有的知識過時、技術老舊，馬上就被下一波擁有新知識及技術的人所替代。未來，擁有國際化的知識、能力及所擁有的資源將是主宰個人生存競爭的重要因素，擁有者將會攫取社會絕大部分資源，而未擁有者僅能分配殘餘部分，造成富者愈富，貧者愈貧，也就是日本大前研一教授所提出的 M 型社會的到來。面對全球化時代，現代人所面

對的國際競爭壓力愈來愈大，而有了正確的價值觀，才有正確的態度去面對及因應時代的轉變。所以在全球化及知識經濟時代，應有「國際觀」加以因應。

全球化一詞最早是由泰爾多爾‧萊維（Theodre Levitt）於 1985 年提出的，全球化可以解釋為世界的壓縮和視全球為一個整體。他在《哈佛商報》上的一篇題為〈談市場的全球化〉一文中，用全球化這個詞來形容此前 20 年間國際經濟發生的巨大變化，即「商品、服務、資本和技術在世界性生產、消費和投資領域中的擴散」。全球化正在跨越各國疆界，使全球經濟一體化，有些人稱此為「地球村」。冷戰結束後，經濟全球化的趨勢迅速地加強，貨物、人員、資金和資訊，穿透國家的界線和地理的分隔，沿著各種通路跨國流動，一直擴張到全球性的規模。全球化指的是多種結合與聯繫，超越民族國家（nation-states）並創造出現代的世界系統，也就是說，在世界的某一部分所下的決定、策略或行動，對地球另一端的個人及社群具有明顯的重要影響特徵；連帶地，商品、資本、人群、知識、影像、訊息、犯罪、文化、污染物、藥物、時尚及信仰，很容易地跨越領土界線的地理藩籬，乃甚至於從抽象的學術研究到具體的兩性關係，都被跨國傳播網絡、社會運動、人際和層級關係所影響，因此，「相依性」（interconnections）、「網絡」（networks）以及「交流」（flows），經常成為用以描述、解讀全球化的現象。

隨著科技的日新月異，世界的發展一夕千里，不論是政治、經濟、或文化等各方面的交流均日益頻繁，地球村的社會儼然成形。隨著全球化的風起雲湧，包括經濟的國際化、網路的國界化以及文化的跨國化，使得地域的區隔面臨重新的調整，是以如何從國際化角度切入世界的核心，已成為各國面對的發展趨勢。在傳統社會中，人際互動有其侷限性，只能遵循一定的傳輸進程，在制式的交流途徑下，僅可達到某種程度的效率。但全球化後，就時空的伸延皆突破過往狹隘的限制，傳輸無遠弗屆，彷彿是消失距離的地球。例如：從郵件通信到電話電報，從計算機到互聯網絡，實體性的直接作用越來越為虛擬性的數位資訊所取代。由於世界文化流通的

普及，各項資訊與資源是從相互作用的地域性的關聯，和從對時間和空間的無限的跨越，而被重新建構。全球化社會緊密生成，文化相互作用，新舊文化既是融合，也是合併，不同文化相互激盪成新的跨越文化。全球化使我們具備著更為寬廣的視野，學習屬於現代社會應具備的素養，從容借鑑先進社會成功的事例，已成為社會發展的基石。

貳、全球化的推動與風險社會

全球化為當代社會的發展趨勢，此一趨勢使國家的疆界、空間和距離消失，而這種改變使得心理、社會、經濟和政治都無法再偏居於一隅。是以全球化邊界瓦解後，個體將全然面對風險卻不知所從的尷尬事實。當人類既有的疆界因工業化、自由化而瓦解卻又要自我承擔其中所有的不確定性時，社會風險的滋生就在社會中展開。社會學家已經發展出來不少理論觀點來描述社會變遷之後的現代社會特徵，如「資訊社會」（information society）、「風險社會」（risk society）、「後工業社會」（post-industrial society）、「後資本主義社會」（post-capitalism society）、「訓育社會」（discipline society）、「多元社會」（plural society）、「全球社會」（global society）等，這些描述皆與全球化有關。

「風險社會」（risk society）的觀念，是由德國社會學家烏爾里希·貝克（Ulrich Beck）所提出，貝克教授強調現代社會是一個風險社會。風險不是危險，更不是冒險；風險不同於自然災害，而是「人類製造的危險」。它是「危險中的危險」，是人類為自己所製造和生產出來的無法逃離或校正的生存困境，它表現為一種無法更正為時已晚之災禍的可能性。風險的恐怖性不在於危險的實現或來臨，而是對它的無知、無能與無力。但這種無知既不是愚蠢，也不是固執，而是指無法被知識所理解、預測、控制和改變；換言之，風險超出了知識之外，它超出一切知識所能涵蓋或觸及的界域。他提出的「風險社會」理論，是努力為人類至今依然對工業神話，作出的告誡與提醒。

　　由於資本主義的催化帶動著消費型社會的產生。相較於我們傳統社會向來以勤儉樸實為尚的風格，此亦足以顯示當前社會的消費文化特色。造成消費行為改變的主要因素，包括：物質慾望的追求，外在環境的刺激，廣告媒介的充斥。隨著生活水準日益提高，人們對物質追求亦逐漸增長。尤其是當多數的人認為，使用社會所認可的名牌可以突顯自己的地位和風格時，因此形成追逐流行時尚的風潮。傳統社會一個人的認同感並不建築在消費模式上，多數人的生活重心是工作角色；至於現代社會人們已有足夠的能力及餘暇發展出除工作之外的其他角色，如運動、休閒、居家、娛樂等，因此容易受到物質慾望的左右。一個人的消費心理取向無時無刻不受外界環境刺激的影響，這些環境因素包括：社群文化、價值觀念、生活型態、個人心理、家庭成員、資產所得、社會評價、商品特性及銷售服務等，這些因素皆足以形成消費慾求，並且隨著外在環境的擴增而提高消費慾望，其中炫耀性的消費行為正彰顯這種事實。今日的消費型態已不是以實用、需用為主軸，只要能打動人心的產品都會受到青睞。消費者作為不僅源於商品性的物質消費行為，而且逐漸轉化與意念有關的文化性消費的行為；亦即消費是一種文化及社會的現象。

　　全球化雖為人類帶來更多的便捷，但也形成更多的困擾，自從經濟全球化緩解貧富差距的天使形象被無情的事實擊潰以後，經濟全球化似乎一夜之間成為了惡魔。許多經濟學家和政府官員開始指責經濟全球化導致了貧富懸殊。這一行為導致了全球化收益在不同主體之間的分配出現較大的偏差，即所謂的貧富差距擴大。聯合國的報告就指出了全球化的收益絕大部分都流入了發達國家富裕階層的口袋。另外一方面，全球化的金融流動不僅使得銀行和跨國公司從開放的部門中獲利，也使跨國犯罪機會大增。伴隨它們的「反全球化」公眾抗議令世人注目、震驚、沮喪與反思。

　　「雷曼兄弟破產對全球金融界投下一顆震撼彈。以全球化的角度來看，雷曼兄弟的倒閉將會在連動效果的作用下影響全球各地的金融穩定。在美國以外的金融機構將因此掀起一波倒閉潮，特別是在那些與美國金融連動性高的國家。此一倒閉潮最後將會回過頭來影響美國，造成另一波金

融危機。此一連動作用代表著全球金融危機正要開始，而不是進入尾聲。」
（中國時報 2008 年 9 月 17 日）正描繪著全球化對人類社會的影響。英國
社會學家季登斯（A. Giddens）對於現代性以及現代社會論討是由制度性轉
變與全球化方式加以闡述。季登斯認為，制度性轉變是由四個不同層面所
構成的：資本主義、工業主義、監視能力及軍備力量。資本主義是一個以
商品生產為主導，資本主義便是在有競爭的勞工及產品市場上之資本累
積。工業主義是指一種利用非生命性的物資力量去生產商品，並在生產過
程中配合機械的生產方式去運作的型態。現代民族國家具有完善的行政管
理系統，而此行政管理的集中化亦標誌著其強大的監視能力。監視能力是
指對其管治範圍下的人口之活動的監察。軍備力量之專利化下所容許的行
使暴力的專利權。軍備力量和工業發展所帶來的可怕後果是「戰爭工業
化」。這四種制度化的層面不但把現代社會的性質及規模與傳統的分開，更
由於其發展動力所催生而促成了「全球化」現象的出現。

　　全球互賴關係是最近社會變遷理論的新方向，討論主題則包括經濟、
政治、文化與生態各個層面，這就是所謂的全球變遷（global change）或全
球化（globalization）觀點。全球變遷蘊含體系觀點與生態觀點，不僅關注
世界成為一個體系及其關聯的問題，也涉及人類社會活動與地球支持生命
存活的關係。無疑的，全球化發展趨勢會對既有體制造成衝擊，其中，又
以國家的形式、權限、自主性與權威的正當性等方面特別引起注意。全球
化使得全世界的政治、經濟、文化必須重新訂定遊戲規則，直接衝擊的是
人們的日常生活的各個領域。因此反對全球化的運動以及以全球連結為主
軸之社會運動日趨興盛。近年來在有關世界自由貿易的會議召開的城市，
總有來自各地的反全球化的示威遊行，反全球化運動隨之聲名日盛，認為
全球化帶來的負面作用：本地政府權利的削弱，使發達國家居民喪失工作
機會同時奴役發展中國家居民，擔心是全球化帶來了移民潮，湧入發達國
家的移民從事低收入沒有健康保險的工作，承受剝削。

　　全球貿易、金融與生產系統，正以一種相當複雜的方式與全球的家庭、
社群和國家的繁榮、命運聯繫在一起。全球化的通路帶來了巨大的利益，

對於世界上所有的工業國家卻也隱含著巨大的風險。以金融危機及所衍生的經濟衝擊，所帶來的為全球性影響，不只威脅到如美國、英國的工業先進國家，甚至對開發中的國家，也帶來了嚴苛的挑戰。

參、全球化對社區工作的影響

全球化現象之下產生許多新興的議題，從社會福利的觀點來看，主要依循著兩條路徑演變，一、產業結構改變，勞力密集產業外移，帶來一波失業潮，也產生新貧問題；二、人口流動，帶來外籍配偶與外籍勞工的問題及人口外移產生獨居老人日益增多的趨勢。這兩條路徑彼此交纏，需要政府有具體全盤的政策與措施，才能有效的解決。

「全球化」最明顯的例子例如加入 GATT、WTO 等，開放市場後，食衣住行都受影響。例如「住」，外資的引入，間接造成高房價；進出口貿易開放，我們可以有許多食、衣的選擇；交通的往來也更頻繁……等。隨著全球化社會變遷浪潮，台灣在政治、經濟、文化、環保及社會等層面相繼衍生下列社會問題：

一、政府財務危機與福利供需問題

受到全球化經濟及科技變遷衝擊，台灣傳統產業面臨外移或轉型現象，市場經濟蕭條、嚴重失業與政府歲收萎縮等問題；此外，日愈老化的人口結構、逐漸弱化的家庭功能與民眾福利權益意識的抬頭、使社會福利服務需求與政府財政能量間產生「拔河」（tug-of-war）現象。

二、產業外移與農村經濟問題

中小企業是 70 年代創造台灣經濟奇蹟的主力。近幾年來已隨全球化腳步面臨困境。少數資本雄厚的全球型企業，80 年代起紛隨外商將產業外移，對本土產業、金融及勞動市場，帶來諸多衝擊和危機。此外，政府參與 GATT、WTO 等國際組織，大幅開放各國產品進口，嚴重影響本土產業及農村經濟發展。

三、失業人口日增與家庭經濟問題

　　全球化趨勢下舉凡產業外移、職業結構改變、引進外勞等均影響產業結構與營運計畫，使中年失業人口大增，為數龐大的失業家庭經濟頓時陷入困境。

四、本土文化流失與價值衝突問題

　　經濟全球化使各國商品與人口流動頻繁，從而使該國文化乘著經貿發展的市場機制，形成強勢文化，此種外來強勢文化將對在地文化造成壓迫與衝擊（王世哲，2002：110），使本土傳統文化在價值衝突中受到扭曲、忽視或迷失，進而出現全球普同或標準性文化。

五、外來族群融合與社會適應問題

　　為提昇本國企業競爭力，近年來政府開放引進大量外勞，因而產生多元族群融合與外勞管理問題。此外，外籍（大陸）配偶及其所生子女不斷增加的情形，也使家庭及社區呈現族群文化衝突、親子教養及社會適應困難等個人與家庭問題。

六、家庭功能解組與婦幼支持問題

　　在傳統社會裡家庭是個人生活的全部，但隨著時代變遷，家庭在個人主義盛行，婚姻維繫不易，離婚率居高不下，單親或繼親家庭遽增，家庭型態多元化（賴兩陽，2002：4）情況下，日愈式微的家庭功能，衍生出諸如幼兒托育、家庭暴力、兒童、青少年及獨居老人照顧等家庭暨社會問題。

七、人口結構老化與社區照顧問題

　　人口老化是目前先進國家共同趨勢，台灣亦不例外。老化的人口結構，意味著醫療、扶養照顧與社會福利服務負擔的加重，實有賴介於家庭及國家之間的「社區」，發揮更多鄰里互助行動，共同為社區中有特殊需求之老人提供就近支持性之福利服務。

八、社區政策分立與資源未整問題

依相關資料及個人實務觀察所見：彙集政府行政力量、經費補助與學者專家智慧，所推展的各類「社區化」、「社區營造」方案，種類雖多，但因各業務單位在權責與行政劃分下，彼此甚少聯繫，難以針對社區實質問題、需求與資源做整體性規劃，從而形成資源重複、浪費等弊病。

九、生活環境污染與生態保育問題

國際經貿快速發展，對地球生態環境的負面影響是顯而易見的。包括工廠排放污水、廢氣及各類金屬、核能、化學等垃圾；漁民使用「圍網」、「流刺網」等對海洋保育動物之殘害；農場大量使用農藥、除草殺蟲劑等，均對地球自然生態與生活環境造成高度污染與生態保育等問題。

十、社區居民疏離與組織功能問題

全球化經濟競爭趨勢下，個人主義、知識經濟、資本權力等功利價值逐漸成為社會集體意識；頻繁的人口流動與多元型態家庭的增加，使社區鄰里人際互動冷漠疏離與缺乏互助關懷。近幾年來由於各項「社區化」政策的推展，各類社區組織數量雖明顯增加，但因始終缺乏教育與互動，難以凝聚合作共識，社區組織功能因而難以發揮。

全球化削弱了經濟基礎的社會夥伴關係，移轉權力到資本家與企業的手中，勞工與政府的權力則相對減少。國家為了提昇其經濟競爭力，對他們的國民放棄了社會責任，社會供給逐漸下降或快速減少，導致最低的社會福利標準（Deacon, 1997）。全球化帶來國家重大的改變，不管已開發或開發中國家均帶來正負兩面的效應。從社區的層次來看，全球化也許帶來疏離，但也帶來對鄉土的認同，「全球在地化」即是這股思潮之下的產物，要在「全球視野，在地行動」的觀念下，推動社區工作，就必須瞭解全球在地化所帶來的許多社會問題，包括新貧、社會排除、中高齡失業、外籍配偶適應等等（賴兩陽，2004）。無論是社區營造抑或是其他相關的社區方

案,其最終的目的是欲促進社區的發展,以改善或提昇社區居民的生活品質。基本上,社區發展往往是以地理區域(area-based)為範圍,且將焦點著重於最為落後的地方(deprived locality),並期待能夠促進其永續的發展。要建構一個全面性的社區發展,需要關注的不僅是其結果,也要能夠著重過程中的能力培植。顯然,社區發展已傾向於強調強化社區能力,以及處理公平和社會正義的一般觀點(Gilchrist, 2004)。要追求前述目標的實現,特別是公平和正義的社會,需要有相關策略的運作,全面性的社區發展提供我們結合過程與目標的策略。當社區發展遭遇到全球化,社區工作正面臨到發展的挑戰瓶頸,這些瓶頸若未能有適當的政策和作為予以化解而放任其發展,所有的努力可能為社區帶來更多的依賴和更多的不公平、更多的不正義。

肆、推動社區工作省思與建議

　　人類社會自 70 年代以來各類電子、資訊及科技產品競相創新研發,不但建構出無遠弗屆的全球資訊網路與國際交通運輸網絡,也促成跨國經貿投資自由擴張。在這種全球政經勢力逐步深化其影響力趨勢下,各國政府莫不積極參與各類國際或區域國家政經聯盟,來尋求國際認同並藉以促使該國資本、商品、勞力及服務,得運用全球化科技與管道,迅速行銷全球。這種跨國政經、人文互動不斷互滲交流的結果,逐漸型塑出當前嶄新、多元且變遷快速的全球化趨勢。時至今日,全球化思維與現象,已席捲世界各地,衝擊著每個地球成員的生活型態和價值意識。

　　社區作為一個人類活動的場域,如果能夠發揮「就近照顧」的精神,對問題的解決會有所助益。隨著全球化時代的來臨,全球人口跨國流動,確實也讓社區的型態在改變當中。Bennett Berger(1998)認為傳統社區的概念是具有「整合性、廣泛的支持性與緊密的連結」,現行社區受全球化的影響產生的是「有限制的、部分的、分隔的、甚至微弱的、多樣的與對不同群體認同的,沒有一個人可以指揮他完全的忠心」,向心力的不足,使我

們居住在許多社區常感到不屬於他們的一部分。這些新社區的特徵是
（Wellman, 1999）：

　　一、社區連帶是脆弱的，關係特殊並且沒有廣泛的支持。

　　二、傳統社區的凝聚力式微，而為新型態的社區所取代。

　　三、社區不是鄰里連結，而是分散網絡，形成新的互動。

　　四、私人親密性取代公共社會性，家為與人接觸的地方。

　　五、社區變得家庭生活化，女性成為社區生活中心人物。

　　六、政治、經濟與社會環境的急遽變化影響到社區本質。

　　七、虛擬空間的形成及快速擴充，促成全球化社區概念。

　　八、傳統社區及地緣社區的原有功能與結構均有所減弱。

　　九、網際網路發達之後，虛擬社區發展已成為必然趨勢。

　　十、虛擬社區其成員分散各地，且是分享較狹小的議題。

　　「社區化」是相對於「全球化」而來的思維與做法。目的在喚醒社區
組織運用「思維全球化，行動在地化」的觀點與行動以營造自己的社區。
因此，如何以「在地」本身的「社區」作出發點，基於地方特色、條件、
人才來優先考量，發展屬於自己社區傳統歷史的或地方社群主體價值觀在
生活脈絡中的具體呈現（吳坤良，2002），是「在地化」、「社區化」政策因
應全球化趨勢的具體措施。

　　「全球化」是人類社會發展過程中的一種概念、現象和思維模式，也是一
種不可逆轉的社會發展進程，它以漸進的方式突破民族國家疆界藩籬，使世界
各國經濟、政治、社會、文化、甚至疾病、災難等事件，走向全球同步交互影
響的現象。任何國家或地方的事件或改變，均可透過快速便捷的全球資訊與交
通輸送網絡，迅速轉化為全球性事件或全球化社會變遷，深深影響全球各地居
民活動、情緒和生活模式。全球化既然是指涉全球性行動的動態連線，全球化
行動不僅是普遍化、依單一類型發展的現象，它牽涉到的則是多采多姿、異質
多元的世界各地社會內涵，因此，R. Robertson 提出「全球在地化」
（Glocalization）的概念，是以全球化為「經」，在地化為「緯」，前者是橫向的
動態連線，而後者是扣緊在地特色之動態縱深，二者相生而存激發出新的發展。

一、社區民間組織潛在資源豐富，以激發連結運用機能。

二、廣泛培訓草根社區領導幹部，以進行社區教育功能。

三、重視政策宣導與客製化輔導，以推動政策行銷作為。

三、擴大培訓專業社區工作人才，以落實專業輔導機制。

四、增修社區法規簡化行政程序，以提昇組織行政效率。

五、整體規劃充分運用各類資源，以促成社區間的合作。

相對於「全球化」，「社區化」是一種強調鄉土情懷與在地認同的思考概念和實質做法，作為「社區化」實施基礎的「社區」，在社會系統觀點下，是國家的基礎系統，但在全球化思維下，卻具有超越國家的概念。對每一地球成員而言，無論全球化帶來何種社會變遷，「社區」永遠是人們賴以生存的棲身所在，也是國家實施「社區化」政策與展現全球化動力的重要場域。基此，「社區」除了是特定地理區域內的一群人，這群人在心理層次上具有情感共識、在社會層次上具有組織結構、在功能層次上具有互動交流、在行動層次上具有共同目標的在地團體。因此，如何以「在地社區」作出發點，基於地方社區特色、條件、人才來優先考量，發展屬於自己社區傳統歷史或地方社群主體價值觀在生活脈絡中的具體呈現。這種夾雜著全球化引發在地危機與全球生命共同體契機的雙向性思考的「全球在地化」與「在地全球化」提供當前社區工作者一種新觀念和新策略。誠如 Jimlfe（2002）在其「全球與本土的連結」觀點中強調，在此新世紀的時代發展脈絡中，專業社會工作者要在「個人、社區、國家、世界」（person、community、state、world）多個領域中扮演中介者（intersection），協助個人、社區、國家參與及適應全球化發展趨勢。

結語

全球化是全球聯繫不斷擴張，人類生活在全球規模的基礎上發展及全球意識的崛起，為世界的壓縮和視全球為一個整體。全球化是一種連結，

圖像、思想、旅行者、移民、價值觀、時尚、和音樂等都不斷沿著全球化的道路流動著。在全球化的影響下，原來的文化和生活模式改變了，這並不表示從原先的文化快速的改變成另一種文化；而是，文化在衝突當中得到新的調和，產生了與原來的文化模式不同的結果。由於全球化已是任何追求成為現代社會所無法迴避的趨勢，社區專業工作需要對這些新生的價值、思維、符號、意涵、資訊等，有所認知，才能避免錯誤的詮釋，造成文化隔閡。面對隨全球化趨勢，社區工作宜能在「全球化思維，在地化行動」的專業模式與多元社會資源重整運用的操作下，與社區民眾共同思考、討論與面對問題，成為社區行動的參與者，建構具有服務利他與促進地方發展的功能，從而有效減緩全球化趨勢對社區所產生的衝擊；在行動過程中，竭盡專業所知、所能，運用親和、同理、尊重、理性與感性兼具的態度與溝通表達方式，贏得社區的接納和信任。

第十章　社區工作與社會行動

前言

　　從社區總體營造觀點，認為社區的現代涵義乃在於一種民主社會的生活方式，是介於國家社會和家庭之間，而為現代人追求居住環境品質、提昇生活品味的基礎單位。Clark（1987）從社區行動觀點，認為「社區」可綜合成五個要項層次：一、有一群人居住。二、有一個固定的疆界，劃出社區範圍。三、社區是一種共同分享的活動，例如社區讀書會。四、社區是由一群關係密切的人群所組成的。五、「社區認同感」（community cohesion）是有實質內涵的，由人群互動缺乏到人群互動非常密切；由缺乏認同感到社區意識強烈（林振春，2002）。「社區行動」具有「公共性」的意義，主張不僅要把福利、環保、教育、治安等服務工作落實於社區，而且必須運用社區集體的參與來接納與經營這些服務。

壹、社會行動的意義

　　社會行動是指：在一個問題社區，社會工作者採取家長式的介入，為了當事人的利益在獲得當事人的默許的情況下，而協助當事人的個人或社會環境的具體作為。社會行動是社會的具體作為，本質是在認同社會制度的前提下，對社會進行積極性的參與；目的是為弱勢群體爭取更多的資源，改善他們的生活狀況，改善在社會結構中所處的不利地位，使社會更趨於公平、公正，消弭社會的隱患。社會行動強調的是有些處於不利地位的人，當與社群存在著利益的衝突時，衝突的出現可能是由

於社群對弱勢群體的瞭解及關注不夠，也可能是彼此缺乏交流溝通，致使各自的需要未能充分反映，或者是存在著資源及決策分配的不公平。因此，社會行動的策略有：1.對話性行動；2.抗議性行動；3.對抗性行動；4.暴力性行動。

社會行動的目標可分為工作目標和過程目標。工作目標強調的是透過群眾的行動，給社會決策者造成一定的壓力，促使在制度上做出一些有利於弱勢人群的變革，從而改善和提高弱勢人群的生活環境、生活品質。過程目標則強調經由社會行動的過程，提高參與者的權利意識，改變他們無助、無能、怨天尤人的心態，樹立克服困難的信心和勇氣，提高解決問題的能力和作為，學會組織行動，贏得勝利的技巧，同時認識到組織的重要性、團結的重要性。社會行動的介入方法則採取：從群眾最關切、最急迫的具體問題切入，以集體行動要求群眾組織起來，集體行動，擴大聲勢，使社會感到問題的嚴重性，不敢掉以輕心，並以積極的姿態與群眾溝通對話，早日解決困擾他們的問題；或是透過爭取第三者的支持，例如：社會大眾傳播媒介及有影響的人士。社會行動產生的現實原因：

一、社會上存在著不公義現象

由於先天條件和後天際遇的差異，尤其是權力結構的不合理，必然產生在資源、地位及權力分配方面處於劣勢的人群。貧富懸殊、二極分化的現實使弱勢群體感到自己被壓迫、被剝削，從而產生反抗意識。只有將其組織起來，向政府施壓，挑戰不合理的制度和政策，才能爭取問題解決，才能改變不合理的社會制度。

二、個人自由及人權受到保障

在一個專制獨裁的社會，社會行動難以產生，因為當權者為了維護既得利益者的利益，是不允許社會行動出現的。只有在一個尊重個人自由和人權的民主國家，弱勢群體才可以透過社會行動表達心中的不滿。

三、擁有自由的傳播媒體

擁有自由的新聞傳媒是現代文明民主國家的重要條件，傳播媒介擁有巨大的權力和能量，其既反映輿論，也可引導輿論，進行輿論監督。傳媒褒貶事件，激發人們去捍衛公理正義，引起大眾的譴責和抗爭；對弱勢人群的苦難報導，能幫助尋找援助之手。無論是對哪一類事件的報導與討論，都會對強勢群體、當權者構成巨大的壓力。沒有自由的傳播媒介，社會行動難以啟動，社會行動只能發生在擁有自由傳播媒介的民主國家。

四、群眾缺乏公平參與管道

就現代大多數國家而言，既是菁英政治，也是大眾政治（議會政治）。菁英政治是指政府由一群菁英所管制，無數委員會都是由政府領袖委任的中上層人士組成，一般民眾根本沒有參與的機會。議會政治就是政府由群眾選出來的議員或代表來管理。實行議會政治後，政府參與的途徑向群眾開放，因此社會行動很容易被納入建制內，群眾可以依靠選出來的議員在議會內、在建制內爭取利益，解決問題。但事實並非如此，社會行動不但沒有減少，反而有增加的趨勢。原因是議會政治只是政府全面開放參與途徑的象徵，其時群眾的參與途徑仍然有限。議會政治大多是透過正當的利益均攤實現的，議員不是根據民意而是根據政黨的需要做出取捨。因此，議會政治並沒有為群眾帶來更多的參與機會，也沒能在建制內解決問題，爭取更多的利益。

五、社會行動並不壓制以衝突方式作為解決問題的方法

思想是行動的基礎，有了思想的合法性，在其指導下的各種各樣的社會行動也就有了依據。從終極意義上言，一個社會只有二種思想（肯定或否定現存社會制度）、二種文化（封閉或開放）。在某種程度上，揭示社會制度的反功能，有利於社會的進步，社會批判思想從另一個角度為社會的發展開出了一劑良方。功能主義有助於社會的穩定，衝突主義方便於社會的變更。

近代民主政治發展和「公民意識」與國家共同體觀念有相當密切的關係。而所謂「生命共同體」的意涵，即是英文中向來被譯為「社區」的community 一詞。其實，社區的本質不可侷限於空間或建築單位，而是一種社會性的共同體。在社會急遽發展的過程中，傳統社會結構的內聚力消失，使得社區共同體意識與社區公民倫理無由建立。文化建設的一個重要目的，即是在於透過社區意識與社區倫理的重建，培養國人的共同體意識，建立人與人、人與社區、社會和國家之間的現代權力義務關係。爰此，於社區進行社會行動的步驟為：第一，醞釀期：找出共同關注的議題，進行初步的資料搜集，估量群眾的反應及他們的參與意識，初步制定爭取事件的目標及瞭解對手的反應。第二，宣傳期，廣泛宣傳社區議題，以凝聚社區意識。第三，組織期，召開居民大會，成立服務的工作團隊。第四，行動期，依據社區共識逐一展開作為。第五，總結期，隨著問題得到改善；檢討行動。

「社區」觀念的推展，在當前的台灣發展情境中就是為了要落實「基層民主」（草根民主），不只是在基層選舉活動的參與而已，更重要的是基層民眾對於自身所處的社區生活事務的參與態度，以及進行民主討論的習慣，甚至是廣義的民主文化和價值觀。社會行動的目標與一般營利性的服務相比，強調以下五個特點：

一、福利性：所謂福利性是相對於營利性而言，社區服務不強調營利而是注重社會效益。社會行動本質上是一種公益事業，為社區居民特別是弱勢群體提供基本的生活保障服務。強調福利性並不意味著社區服務不可以實行有償服務。由於政府財力有限，社區服務資金缺乏，藉助部分項目有償服務可以促進社區服務的發展，提昇服務質量。有償服務應遵循「方便居民、收費低廉」的原則，其盈利也必須用於社區服務。

二、地域性：社區是一個地域性的社會實體，具有顯著的地域性，相應地，社會行動也就有了地域性。就服務內容而言，社會行動主要是根據本社區居民的需要，解決社區的問題，為社區居民提供多樣化的服務。就服務對象而言，社區服務以社區居民為主，有相對穩定的服務關係。就服

務範圍而言，社區服務主要侷限於社區範圍內，並在一定程度上受地理條件的限制。

三、群眾性：群眾性強調社會行動社區，依靠居民，服務於居民。社會行動的群眾性主要體現在二個方面：一是服務對象的普遍性，即社區居民都有權享受社區服務；二是社區服務的廣泛參與性，即社會行動需要社區居民積極參與。

四、互助性：社會行動的互助性強調社區與居民之間、居民之間、轄區單位與社區之間、社區各服務機構之間的互助型態。居民之間的服務（如鄰里之間的幫助等）是社會行動的原始型態。透過互助服務，有助於相互之間的瞭解，提昇社區居民的認同感、歸屬感和凝聚力，實現由「陌生人社會」向「熟人社會」的回歸。

五、綜合性：社會行動是一項系統工程，具有綜合性的特徵，主要體現在二方面：一是服務對象的綜合性，即服務對象不僅包括各類弱勢群體，還包含普通的社區居民；二是服務內容的綜合性，這是由服務對象的綜合性決定的。

「民主自治」的過程一方面可以擴大吸納社區各階層成員的各種專業知識，同時也可以聚集新的社區資源，為社區營造活動注入新的思維、願景及作為，達到開拓台灣民間社會力量的目標，以建立一個現代的「公民社會」。

貳、社區運動的意義

社區運動（community movement）是在一定區域範圍之有計畫、有組織的集體行動，集體行動的目的是為了改造社會，進而達到「社區變遷」的目標。從社區運動的發動者來看，社區運動可以是政府推動既定政策，由上而下地用以施行各項計畫與方案；也可以是由下而上經社區民眾而發動，尤其是弱勢族群的凝聚，此時的社區運動則是對於現行政策與相關措施不滿的累積，進而凝聚成共同意識展開集體行動，維護本身權益的方式。

因此社區運動運作包含兩大方向，與僅由下而上的社會運動定義不同。在快速的社會變遷下，台灣社會的組成結構已經有很大的轉變，服務業人口躍昇為第一位，相對的農業與製造業人口則隨之縮減；同時在都市化的現實趨勢之下，大量的都市中產階級興起，他們的知識水準高，並且具有專業自主的能力，得以處理自身的問題，公職、民代所能提供的服務型態，已難以滿足他們的需求，導致出現了決策上的落差。社區運動是由社區住民透過組織化動員的過程來參與自我及社區發展的過程；在這個自我教育的過程中，人民可以學習如何操作、管理眾人之事，如何做決定，以及如何動員資源來達成此一目標（因此這是一個催化社會變遷的過程）。由於傳統社區組織幾乎是村里行政體系的一環，因此新社區運動的主要工作乃在：第一，重塑社區與國家的主從關係；第二，重新調整社區組織中的權力關係；第三，重建社區動員與組織的主導權，以落實基層民主改造。

檢視現行社區現況，應該在既有的基礎上，發展相輔相成的新社區型態，這種新的組織型態應該符合「基層化」、「專業化」與「多元化」的三大原則，以因應「基層民主欠缺」、「新興專業族群」以及「傳統組織弱化」的三大問題，而推展「新社區運動」，發展自主多元的社區組織，社區運動是以社區獨特性利益為起點，並以社區為執行場域的運動，而社會運動是包含著社區運動的類型。社區運動乃由社區民眾參與，行動目標與社區任務目標一致，即可認定其為社區運動；若與社區任務目標無涉，涵蓋範圍較廣者，則是為社會運動。另外，可以將社區運動與社會運動視為以獨特性與普及性為兩端點的連續性光譜，亦即特定社區議題所引發的運動屬於社區運動，而越具有全國一致的普及性運動則是屬於社會運動。運用社區運動達成社區更新與社區發展的目標。

從社區發展的實際作為，必然牽涉到地域、人群與組織，也就是說社區發展的思考必須意識到特定的地理區域、人群的結合，與政治經濟文化社會組織，這三個社群生活的要素，因此社區運動是一種深度的動員工作，而社區運動的工作者則除了必須擁有敏銳的觀察力，對人群的持續關懷，還需要具備一定的專業知識和議題分析與組織作為能力，才能深入瞭解影

響社區生活的各項因素，並協助歸納出社區的需求，進而發揮影響力來組織與動員社區的各類資源。由於在社區運動過程中，其議題的發展以地區特性、資源、住民特質為基礎，經過分析瞭解後組織而成的，所以各類的議題（尤其是一些新興的議題，例如性別、年齡、消費、勞動、營造等）都可能成為組織動員的動因。而這個過程將使一個特定的地域內的資源與需求產生新的調配；培養、鼓勵人民參與公共事務，促使人民更有效地處理問題，追求共同生活的理想；改變社區內、外決策過程與權力分配。換句話說，這是一個包括區域政治、社會、經濟、文化整合的發展過程。

　　社會行動雖然起於資源、權力分配的不公，但其目的並不是為了改變政治、經濟及社會結構。社會行動的本質是在承認社會制度的前提下，在建制內對社會作有限度的改革。社會行動的目的是為社會弱勢群體爭取更多的資源分配，改善其生活品質，改善其在社會結構中所處的不利地位。社會行動不同於社會運動，其沒有一套清晰的意識型態，沒有廣泛的動員。其影響是短暫的、有限度的，其只能帶來社會的局部改變。社會行動的案主是社會弱勢群體，其無權無勢，擁有較少的資源、權力及地位，社會行動案主通常是以下四種人群：1.經濟上最缺乏市場價值的人，如貧困和失業者。2.政治上最缺乏自我組織的人，其參與公共活動不積極，不善於運用合法途徑表達自己的利益。3.社會上最缺乏選擇權利的人，其在教育和擇業上缺乏主動選擇的機會。4.文化上最受身分歧視的人，其經常被貼上標籤。社會行動是受社會體制、政治制度的壓迫的結果。社會行動是利益受損群體透過非制度化方式挑戰受益群體或不良制度的行為和過程。國家與社會的合一影響了社會行動的空間，只有國家與社會的適度分離，社會有可供公民活動的空間，社會行動才能得以展開。

　　「基層民主」，在這裡所指稱的是基層民眾對於自身所處的社區生活事務的參與，建立基層事務的民主討論程序習慣，進一步形成一種進步的基層民主文化。同時，「基層民主」更積極的意義在於：透過基層民眾的民主參與討論，凝聚出真正適合民眾生活方式的新政策方向，依循著「基層民主」的精神，「新社區運動」的推展，將有助於提昇基層民眾透過民主討論

程序，針對社區的共同需要，集體自治的能力。在這種「民主自治」的過程中，一方面可以擴大吸納社區各階層成員的各種專業知識，同時也可以聚集新的社區資源，為社區注入新的力量，達到開拓民間社區力量的目標。新社區運動，目前在台灣正屬於方興未艾的階段，已有愈來愈多的社區積極人士展開這項有意義的工作，同時也有了一些成功的範例，例如：以台北市民生社區為主的「社區資源聯合發展中心」，不但發展出媽媽教室，更成功地召集了社區居民共同編輯了社區報紙，發行量達到萬份以上，極獲當地居民的認同支持。這些新興的社區運動，其形式十分活潑而多元，議題也不限於任一層面，只要是社區居民共同關心者即可。總之，新社區運動的最終意義便是：建立一種新的生活型態，這是以民主為內涵、以鄉土關懷為核心的新生活方式，值得大家一起來努力推動。

參、社區工作的模式

社區工作者在社會行動中扮演倡導者、行動者的角色。作為倡導者，社區工作者在行動之前，要鼓勵居民團結起來，爭取自身利益，提高居民知識水準，促使其明白社會制度的不合理，強化其社會意識，以追求社會公義的展現。具體的作為上，社區工作模式包含六種：

一、社區照顧

社區照顧有二層含義：一是社區內照顧，不使被照顧者離開其所熟悉的社區，而是在所屬社區內為其提供生活服務；二是由社區來照顧，動員社區的人力資源，運用社區支持體系展開照顧服務。關注於社區照顧的社會工作力圖為社區居民，特別是老齡人口、殘障人和嬰幼兒開發社會網絡和志願者服務。社區照顧中社會工作者的專業參與包括三個層次，是逐步遞進的。第一個層次是從長期來看，社會工作者要履行支持性或監督性的角色，工作中，使用志願者和低酬的協助者。第二個層次是社會工作者制定相關的活動計畫，該計畫是從自己的支持性角色只是短期的考慮出發，

並組織和啟動有關的活動。透過活動，使社區照顧在沒有社會工作者的情況下，仍然能夠繼續，培養和提高居民的獨立能力。第三個層次是逐步讓社會照顧變成一種由社區居民來進行的活動，社區工作者將只會提供極少的協助。

二、社區組織

社區主要是指社區內的居民組織，但其本身包括的範圍相當廣泛。居民組織廣泛指一群關心及投入的人士，為成員提供服務，保護其居住地區的共同利益。整體上來說，居民組織有二項獨特之處：一是其重點在於地區內居民的福祉；另一個是這些組織屬志願性質，因此假設是獨自發展的。概括起來主要有二點：一是以社區居民為基礎的居民組成、二是社區居民的福利和服務。實踐中，社區組織模式常是協調各種社會福利和社區服務機構的一種手段，透過此手段，可避免服務機構和扶貧資源的重複設置與浪費，進而提供更有效、更充分的服務。組織是以服務而不是管理為導向。

三、社區發展

主要是幫助人們獲得提高其自身生活品質的技能和自信。社區發展形成於 20 世紀 50 年代中期聯合國的倡議，尤其是未發展國家推行的社會改造運動。由於各國文化背景差異，對其理解也就不同，主要觀點有三種，即社區發展是一種工作過程，或一種工作方法，或一種工作方案。

四、社區計畫

社區計畫是「社會條件、社會政策和機構服務的分析，目標和優先工作重點的確定，服務項目的設計與適合資源的動員，以及服務和項目的貫徹和評估。」（Thomas, 1983）社區計畫實際上包括四個方面：首先是分析條件、政策和現有的服務；其次，社區計畫的目標與工作重點；再次，為了完成目標制訂和設計相應的服務項目以及尋找合適的資源，並且進行動員；最後，貫徹和執行這些服務項目，且要對項目的完成情況進行評估。

五、社區教育

　　社區教育被定義為「力圖將教育和社區更緊密和更平等地結合起來的方式，重新確定教育政策和實踐。」目的是培育和加強居民掌握自己命運的信心和能力，使其極積參與社區事務，爭取自己的權益。社區教育起源於英國，主要有三個分支。第一個是亨利·莫里斯（Henry Morris）在劍橋郡發起的以學校為基礎的村落和社區學院；第二個是 1967～1972 年實施的優先教育地區項目的經驗，其力圖在那些不發達的內城地區提供補償性的教育；第三個是 20 世紀 60 年代後期和 70 年代早期，許多社區發展項目進行的成人教育工作。

六、社區行動

　　社區工作的一個重要目標，就是組織居民參與集體行動，合力解決社區問題，爭取所需資源，改善社區環境與生活品質。社區生活工作者很多時候需要與居民一起組織社會行動，向公眾表達其問題及困境，並向有關政府機構，要求作出適當的解決措施。社區工作者採取的集體行動，對象多是社會的基層群體，其多數社會資源極為缺乏，擁有極少的權力和社會地位。其中，不少人是社會的邊緣群體或弱勢群體。社會行動的本質是在現存的體制下，改變不公平的政策，建立更公平、更公正的社會。下表對社區工作的六種模式進行比較。

表：社區工作的六種模式

類別	策略	主要角色／工作者	例證
社區照顧	開發社會網絡和志願者服務，發展自助人助的理念	組織者、志願者	老年人、殘障人和嬰幼兒
社區組織	增進不同福利機構之間的合作	組織者、催化者、管理者	志願服務理事會等

社區發展	幫助社區群體獲得提高生活品質的技能和信心，主動性參與	賦予權力者、鄰里工作者、推進者	社區群體、定居者
社區計畫	社會條件的分析，目標和優先工作重點的確定，服務項目的貫徹和評估	賦予權力者、推進者	地方再發展
社區教育	讓教育和社區建立更緊密和更平等的關係	教育者、推進者	社區學校、補償性教育、普羅階級教育、女性教育
社區行動	社會的基層群體，其多數社會資源極為缺乏，擁有較少的權力和社會地位	活動者	福利權利運動

肆、社區工作的作為

　　有別於純理論性研究，社工研究是應用性研究，理當「取之實務、用於實務」。然而如何運用研究發現與建議，提出解決方案，則是一種思維或意念，若欲將之付諸具體行動，則需透過一套計畫周詳、目標明確、可行且具評鑑指標的工作項目、方法和行動步驟。誠如蔡漢賢（1986：38-39）所言：

　　　　從一個意念到目標，必須透過一些工作項目，……有了意念和項目，
　　　　但徒法不足以自行，還需途徑與方法。途徑是媒介，選擇得對，可
　　　　以事半功倍；方法是技巧，選擇得法，則近道矣。

　　基此，「完全參與式」社區行動研究，其思維與實踐步驟、方法為：

一、社區參與觀察

　　進行結合理論、研究與實務的社區行動，所謂完全參與式的社區行動，是指行動者以「局內人」的身分完全參與各項社區行動方案之規劃、籌備、執行與評估等工作，藉以親身體驗與貼切觀察各類社區行動者之感受或反

應，進而獲得第一手實際工作經驗。依「社區發展工作綱要」第三條：「社區發展主管機構，在中央為內政部；在直轄市為直轄市政府；在縣（市）為縣（市）政府；在鄉（鎮、市、區）為鄉（鎮、市、區）公所。」依此業務權責分配，居於社會行政的地方政府，是執行社區工作專業輔導的最佳切入點，基此，在社區田野進行完全參與式之社區行動，期從各類社區工作專案輔導方案與實施策略之行動過程與成效中，探討社區工作作為。

二、社區工作手冊

以增強社區領袖幹部認知程度與工作權能。為有效滿足及提昇應有認知與方法，針對社區工作相關理念、技術，工作概念與法令程序，資源連結與財務管理，志願服務與組織領導，方案規劃與評估管理，社區調查與創新特色，續優社區經驗交流等。並參酌各類「社區化」政策內涵，編撰社區工作實務手冊，以作為相關教育訓練教材與實務工作者日常參考工具。

三、社區問題陳述

包括：遭逢全球化衝擊，傳統農村或城鄉混合型社區的營造，面臨工廠外移、傳統產業蕭條、農村人口外流、社區老人兒童缺乏照顧、外籍配偶與外勞日增、失業勞工與單親家庭漸增等問題。面對諸多亟待解決之社區問題，社區組織缺乏合作共識與資源整合不易、鄰里疏離等社區發展瓶頸的清晰客觀描述。

四、專案計畫規劃

舉辦各類社區特色展示觀摩活動。基於為地方爭取資源作為社區教育、活化社區動力之手段或工具等理念。針對社區問題需求、產業、景觀、文化、資源特色與未來發展潛能，展開專案調查與規劃，期有效連結社區組織等各類正式與非正式組織資源，共同藉專案實施過程，凝聚居民鄉土情感共識從而建立地方發展願景。

五、專業方案目標

　　為突破過去「單一社區」或「社政單位」獨力承辦活動之種種弊病與限制，運用社區工作相關理論觀點與實務模式為思考架構，視動員全社區各單位共同籌辦「社區特色活動」，作為工具、手段、方法或過程，來達成促進社區參與、凝聚社區共識、整合各類資源、建構社區組織合作模式、發掘並維護自然景觀、產業與文化特色，共同塑造社區多元目標。

六、實務運作程序

　　由專業社區工作者親自介入規劃與進行專業督導的活動方案，有別於過去由單一社區主導「為活動而活動」的社區觀摩活動，其實務運作程序、特色如下：

　　1. 專業規劃、全程輔導——專業介入、社區教育、引導變遷。
　　2. 區域社區、全鄉動員——社區重組、方案合作、整合資源。
　　3. 共同參與、集體合作——團隊學習、凝聚共識、合作互動。
　　4. 多元展示、打造願景——塑造特色、突破困境、展望未來。

七、操作績效評估

　　運用「工作檢討會」與「焦點團體法」進行方案績效評估與提出改善建議。透過不定期訪談社區領袖與實地觀察後續社區互動與地方發展狀況。

結語

　　「社區工作」（community work）從社會行動觀點，是強調建立具有「社會的、組織的、行動的與發展的社區」。其實施對象及於：除了地理的、結

構的、空間的與有形的社區外；也包括心理的、過程的、互動的與無形的社區。社會行動展現於社區，強調的是社區工作的公共化建設，認為國家的發展不僅在於國民所得的提高，同時是在於國民生活品質的提昇。將國家福利「轉化」為社區福利，其中包括「地方化」（localization）、「分權化」（decentralization）、「去機構化」（deinstitutionalization）及「以社區為基礎的服務」（communty-based service）等概念。因此，應運用公共智慧與集體智慧，推動社區發展的作為。

第十一章　社區建設與社區文化

前言

社會工作是一門應用型學科，基本含義是指：社會（政府和助人團體）以物質、精神和服務等方式對那些因外部、自身和結構性原因不能依靠自己的力量，進入正常的社會生活的個人和群體提供幫助，使他們恢復社會生活能力，以改善社會互動關係，提高社會生活品質，從而促進社會的良性運行和協調發展。目前，社區建設是專業社會工作的主要介入手法，其過程必須與社區既有的文化與環境維持著緊密的結合，透過實踐（praxis），也就是反思與行動往返辯證的歷程，助人的行動可以轉化為實際存在，經由形塑在地的文化，並且能夠省思及正向地對社區發展產生作用。

壹、社區建設的意涵

隨著社會環境的變遷，社區工作宜注入新的精神、引導新的作為。諸如，近年在社區意識提昇及社區營造成果上具有績效。根植於社區居民的期待，以社區為營造或發展單位的趨勢，勢不能緩。是以，目前社區發展現況已經朝向整合政策、資源和服務，並且，將社區發展結合經濟發展和文化產業的趨勢。社區建設成為一個可以直接由結合資源的作為，讓行動的社區，能夠有效的執行方案，提昇社區發展的概念，並且具有執行社區方案的能力。也因此，落實社區總體營造的精神，協助社區由下而上的朝向自主性的發展，並營造出屬於自己的特色，延續社區永續發展的活力，而這樣的工作目標便從社區人才的培育方案開始做起。

傳統上所謂社區是指「社區是居住於某一地理區域，具有共同關係、社會互動及服務體系的一個人群」。而隨著時代變遷與生產資料和生產工具的改變，社區的形式也在社會變遷中產生了不同的樣貌。以四個時間分期來說：

一、游牧時代主要為「地緣社區」，社區是靠地緣關係建立起來的利益共同體。俗話說：「遠親不如近鄰。」既然在一個社區之內有共同的利益，社區建設直接關係到社區家戶，地緣的共同利益決定了社區的結合。

二、農業時代主要為「血緣社區」，傳統社會以農業為主少外出，需大量人力家族或是宗族聚居，形成的血緣社區。例如：馬家莊、張家寨。

三、工業時代主要為「事緣社區（business community）」，事緣社區的興起，是源於對職業、信念乃至於宗教等的結合，基於共同利益、文化的社群；其又有兩主要類屬：利益組成的社區（community of interest）和非空間組成的社區（nunspace community）。前者如公司工會；後者如同業或產業職業工會，可為代表。而為回應工業化時代的環境問題，也產生諸如：紅十字會、世界綠色和平組織等跨國界、由共通理念而結合的公義、環保團體。

四、資訊時代則以「網路社區（virtual community）」為主。社區網路是整合應用網際網路（Internet）連線連接網路，可透過全球資訊網（WWW）、電子郵件等工具與全球連線。建立社區網站，與提供食、衣、住、行各項生活資訊服務的商店連線。社區外使用者可透過網際網路，以尋求協助。網路社區乃資訊社會中的新人際關係，這虛擬社區已超越時空，形成了 Castells 在 1992 年於 *The New Urbanism* 所提出的「流動空間」（space of flows）。其包括了三層次的內容：一是資訊科技，包括電子脈衝、電腦處理和高速傳輸的迴路；二是節點（node）與中繼站（hub），而節點乃所謂的全球城市的過程。最後，第三個層次是處於支配地位的菁英空間組織操縱了這流動空間之接合。當今的網路社群（Mud）和聊天室（chat room），就是一種流動空間的形式。

社區建設具有多方面功能，其主要有以下四種：

一、社會福利功能

社會福利功能是由社區建設的福利性特徵決定。社區建設能夠為居民提供就地、直接、及時的幫助。社區為弱勢群體提供全方位的服務，為一般居民提供便利服務，充分體現社區服務的福利功能。

二、社會整合功能

社區建設是一個對社會資源進行整合的過程。透過整合使得社會資源的分布結構更加符合社區服務的需求結構，使社會資源得到有效利用。社區建設的整合功能包括以下幾個方面：

1. 對現實資源的整合，透過社區建設服務使其配置更趨合理，利用更加充分，作用發揮更為高效。
2. 對管理資源的整合，透過社區服務可以理順社區管理體制，調整管理結構，使管理的資源作用得以充分發揮。
3 對居民參與的整合，促使人們在社區中逐步形成關心社區、熱愛社區、參與社區事業的共同志向和熱情，這些共同志向和熱情在轉化為人們參與社區服務的自覺行動中，其資源效果也同時得到了體現。

三、社會控制功能

社會控制的目的在於促使人們遵守公眾的行為規範，維護已有的社會秩序。社區建設為社區居民特別是弱勢群體提供福利性服務，有助於緩解社會不公及其引起的矛盾，有助於控制潛在的現實和非穩定因素，實現社區的穩定，進而促進整個社會的穩定。

四、精神倫理功能

社區建設的福利性體現了平等公正的價值觀念，居民接受服務的過程，也是接受教育的過程。因此，社區服務具有推動精神文明建設的功能。

社區服務所倡導的公共意識、團結意識、互助意識等，都是社會文明意識的重要內容。在計畫經濟條件下，社區參與程度比較低，隨著改革深化，透過運用各種方法為社區居民提供社會參與的機會，有助於促進社區成員之間的互動，營造和諧的社區氛圍，同時，在社區成員參與過程中，可不斷地融入追求民主、志願、奉獻、自我完善與實現的觀念，形成社區居民的自我認同與廣泛參與意識。社區建設培養了居民的參與意識，居民在參與社區政治活動的同時，必然參與社會政治活動。社區建設將有助於培養居民的民主參與意識，促進公民社會的形成。

五、社會教育功能

社區建設是如同由 Popple（1995）所提之「社區教育模式（community education model）」，這是一種「意圖藉由將教育和社區結合為更緊密與平等的關係，以改變社區工作和實務的方向」。教育的方法是對話性的，透過對話有機會去發現社區的「衍生課題」，激發民眾對於課題的覺察。探究的對象在於社區，是人們對現實所覺知的程度、是人們的社區發展觀，以啟發居民對社區事務關心、且為社區的行動作準備，以改變社區中固有迷思，導引社區改變方向。在此模式中社區工作者扮演教育者（educator）及促進者（faciliator）角色（Popple, 1995；楊瑩，1999）。社區建設也是「行為改變模式（behavioral change model）」，是對於社區發展工作的新思維，透過新知識的傳遞、公民社會理念的宣導，期待透過社區民眾集結的力量，能夠在社區中創造新的思維與工作模式。強調社區發展的成敗，可由社區居民行為改變的情形來斷定，認為只要社區居民的價值觀念或態度改變了，行為也會跟著改變。社區工作者主要任務，在於運用學習原理的教育計畫，來改變社區居民的價值觀念、態度及行為模式。在此模式下社區工作者扮演著社會變遷推動者、教育需求確認者、課程規劃者、教育提供者、激勵促進者等角色，藉由教育過程來增強居民推動社區工作的權能。

貳、社區文化的意涵

社區是指一定地域性的社會生活共同體。這種共同體是指聚集在一定的地域的社會個人、群體和組織在社會互動的基礎上，依據一定的社會文化規範結合而成的地域性社會生活共同體。既是一個地域性概念，同時也是一個社會文化的概念，是社區概念的內在含義。西方著名哲學家泰勒（Tylor）就把文化定義為「一種複雜叢結之全體。這種複雜叢結之全體包括知識、信仰、藝術、法律、道德、風俗、以及任何其他的人所獲得的才能和習慣。這裡所說的人，是指社會的每一個分子而言。」這個定義的意思是指人類所有的東西，凡想得出的，都網羅在內，正如其他社會學家對文化的定義一樣，這種定義都是把文化解釋為人類知識的總集。

社區文化是一個社區得以存在和發展的內在要素。它是人們在社區這個特定的地域性社會生活共同體中長期從事物質與精神活動的結晶。一個社區的風土人情、風俗習慣、管理方式；社區成員的心理特質、行為模式、價值觀念等無不體現著社區文化。不同特徵的社區文化是一個社區與另一個社區相區別的主要標誌之一，也是一個社區內在凝聚力和認同感的基礎。社區文化是一定地域內的社區共同體所表現出來的價值觀念、道德規範、生活方式、行為模式、地域心理等文化現象的總和。社區成員構成、歷史傳統、地理環境、經濟和政治狀況等是構成社區文化型態的基本因素。社區文化是一種區域性的社會文化，它是整個社會大文化的有機組成部分。這種地域性是指城市社區體系中的生活共同體，有著一般社會文化的共同屬性，又有著自身的區域屬性。

第一，社區文化是由社區成員共同創造的。自然生成的東西不能被稱為文化，只有當自然存在物經過人的加工、改造、創造，作為社會的物件、化為人的物件的時候，我們才稱之為文化現象。社區文化作為社會文化的一個組成部分，也必須經過社區成員的創造。

第二，社區文化是社區成員所共有。文化是人類創造物，是指人類創造的一切物質和精神的成果的總和，是人類的一種共同的財富，所以，文

化是為人類社會成員所共有。同樣,社區文化也是社區成員所共同分享的一種共同財富。

第三,社區文化是為社區成員共同傳承。社區文化是一定地域文化,一般都有較濃厚的地方特色,優秀的社區文化傳統和文化遺產是寶貴的社會文化財富。社區特有的歷史、風俗文化標記和標誌性建築等都包含著深厚的文化內涵和文化積澱,優秀的社區文化積澱是世代社區成員共同創造的精神財富,情繫社區,世代傳承。

就文化的層次而言,社區文化也可分為社區物質文化、社區行為文化和社區觀念文化三個層面。

一、社區物質文化。又稱表層的社區文化,是經由物質型態表現出來的文化,包括社區環境、發展規劃、社區管理機構和管理體系,社區文化設施、文化產業和文化網路等。

二、社區行為文化。又稱中層的社區文化,是經由社區成員的行為表現出來的文化,包括社區行為規範、社區人際關係、社區文化活動和社區日常生活等。

三、社區觀念文化。又稱深層的社區文化,是社區文化的最高層次,是透過社區成員的觀念表現出來的文化的總和。包括社區成員的追求目標、社區成員的價值觀念、價值判斷標準、價值取向、社會意識以及社區凝聚力等價值層面的文化。

社區文化作為社會文化的一個特殊的組成部分,有其自身的特點。

一、社區文化具有地域性。社區文化是在特定地域內的社會共同體所表現出來的價值觀念、道德規範、生活方式、行為模式、地域心理等文化現象的總和。由於不同社區在文化現象不僅相同,因而其文化也相應地具有不同特色。隨著社區文化的積累、傳承、創新和發展,社區文化的地域性會越來越鮮明。

二、社區文化具有群眾性。社區居民群眾是社區文化的服務物件,社區文化建設的最終目的是為了滿足人民群眾日益增長的物質和文化生活需要,是為了實現廣大人民群眾的根本利益,因此,社區文化必須以服務群

眾為宗旨。同時居民群眾是社區文化形成、發展、傳播和變遷的客觀載體。沒有居民群眾的參入，社區文化便成了「無根之本、無源之水」。

　　作為衡量社區建設水準的重要標誌，社區文化在城市發展中有著舉足輕重的作用。具有社會整合、社會規範、娛樂休閒、社會傳承、社會交往和促進社區發展等功能。

　　一、社區文化的整合功能。社區成員個體差異性決定社區內不同的生活方式、行為方式、思維方式和價值標準。作為一種社區成員所共有地社區文化，代表著社區成員不同文化特質中的共同特徵。它宣導一種代表大部分社區成員利益並為社區成員所認可的行為方式、價值標準，培養社區居民的社會責任感、正義感、同情心和奉獻精神，從而樹立其居民良好的社區公德和家庭道德，養成高尚文明的社區風尚。維持社區成員之間的團結，協調社區成員之間的利益和行為。因此，具有社會整合的功能。

　　二、社區文化的認同功能。社區認同感是社區心理的重要因素，由於「工業化」與「都市化」，使城市建設和改造的迅速發展，大量新建居民區的湧現，使我國城市的社區認同感較為薄弱。社區文化的開展各種有益於居民身心的文化活動，以居民喜聞樂見的形式吸引居民參加社區的文化生活，可以有效地從心理和文化層面增強社區居民對社區的認同感，使居民能從社區的文化的特質中，認識自己生活的社區，認同自己生活的社區，增強社區居民的社區認同感。

　　三、社區文化的參與功能。透過社區文化開展的文藝表演、休閒娛樂、文體活動等各種有益健康的文化活動，吸引人們走出封閉的自我空間，讓社區居民在較少功利色彩的社區文化活動中，交流情感、締結友誼、感悟人生，讓人們感到社區大家庭的快樂和溫暖，從而使人際關係融洽和睦。舒緩個人和家庭的心理壓力和精神壓力，增強個人、家庭和社區的適應能力，從而促進社會生活的和諧與健康發展。

　　四、社區文化的創新功能。社區文化建設的一項目標就是要挖掘和發揮社區優秀的文化傳統，保護社區的歷史文化遺產，是社區成員在共

同參與社區文化生活中傳承社區特有的文化，並經由自身的活動與創造，為社區的文化增添新的內容和成果，使社區文化在不斷創新中得到發展。

五、社區文化的社會功能。城市社會的發展離不開社區文化的發展和社會進步，社會的發展一方面要有生產力的迅速提高，要有雄厚的經濟實力，另一方面又要有豐富的精神文化。社區是城市社會的微觀結構，城市是由若干個社區聚集而成的綜合體。因此，社區文化從根本上影響城市社會文明的形成與發展。

總體而言，台灣地區從正式推展社區發展工作以來，大抵是一個以基礎工程建設為主軸，且「由上而下」的發展方式；而社區活動也多是「自利型」、「受惠型」、「消費型」和「自我成長型」之層次。近幾年來，因為人民經濟及教育水平的提昇，而產生了福利社區化的要求，也開始出現了社區發展「由下而上」的轉變，「利他型」、「互助型」和「公益型」的社區行動也逐漸獲得了響應。今天的社區建設正在不遺餘力地為群眾創造安居樂業的良好環境，在提高人民生活水準和生活品質上，發揮著服務作用，在促進經濟和社會協調發展、社區營造與發展上，發揮著推動作用。

參、社區志工的建置

「社區發展」意指一種過程，在民眾與政府一起合作努力下，致力於改善社區的經濟、社會、教育與文化環境。此一連結的過程包含民眾與政府的兩個因素，民眾自己參與並盡可能以自己的力量，去改善其生活水準；另一個是政府以技術或其他的協助以促進社區的進步。在落後或發展中國家的社區發展著重於鼓勵居民參與社區建設，提昇社區自助與互助的精神，運用社區本身的資源去提高社區生活素質。在已開發國家，社區發展被視為是鄰里或地區的自助工作，藉以培育居民的社區認同，減少疏離增加參與，以加強社區的自力更生能力（self-reliance ability）及社區整合能力（community integration ability）（韓榮姿，1998）。

　　經濟學認為，「資本」有兩種存在形式，其一是物質資本，即通常所使用的主要體現在物質資料上的那些能夠帶來剩餘價值的價值；其二是人力資本型態，即凝結在人體中的能夠使價值迅速增值的知識、體力和價值的總和。隨著知識經濟時代的到來，人力資本的重要性得到了前所未有的彰顯。人力資本是社區服務賴以存在和發展的重要條件，必須重視社區服務的人力資源問題。經過多年的發展，我國已經形成以專職人員為骨幹、兼職人員為主體、志願者為基礎的社區服務人力資源體系。總體而言，我國的社區服務人員為能滿足社區服務發展，需要下列人員：

一、專職人員

　　指以社區服務為職業的人，提供社區服務為其本職。專職人員是社區的主幹，也是社區服務的領導者、組織者和實施者。社區服務的發展在很大程度上依賴其素質的高低。隨著時代的發展，社區居民的需求不斷變化，提高專職人員的專業素養就成為需要面對的議題。社區組織可以採取「走出去，請進來」的方式，提高專職人員的專業素養。「走出去」就是有計畫地將專職人員送到社會工作專業機構進行培訓；「請進來」主要是針對社區服務中迫切需要解決的問題聘請社會工作專家到社區講學、探討解決對策，也包括積極吸引、接納社會工作專業人員到社區展開社會實踐行動。

　　社區服務專業人員是綜合性人才，這類人才必須系統學習和掌握社會工作方面的知識、方法和技能，悉心研究社區倫理、社區發展原理以及社區服務理念，一般具有社會工作專業畢業，獲有社會工作師證照的專業性人才。由於社區服務的宗旨是以人為本，凡是與人生存和發展有關的學科和專業，都是社區工作者必須掌握的知識和技能。因此，根據服務項目的不同類型配備相關專業的技術人員，透過人才引進、專業培訓等途徑，提高從業人員的專業技能和技術素質，以促使社區服務水準的提昇。

二、兼職人員

一般而言，兼職人員參與社區服務可以有效緩解社區服務人力資源不足的問題。在我國，兼職人員主要來自於與社區服務有關的單位。兼職人員具有一定的組織協調能力，且不少人本身就有豐富的社區服務經驗和良好的社區服務技巧。

三、志願工作者

又稱義工，指在沒有任何報酬的情況下為改進社會而提供服務的人。社區志願者服務泛指其利用自己的時間、技能、資源、善心，為鄰居、社區提供無償、非職業化援助的行為。社區志願者服務為志願者，尤其是青年志願者提供了社會化的有效途徑。就社會而言，社區志願服務是社會服務體系重要的資源，是社會弱勢族群的重要支柱。

(一) 社區志願服務：社區志願服務的形式主要包括：展開設點服務；救助熱線和救助網絡服務；集中組織社區便民服務活動。透過對弱勢群體展開的救助和互助服務，完善社區社會保障體系，為社區居民建立了更為完善的社會支持網絡；透過展開環境保護、文化休閒等各種公益活動，成為提供社區公共服務和生產社區公共造產的重要途徑和來源；透過居民對各種志願活動的參與和投入，增強了社區居民的歸屬感，培養了居民的公益精神和志願精神。

(二) 社區居民的互助服務：社區發展理論認為，培養社會成員的參與意識和精神，既是社區發展的手段，又是社區發展的目標之一。社區服務人力資源開發應當以全體社區居民為對象。社區居民中蘊含著龐大的社區服務資源，社區居民的互助服務應當成為社區志願服務的開發重點。一般來說，其服務形式有四種：一是雙向服務，由志願者協會為相互需要對方幫助者牽線搭橋；二是單項服務，由服務者自願為被服務者提供服務；三是協同包產服務，主要服務對象是孤老和殘障者，由社區專業人員、志工、居民或

者親朋合作，共同分擔；四是設點便民服務，由志願者協會組織在社區開設便民服務點。

現代社區服務的管理不僅僅是傳統的垂直管理，還是網絡式的互助管理，在政府、社區、居民之間形成立體的、有效的管理機制。社區建設應當爭取社會力量支持、群眾廣泛參與的推進社區建設的整體合力。社區建設的理念，是進行社區文化再造、社區文化改造、文化產業振興及生活文化活動等工作，投入相當多的經費與人力。社區工作為實踐社會理想或改善社會問題所表現出的積極行動，也是利他的行為。組織與人力是影響社區營造成功的關鍵，社區內無適當組織推動社區發展工作，或有組織但功能不彰，加上人才的不足侷限了社區長遠的發展。是以，社區工作可以藉由成立志工隊伍，以滿足服務大眾的需求。志工在利他精神的實踐，是以他人的需要為優先考量，也是在自由意志下所呈現的利他行為表現。對於社區發展將帶來正面的意義：

一、人際互動的連結：志工團隊是人的組合，在志工隊形成的過程中，人際互動的影響力更是關鍵因素之一。在參與志願服務過程中，可以擴展人際網絡，豐富個人生活，包括：人的連結、及空巢的推力。人的連結中，因為志工想認識新朋友、朋友邀請或是志工探訪病患時鼓勵病友當志工，因為人的連結使志工願意出來為病患服務；另一個原因是空巢推力，當兒女成家或至外地就業就學，家中突然只剩夫妻倆，從照顧子女的生活中解放，故重新規劃自己生活，希望藉由參與志願服務能多認識新的朋友，並擴大生活圈。

二、自我成長的滿足：當個人在真誠、關懷、接納的團體關係中，可以促進志工的成長，並激發出個人的潛力，志工的自我成長包括：心靈的寄託、知識的累積、表達的改善及時間的允許。成員能在服務的過程中，找到精神的寄托，並在訓練過程中，學習醫療知識幫助家人及朋友，並在時間允許下，找到另一片發揮的空間。志工團隊在隨著時間的推移而成長及發展，在志工成長方面，在專業知識、規劃能力及內在心理中能獲得滿足。在志工隊的成長方面，對內先踩穩腳步，再慢慢引入外來資源。

三、居民福祉的關懷：在志工隊形成的因素中，其中一項是基於對社區居民的關懷、社區權益增進及弱勢居民需求的滿足，而提供專業關懷的

協助，服務社區居民，有助於社區意識的凝聚。志工對於服務的角色應有明確的定位，對角色的認同程度愈高，志工態度也會有所增進。

四、志工團隊的重整：志工隊為了適應外界環境及內部成員的變化，重整後的內容包括：關係的改變及結構的調整。在關係改變部分所帶來的新革新有建立社區健康網絡、形成志工聯絡網及培養新幹部；結構調整部分則包括服務再設計、志工隊資源連結及外援訓練單位的抽離。根據研究發現，志工隊在重整階段，除了重新調整服務項目，以符合社區需求與人力配置，更自行連結社區及外界資源，除了讓志工參與活動規劃，也提昇志工參與成就感。

五、根留社區的整合：志工藉由社區服務，也能增進對社區認同感及歸屬感，並也更樂意接觸社區，與社區中的人們互動，對社區也產生特殊的情感。在根留社區部分，因為社區民眾支持、店家贊助、資源結合、社區文化認同及地理上的便利皆為主要的影響因素。社區居民支持志工隊的成立，也依賴志工服務，未來更希望與藝術、商店合作，結合社區特色，與志工隊做有特色的整合。除此之外，志工更希望留在社區為需要的居民服務，對社區有深刻的認同感。

綜上所述，志工角色一經確定，成員在志工團隊中便會扮演該角色應有之行為。志工作為可以歸納出三種角色，包括愛心奉獻者、時間付出者及興趣投入者。志工認為愛心、有時間及有興趣為志工基本角色，當志工將內在的角色認知確定，才會表現在外部行為。志工團隊形成存在著許多變動的因素，不僅志工個人在活動、成員與成員間也隨時在調整腳步以獲得平衡，志工隊更結合人群、運用人力資源及適應外在環境，以滿足個人、團體及社區的需求。

肆、社區文化的提昇

政府頒行的「社區發展工作綱要」第十二條的精神倫理建設，均強調社區學習的重要，進而塑造社區學習文化。社區學習文化是對於社區發展有著重要的影響，對於此議題的探討，有助於社區發展與社區學習體系的建立。

　　隨著社會的變遷，知識社會成為今日的特徵，因此，社區也必須是一個成長型的社會，蛻化為成熟型的社會，也就是說，要從物質的富裕，轉化為生活的舒坦。而另一方面，現代科技和資訊的進步，往往使得一個人離開校門，他所學的知識就立刻落伍。從社區的教育與學習著手才是台灣社區發展的活水。社區想要發展良好，必須從社區居民的教育著手，而社區教育成功的關鍵又以社區學習最為重要，Plested 和 Dale（2001）也提出社區學習就是社區發展的概念。因此，不斷的求知和學習乃是必要的。制式的學校教育和成人教育已經無法滿足這種需求，即使是退了休的人，也需要適應退休後的新生活，也需要有人來提供資訊和指導。包括醫療衛生、休閒運動、社會福利、文化藝術、創作欣賞等知識，社會不同年齡階層的人都有需要，但是都得透過正式的學習過程才能獲得完整的知識。即使像健康教育、環境教育、消費者保護，以致憲政改革、國際和兩岸關係的知識和政策等，我們也有義務讓都市和鄉村中的所有居民，有平等的機會去學習和討論，如此我們的社會體質才會強壯起來。那麼教育的理想就不得不走向人性化、多元化和開放性的方向。

　　Davies（1999）認為學習文化的發展背景是建立在具有理想（ideals）、抱負（aspirations）與實踐（practice）的福利國家價值（values of the post-war welfare state）之文化特徵（culture characterized）的教育社會（educated society）的基礎上，起初的專注點在於對教育與訓練提供者的權力運作，而後隨著經濟的發展與挑戰，專注點轉而在與經濟市場有關的個人學習。隨著經濟社會的快速發展，新科技、新環境、新觀念、新資訊、和新的生活型態，都不斷推陳出新，令人目不暇給，對於全體國民而言，每一個人都需要透過不斷的學習，才能具備新的生活價值觀，新的知識技能，以適應紛至沓來的各種新挑戰。從社區發展的困境，其關鍵在於社區居民的營造能力欠缺，什麼樣的策略才能讓社區居民獲得能力，上述的困境主因是缺乏教育與學習。社區有其獨特的歷史發展脈絡、景觀、人文及產物等，學習內涵必須與社區情境結合，方有助於社區的發展。社區學習文化型塑具有此特質，也是未來社區發展的新觀念。

　　社區居民想要獲得營造社區的知識、技能或態度，端賴居民透過學習的管道，使其能力能獲得開展。運用「終身學習」理念，鼓勵各級學校及社區團體，開辦「社區大學」、「推廣教育」或「社區讀書會」等方式，試圖從學習型個人、家庭、組織到學習型社區，全面塑造終身學習社會。以促進社區學習體系的建立，增進社區學習的機會與風氣，以塑造社區學習的文化。社區教育的目標是培養和塑造有知識、能力、以社區發展為己任的優秀公民，要達到此目標，必須在知識、行為和感情三個方面使工作對象有較大的進步。

　　一、在知識方面：掌握社區生活或共同問題的知識及資料；理解資料之間的相互關係，並能批判地分析問題；在掌握和理解資料的基礎上能夠觸類旁通；在正確分析、評估問題與政策的基礎上提出創新的建議。

　　二、在行為方面：對社區領袖而言，熟練掌握與群眾溝通的技能，善於表達對他人的關懷和愛護，能理解文件和有關資料，懂得行政及會議的技巧，擁有社會行動和基層動員的能力。對一般居民而言，應掌握公開演講、請願、談判、游說的技巧。方式是社區工作者帶領工作對象在模擬訓練、實戰、演習或實踐中邊做邊學。

　　三、在感情方面：人的價值觀具有可塑性，會隨著年齡的增長和實踐的發展不斷修正。社區工作者從各方面誘導居民，改變其對參與、社會公義、市民權益的觀感和價值取向；也可透過行為反思的方法澄清價值觀，是其在社區活動中由冷漠、消極、被動轉向熱情、積極、主動。

　　同時，國民所得水準提昇，大家的休閒時間迅速增加，學習機會和意願越來越高，也越來越多樣。因此，當我們從開發中國家，要邁入已開發國家時，教育，就不應該再只是由上而下的「教」和「育」，而必須是以「學習者」和「學習過程」為主體的設計。學習的對象也不再限於學齡學生為主，社區中每一個人一生中的不同階段，包括在職、退休、老年和婦女等，不同年齡不同階層的學習過程，都應該得到國家和社會同等的重視和資源分配。面對這些學習對象，學習的項目則應涵蓋人格發展、健康休閒、文化藝術、生活價值等內容，避免偏重知識記憶和學歷文憑。學習的場所也不限於正規學校，而應整合家庭和社區，成為一個連貫性的學習空間體系。

社區學習文化係針對一個地區、鄰里或鄉鎮，提供了超越居民所需的教育與訓練等活動，進而透過學習機會的供給、社區的情境脈絡的環繞，創造一個充滿活力、參與式、富文化性的環境，形塑一種社區學習的生活方式。其目的在於雕塑社區的學習境態，讓居民的能力得以開展，進行營造社區美好的願景。換句話說，社區學習文化是社區營造、社區發展的根，社區營造過程中，若失去了學習文化的內涵，即像是失根的浮萍，不斷漂流，缺乏社區扎根發展的本質。「終身學習體制」的建立，就是要因應這些時代性的需求。這種教育的特點為：

一、擴大教育的實施觀念：在一定區域範圍內的各級各類教育，核心是實現教育社會化與社會教育化的統一。把教育納入社會大系統，使教育與社會融合，教育功能不再是學校的特權。

二、以社區內全體成員為教育對象：社區教育著眼於提高社區內全體成員的全面素質，著眼於教育的開發與利用，尤其要建立終身教育體制，為個人完成終身教育提供條件。

三、與社區發展相結合的教育：發展社區教育的真正目的是使教育更好地為建設和發展社區服務，為提高社區成員的生活質量服務。

四、各種教育因素的集合、協調和互動：教育與社區雙向啟動，相互促進，社區教育促進社區發展，社區發展推動社區教育，實現教育與社區的結合，教育與社會的一體化。

五、立足社區特色：要根據地區特點，帶有自身特定的人文、地理和社會的特點，展開多形式、多層次、多類型的社區教育。

結語

我國社區運動的發展分為三個時期：70 年代以前為行政的社區運動時期，80 年代為社會的社區運動時期，90 年代為文化的社區運動時期，2000

年為福利的社區運動時期。國民政府遷台後，50、60 年代的政治力時期，政府採取集中一元的治理，政治表現強調由上而下，以帶動社區集體意識或社區意識的凝聚與發展；70 年代的經濟力時期，高度工業化為台灣創造許多經濟奇蹟，然造成的外部性使逐漸個別性需求萌芽；到 80 年代的社會力時期，社區運動如雨後春筍般浮現，社區民眾之社會力已然展現；90 年代發展的文化力時期，加入文化與價值元素，追求精神層次的意涵；2000 年隨著政黨輪替，展開一連串福利的社區運動。社區運動的發展是由「政治力」時期國家的控制力量逐漸減弱、「經濟力」時期對環境造成的劇烈破壞、民間自主力量「社會力」、到最後與文化及價值相結合的「文化力」階段的發展過程。行政的社區運動橫跨政治力與經濟力的時期，社會的社區運動則是社會運動的主要發展年代，文化與福利的社區運動，則是推行社區總體營造以來，所採取上下並重的文化、福利等社區建設而言。

我國正處在社會轉型期，社區作為一個區域性的小社會，傳統的價值觀念受到猛烈的衝擊，新的有約束力和感召力的價值標準又沒有完全形成，社區成員中出現了價值觀念和道德風尚的多元態勢。因此，透過社區文化建設在社區中樹立正確的價值觀念和良好的行為規範，宣導健康文明的生活方式。提高社區居民的文化修養，使社區居民正確認識人與社會、物質生活與精神生活、個人、家庭與社區等各種關係，是社區形成健康向上和相互關愛的文化氛圍。並在這種文化氛圍薰陶下，培養社區居民良好的社區責任感、正義同情心和奉獻精神，從而樹立社區居民良好的社區公德和家庭道德，養成高尚文明的社區風尚，具有十分重要的意義和深遠的影響。

第十二章　社區總體營造

前言

　　綜觀人類生活文化發展史，家庭是人們私人生活最重要的領域，而社區則是民眾公共生活中最基本的單元。文化的發展必須扎根於社區，才能開花結果；民眾也必須建立社區共同體意識，關心自己的家園，協力經營，社區才能永續發展。基於這樣的認知，自83年起正式提出「社區總體營造政策」，希望藉由凝聚社區意識，改善社區生活環境，建立社區文化特色，由點而線至面，循序完成打造新故鄉，形塑新文化的理想。

壹、社區總體營造的背景

　　「社區總體營造」是台灣近年來最具突破性的社區政策，突顯民國70年代整個台灣社會力的崛起，例如環保抗爭、城鄉環境、產業與地域再發展、勞工權益運動、民主化等等。這些挑戰逐漸暴露出國家行政機制與一些相關政策的問題，而民間社會也尚未成熟地掌握自身的智慧與能力來監督施政品質。在這樣複雜交錯的環節中，是不可能一廂情願地指望任何一方或一人來挽救這樣的局面。在重新檢視台灣發展脈絡中，過去被忽略的「社區」觀念，也就是凝聚共同體意識的問題，在社政系統所主導的社區發展計畫下已多淪為形式。為了因應新時代環境的需求，以「人」為主體的社群概念，必須成為政府政策與民間社會運動的中心。可以瞭解到社區總體營造理念活潑豐富的內涵，以及其對於台灣社會所做的深刻觀察。這

是一個全面又細緻的操作機制，讓各種資源、權力與能量都得以整合進入社區，為台灣現況的改變提出可能性。這也是社區總體營造政策在短短的時間風行草偃地擴散至社會各角落，激起各界廣泛討論，成為家園重建運動的緣起。

一、政經發展的突破

台灣經濟從原本以初級產業為主的農村社會，變遷到以製造、貿易為動力的工商社會。農村大量的勞動力移入了都市工商部門，家庭型態、人際關係也由於工作上的地理遷移而產生了變化。離開了依賴土地耕作的人們，在彼此陌生的大都市中討生活，人際關係的冷漠、對社區缺乏參與熱誠，新移居者並未建立「共同體意識」，缺乏土地認同。另一方面，原本凝聚鄉里莊頭的地方常民文化，也因為社會經濟的快速轉型而逐漸萎縮。工業化、標準化的取向，使得地方的獨特性慢慢消失，失卻社區意識的凝聚力。隨著經濟發展及政治民主，逐步朝向精神層次的提昇，對日常生活的關懷與對人性的深刻洞察，正因為對這些人群生活關係的影響力，開始思索如何才能找出符合社會發展需求的社區政策，以啟動社區再造的機制。

二、環境品質的期待

工業發展使得自然生態環境受到破壞，人口往城市集中，造成城市生活品質無法滿足民眾期待，包括：交通秩序混亂，公共安全不足，環境衛生惡化，公民意識分歧。圍繞著這些都市生活現象，是社區發展工作的挑戰，使得居民們彼此認識，並促使社區展現共同體的意識和社區總體營造運動的萌芽，民間力量開始對社區有了新認同。激起社區專業工作者扮演著熱心積極的推動角色，投入了都市政策、社區規劃設計、社會關懷等作為。從空間議題切入，直接從事社區建築環境的改善工作，爭取民眾對於自己家園環境品質的參與意識，來共同建立起大家對於環境空間的認同與感情。

三、傳統產業的衝擊

　　隨著工業化及都市化的衝擊，農村人口大量流向都市，使農村面臨了轉變的挑戰，諸如：人口的快速流失、初級產業的沒落、加入世界貿易組織後對農產品價格的衝擊。在經濟、社會、環境、土地利用、社區等諸多複雜交錯問題中，農村的危機已不再是單純地以加強農業科技提高產量、增加公共設施投資、農業補貼獎勵等方式所能解決的。單純經濟取向的發展政策，造成地方地貌、生態、特色、人口流失等發展困境，使得鄉村居住品質劣質化，形成對大都市就業機會的依賴。早先的社區工作，所關心的是如何消滅貧窮，改善民生，藉由諸如「基礎民生建設」等措施來進行鄉村生活的提昇，在成效上似乎仍有不少困境。這是典型的在現代化的政策下，所進行的補強政策。新的時代面臨不同環境的衝擊下，在許多逐漸沒落荒廢的鄉村地區，產業的振興緊扣著在地生活共同的未來，是一個艱難卻也無可逃避的課題，但採取的方針很顯然不能停留在單一功能取向的思考模式。社區的改造和社區文化的重建，並不僅在於滿足美學和精神層面的需求，同時是具有更實際的經濟目的。

四、公民意識的覺醒

　　伴隨著台灣的經濟發展，社會上也浮現了一些衍生的問題，例如人群關係重組、城鄉發展失衡、生態環境劇烈惡化等等，阻礙成為現代化的社會。加以在民主化的推波助瀾下，民間社會向著過去既有的體制與價值觀念進行挑戰，形成澎湃的民間社會採取有意識的關注與行動，包括：鄉土文學運動、環境生態保育運動、社會政治抗爭運動方面。而這其中與社區課題的關係是無可避免的，更重要的是突顯對於在地的、環境生態的、人民的真實處境中所付代價的漠視。一些社區居民開始組成集結組織，關切和參與地方的公共建設議題，期望藉著結社的群體力量，參與生活環境的再造。其中的結果改變了過去民眾單純地依賴政府單一指揮決策的認知，體認到自己在過程中的參與付出可能為社區帶來的轉變力量。在社會意識

覺醒和民間活力胎動的過程中,社會運動的脈絡,漸漸由對於國家的泛政治抗爭層面,轉向以地方社區生活品質議題的著力。

五、社區政策的調整

　　早期的社區政策曾揭示,要透過民生主義基礎建設達到「改善民眾思想與習慣,成為有組織的好公民」,民國 53 年執政的中國國民黨通過「民生主義現階段社會政策」,54 年「社區發展」成為社會福利政策一環。57 年行政院頒布「社區發展綱要」,據以將台灣規劃為 4893 個「社區」。72 年內政部修訂「社區發展工作綱要」,為「社區發展工作綱領」。由過去強調行政動員,變成為「基於社區居民之共同需要,有效運用各種資源,從事綜合建設,以提高社區居民生活品質,並由政府予以行政支援、技術指導。」社區建設往往被認為太偏重硬體,作為從事民生基礎建設為主體的對象,以落實國家的經濟發展與現代化目標。至於,民眾生活的內涵、生活品質的提昇及自主參與的陶養,反而被推擠到政策考量之末。

六、社區意識的薄弱

　　傳統的社區政策,多由地方社政單位以行政方法辦理,社區劃分幾乎與村里行政區域一致,這樣的社區組織架構,發展模式一元化。民眾對於公共事務參與的認知仍是處於被動的階段。民政系統的社區政策的認知仍集中在硬體設施的建設,既有社區政策雖是興建了社區居民活動中心、文康中心、社區運動場等設施。但是,缺乏真正民主生活的參與,以及由下而上的溝通,忽視了居民真正的需求與時代環境的變化。傳統的行政邏輯之下,「社區」往往只是行政體系發令指揮的對象,缺乏自發性的意識與能力,對於社區文化提昇與共同體意識凝聚,貢獻微乎其微,阻礙了社區意識的發展。

　　進入 80 年代,連結整個國家政治運作和經濟發展計畫的「社區發展工作」已面臨瓶頸,社區居民因為生活品質提昇的期望,著眼到包括都市計畫、生活環境、地方文化等等的建設。新的意識、新的趨勢、新的領域,

逐步崛起。社群意識開始萌芽，逐漸茁壯，枝葉繁茂，終於孕育出「社區總體營造」的提倡。

貳、社區總體營造的意涵

「社區」原指稱地緣性的群體，具備著「共同體」的意識，也包括非地緣性的社群，如職業社團、專業社群和各種市民團體。這些社群是民主社會中不可或缺的一環，當地緣或行政社區成員具備了民主政治的素養和共同體的認同之後，那些非屬於地緣政治的社群自然就會形成自治化的另一種「社區」。「共同體」的意涵強化了社群的內聚力，形成特有的組織。民國84年政府提出「社區總體營造」的政策，重點即在於社區居民的共同參與，揭示社區建設的一個新方向。社區總體營造的模式，是將之轉化為民主社會中現代公民意識和社群共同體的凝聚作用。社會多元發展的結果，則使區域要求自主發展的呼聲日益高漲。

社區總體營造的定義為：

> 社區總體營造是以社區共同體的存在和意識作為前提和目標，藉著社區居民積極參與地方公共事務，凝聚社區共識，經由社區的自主能力，配合社區總體營造理念的推動，使各地方社區建立屬於自己的文化特色。

藉此，「社區主義」逐步使各種型態的自發性社區組織，開始如雨後春筍般在台灣各處冒現，不論都市或鄉村，都有愈來愈多的人們看重自己生活所在的土地，以不同的行動方式嘗試去保護它、推廣它。社區共同體意識就是透過這些原理和關係，建立民主化的社區制度，讓社會的基礎結構得以屹立不搖。不同層次和規模的社區共同體之間，可以根據民主的法則循序形成國家體制的內部結構，這樣才有可能一方面進行民主化和自由化的政治改革，一方面又能維繫整個社會和國家的秩序和向心力。社區就是社區住民透過組織化動員的過程來參與自我發展的場域。開放社區公共領

域，最能深化社區參與，使居民本身在公共領域中分享資源及決策權，從社區實際事務中學習民主運作，進而凝聚社區意識，健全現代社會的民主基層細胞，鞏固民主最紮實的基礎。

歷經經濟富裕、政治解嚴、民主選舉等過程，台灣社會日趨多元化、分殊化與個性化。然而，生態環境破壞嚴重、人際關係疏離、公共事務乏人問津、生活環境品質惡化、地方鄉土文化特質與歷史遺產不斷消失等現象日益嚴重，引發了有識之士的關心。政府遂於民國 82 年強調「生命共同體」的重要性，面對一個人人相當肯定自我的社會，就是要建立生命共同體的整體觀念，透過溝通協調的方式，凝聚這個共同體的共識。就社區營造而言，我們可以看到它的議題通常是針對危及社區生活的種種衝擊，譬如強行設置變電所、加油站、色情入侵住宅區、保護區要變更為住宅區、都市計畫道路要拆除廟宇、在不當地點興建停車塔等等。而這些問題都主要源自於政府相關部門的規劃不當或政策失誤。各種社區運動，其行動內容各有不同，但仔細分析之後仍可以發現其間的若干共通點。首先，它們都是集體的行動（collective action），不論為社區內的特定議題抗爭或是進行地方人文歷史的調查，都不只是個人的作為，而是約集眾人的集體行動。其次，這些行動的目標都在於促成某種社會變遷。

「社區總體營造」就是讓社區居民共同經營「產業文化化、文化產業化」、「文化事務發展」、「地方文化團體與社區組織運作」、「整體文化空間及重要公共建設的整合」及其他相關的文化活動等。如此，因社區民眾的自主參與，使生活空間獲得美化、生活品質得以提昇、文化產業經濟再行復甦，原有的地景、地貌煥然一新，進而促使社區活力再現。如此全面性、整體性的規劃與參與社區經營創造的過程，稱之為「社區總體營造」。從事社區營造，首先要根據社區特色，分別從單一的不同角度切入，再帶動其他相關項目，逐漸整合成一個總體的營造計畫。這些可提供切入的項目包括各種民俗活動的開發、古蹟和建築特色的建立、街道景觀的整理、地方產業的文化包裝、特有演藝活動的提倡、地方文史人物主題展示館的建立、空間和景觀的美化、國際小型活動的舉辦等。社區總體營造的目標在於造

景、造產與造人。造景是布建一個適合人類生存、成長與學習的活動空間；造產的目標在於活化社區的經濟活動，使社區具有生存的本錢；造人的目標當然是創造出具有公民特質的社區人士。透過社區總體營造的發展，落實對於社區意識及社區倫理的重建工作。其中，地方文化建設的一項最常被忽略的功能及目標，就是在於社區共同體意識的培養，舊社區解組而新社區仍未成形，造成國家社會缺乏內聚力，而非一具體的有堅強生命力的共同體。這必須從社區發展與文化建設的角度來解決問題，並透過社區，積極整合社區的各種民間社會資源。

參、社區總體營造的措施

社區總體營造是作為一個建構台灣新文化的工具。這個新建構的文化是要建立人與人之間新的互動關係，人與環境（社區）之間的重新認識，這中間包含著以人文發展為主軸的歷史感的重塑，集體意識的重組與身分認同的再確認。所建構的途徑則是以文化活動為媒介，滲透進入民眾生活領域，以達到擾動與重構的目的，使由擾動中激發民眾的自我想像，權利認知與群我意識；使由重構過程，經由解組手段重新詮釋歷史，重新啟動民間能動（enable），以及促使台灣形成一個整體性的反思力量，並因而誘發民間自發性的改造運動。社區總體營造政策是由四大核心計畫組成，包括以硬體為主的「充實鄉鎮展演設施」、「美化地方傳統文化建築空間」、「主題展示館之設立及文物館藏之充實」以及以軟體為主的「社區文化活動計畫」。在政策目標上，硬體工作的重點是分別從地方特有傳統建築空間、文化藝術主題館、人物紀念館、產業及族群文物館、學校、廟宇、社區既有展演設施等作為切入點，一則作為結合社區組織團體和各種工作室的平台，一則作為「社區文化活動計畫」軟體內容的支援系統。在硬體設施、軟體活動與人力資源的三結合之下，以文化藝術形式來推動總體營造社區的運動。才能創意思考，發現可以建立全球時代共同生活的新方式。

社區總體營造的另外一項屬於軟體建設的核心計畫——「社區文化活動發展計畫」。在政策推動上企圖以社區藝文活動為媒介來達到以下二項目標：第一，激發社區自主意識；第二，培育社區總體營造基層活動企劃人才。以上目標的執行，其策略分別是以各種演講、座談、研討會方式來進行觀念的建立，達到凝聚社區共同體意識，重建基層社會秩序和倫理的目標；另針對大專知青、地方文史工作者、基層行政人員、社區民眾等不同對象，辦理訓練班，培育各類社區營造人才。基此，政府相繼推出「社區化」政策簡介如下：

一、社區營造化

社區總體營造的社會改造需要長期的投資與付出，在一些小小的公共議題或運動中呈現民眾的成熟智慧，為社會文化的發展奠下良性基礎。近幾年中，因為社區營造的機緣，讓許多來自不同領域背景的人士因為議題參與，成為志同道合的夥伴，也因為這些人的熱情，在不同角落的付出，使得社區營造這種原具有強烈在地性的工作蔚成全國性的運動，民間社會的其他部門也開始涉入，為這個觀念與政策的深化和擴散再推進一步。政府對於「社區總體營造」計畫，以重整在地文化、塑造地方人文及社區景觀空間特色為切入點的策略方案。帶入了社區總體營造的觀念和作法，並在其中演練一套操作的機制，讓「中央走向地方」、「由下而上」的社區精神得以獲得實踐的可能性。

二、社區福利化

由政府推動的「社會福利社區化」，是結合「社會福利體系」與「社區發展工作」，為社區中特殊福利人口群，提供就近性照顧服務之政策。人民經由社區生活的體驗，找出新的生活價值來共同經營地方事務。藉由社區，這個最小的公共事務參與單位，住民慢慢自主自覺地去關懷他們生活範圍中所發生的議題，並結合群力來改善自己的環境，讓創意、參與、永續的精神應用在對於產業、空間、教育學習等議題上，並落實在地方的、社區

的具體實踐中。那麼台灣每一個地方都可以建立嶄新的社區文化，塑造公民社會，提昇生活品質，以多重面向思考地方振興與文化產業再造，重建一個有魅力的家園。

三、社區民主化

社區總體營造包括居民共識的建立、民主程序的維持、公約的簽訂、協調整合的過程、周延的規劃設計、資金的籌措、經營管理計畫的擬定等等。因此社區總體營造是一項中長程的計畫。社區總體營造也強調總體性、整合性、系統性，依據公共化及人性化的原則，注重生活的美感與品味，高度發揮創意與個性，以營造新的人、新的社會和新的生活價值觀。總而言之，社區總體營造就是項「造人」運動，而且是一項永續經營的運動。

四、社區環保化

事實上，在社區營造的事業中，這些問題不過是一個永續的工作中經常被提及的一小部分而已，就像生活的本質一樣，社區作為一個生活共同體，它不斷在解決問題。所以，有時候我們會認為社區營造是一種不斷在面對問題和解決問題的思考邏輯。由政府所推的「生活環境總體改造計畫」，試圖組織並引導社區民眾針對生活環境問題提出解決方案，運用在地人力、物力及財力，共同營造「清潔、舒適的生活環境」。

五、社區健康化

「社區總體營造」成為地方居民和專業工作者朗朗上口的共同話題。它成功地從政府的政策轉化為民間自主的社會運動，各地默默耕耘的訊息不斷散發播放出來，讓從事社區營造的志士也在這相濡以沫的交融中，反芻與消化，試圖為台灣社會文化的徹底改造分別尋找在地的角色與使命。由衛生署所提的「社區健康營造計畫」，期望結合不同專業力量，激發民眾參與，將健康導入日常生活中，與居民共同營造健康的社區。本著「在地

老化」（aging in place）理念，推動「社區化長期照顧網絡」，使社區中失能民眾能維持自主、安全與有尊嚴的生活能力。

六、社區創新化

社區發展當然不只是實質空間的問題，但是在台灣目前居住環境不斷提昇的條件下，許多社區營造工作的介入卻是以空間規劃專業者居多，而且常是主動的協助，這些專業者不只關心實質環境的改善問題，也扮演著組織動員與資源爭取的催化角色。在此形勢下，原本分處各地的空間規劃專業者在許多真實的規劃場域中逐漸認識到社會的結構性問題，感受到社會環境變動下的社會力及實踐的可能性，因此社區設計就像一面鏡子一樣，牽引著一般市民的想像，培養參與公共事務的熱情與習慣。由運用「社區風貌營造計畫」推動的「城鄉景觀風貌改造運動」，試圖結合建築景觀專業與在地居民──「社區規劃師」，共同依社區景觀、人文與資源特色，塑造「文化、綠意、美質」新家園。

七、社區產業化

產業文化化與內發型產業提供地方產業振興的可能，例如：有一些產業博物館，其實是不需要多大的展示館，而是和一些當地的老房子，或將廢棄的空間整修，結合變成具有特色的地方性博物館，並且將產品的特色結合文化（細緻、手工、生產過程的展示安排、包裝等），提高價值；而產業的發展必須考慮地方基本條件，變成地方特色，形成內發型產業，由此出發。其實不管是學習性產業或者是文化性產業、自然性產業，強調的是將產業振興的基礎放在創造力與想像力上面，拓展產業型態有的各種可能性，開拓想像的空間。由經濟部中小企業處推動的「社區產業更新計畫」，著重地方產業特色與商店街之活化再造。並運用「發展創意型地方特色產業計畫」，鼓勵民間組織創造當地產業特色之經濟價值，來達到永續繁榮地方經濟之目的。透過「文化產業」的概念來發展地方產業，也可以稱之為「內發性的發展策略」，即以地方本身作為思考的出發點，基於地方的特

色、地方的條件、地方的人才，甚至是地方的福祉作為優先考慮來發展，也就是把過去對地方發展不見得有幫助的中央政府大型開發計畫，以在地化的發展策略取代之，把發展條件與立足點拉回地方，以地方自發的或內在的動力潛力來思考地方未來的發展方向。

八、社區建設化

「社區總體營造」的理念和政策提出之後，許多民間和地方的社區工作者也都分別自主地在推動此種故鄉重建的運動。社區居民要營造他們的社區和地方，激起潛在的熱情和期待要去改造自己生活的地方。此時需要專業知識的提供協助，並且需要更多的資源。透過政府所推動的「農村社區建設」，重視「邁向三生事業」，即強調在生產、生活與生態三者兼顧與均衡發展下，塑造「一鄉鎮一特色」，以改善鄉村社區發展工作。

九、社區一體化

所謂一體化，是「社區共同體化」的生產模式，即透過空間與產業的多樣性、連結性、整合性，形成一套結構性的生產模式。例如：透過產業的多樣性，並且衍生出提供參觀活動的其他必須設施，如食堂、民宿等，整合起來，發展成一套共同體化的生產模式。而這樣垂直分工整合的社區共同體化生產模式，必須更進一步提昇為區域性、支援性產業，即鄉鎮間、村落間互相支援並有不同分工。並且必須去除均質化的經濟發展模式，強調內需機制及區域性的發展，藉由村落與村落間的結合、支援，形成地緣性的產業。推動「部落社區產業發展計畫」，規劃統合原住民部落產業組織，加強原鄉人才培訓，輔導原住民發揮創新思考，結合傳統農產、文物、工藝、原鄉豐美生態資源與電子 e 化科技，來活化原住民部落產業、改善經濟生活。

十、社區學習化

社區為一個生活環境，因此社區學習不能脫離現實的生活與真實的社區，其內容可以針對社區居民所共同關心的公共事務議題、社區的文史或

傳統技藝、所在地區的生態環境、產業發展、社區居民或特定族群（如老人）的社會福利等等課題，分別進行調查、分析或研習；社區學習並非限於課棠的上課，透過實踐的過程來達到學習的目的可能更為有效。社區學習所追求的不僅在於個人的成長，更重要的是社區共同的成長；社區學習重視反省檢討，也期待能夠培育具獨立思考、批判能力的居民。因此社區人力的培育，不但是對一般民眾普遍意識的啟發，也必須進行專門社區工作人才的培訓，才能讓社區營造有著永續的經驗承接和生生不息的活力。

肆、社區營造的努力方向

社區總體營造的「政策目標」（policy objectives）可以概分為「總體目標」（願景）與「執行目標」二部分。「總體目標」包括四大方向：

第一，提供農村產業一個轉型的機會——打造「美感遊創性」（美學＋感性＋遊憩＋創意）的文化休閒產業。

第二，建立鄉鎮文化據點——對內是經營美好家園的發電機，是鄉土資料中心，對外是旅遊資訊中心，是地方特色的展演場所。

第三，建設人性化的社區家園——整理出豐富的自然資源、美感的景觀空間、乾淨舒適居住環境、有內涵的傳統文化、洋溢魅力的產物與民藝、幽雅精緻的藝術活動。

第四，讓這一代實現夢想——也為下一代創造更美好的居住環境與生活品質。

為因應 21 世紀社會的脈動，促進社會均衡發展，創造社區生命力，掌握民眾福利服務需求，社區工作重點方向如後：

一、加強推行社會福利的社區化，全面建立社區福利服務網絡。

二、加強輔導社區發展協會，健全社區組織，以發揮組織功能。

三、拓展地方產業，增加居民經濟收入，以改善民眾生活環境。

四、加強推動社區精神倫理建設，充實社區居民精神生活內涵。

五、運用志願服務人員參與社區建設，以發揮自助人助的精神。

六、加速社區專業人力的培訓，充實社區工作幹部的專業知能。

七、加強社區相關單位協調聯繫，分工合作，以發揮整體力量。

八、辦理社區發展工作評鑑，瞭解社區發展業務，俾據以改進。

九、鼓勵社區透過基礎調查，積極規劃整體性發展藍圖及願景。

十、建制社區核心價值，凝聚社區意識，形塑公民社會價值觀。

十一、透過社區營造資源中心的成立，強化與厚植社區組織能力。

十二、健全其會務、財務及業務，提供生活所需，增進社區品質。

　　鑑於健全之社區為台灣社會發展的力量，將以產業發展、社福醫療、社區治安、人文教育、環境景觀、環保生態等面向作為社區營造指標，同時為促進社區健全多元發展。「社區總體營造」的提出，是一個對應於創造、再生文化生活價值機制的策略。因此「社區總體營造」的機制設計，主要是在於透過社區居民的討論、組織、行動，先由外部政策的帶領刺激，引發居民對於自我權利與地方事務的關心，再漸進式地由民眾來主導社區營造的進行，使一個地方和社區重新恢復生機和活力。社區總體營造一開始，居民應該先找出社區特色，分別從單一不同角度切入，再帶動其他相關項目，逐漸整合成一個整體的營造規模。可供作為社區總體營造切入點的議題，包括生活問題的解決，社區環境景觀的改善，古蹟、建築、聚落與生活空間的保存，地方文史、人物、傳說、典故之整理呈現，民俗廟會祭典與地方生活文化的展現，社區藝文聯誼活動，社區終身學習活動，增進地方福祉的合作事業，地方特有產業之開發與文化內涵的提昇，生活商店街之營造，社區形象與識別系統之創造，地方文化旅遊品質之精進以及國際小型活動的舉辦等等。這些項目在過去曾經由不同的部門，孤立地在許多地方實施過，但由於缺乏總體的整合，不但不能產生相輔相成的效果，甚至是發生事倍功半的狀況。社區總體營造的操作理念，首先整體規劃出不同類型的計畫項目，彼此互相支援，總和相乘的效果就會浮現，這就是為什麼要叫做「總體」的緣故。這個總體的意思並不是說一下子要全面地推動進行所有項目，而是要社區居民可以開放地思考社區營造的無限可能性與靈活性。

結語

　　「社區總體營造」並不是「由上而下」或是「由下而上」的問題，就政府的角色而言，有必要以資源和制度提供地方共同體再發展的環境，將可能影響社區生活的各種面向，適當地整合在國家發展政策中，協助地方產業提昇競爭力、建立地方居民認同感，以形成新的生活脈絡和一個良好的文化環境，使地方生活成為一個有特色與魅力，以及居民感到認同與驕傲的所在。「社區總體營造」試圖從文化重建的角度切入，帶動地方社區的總體改造與發展，這個理念的提出，可以說再度給予地方工作者一種新的思想視野與行動能源，一個台灣社會所獨有的社區發展模式（徐震，1997）。

第十三章　社區參與與社區服務

前言

　　與眾所周知的醫生、律師、會計師需要執業資格一樣，社會工作者擁有專業工作方法的社工將活躍在社區、養老機構、福利機構、醫院、學校以及各類公益性民間組織中；可以預見，當職業化、專業化社工介入它的重要領域——社區，社區發展這項綜合性的社會工程面貌必將煥然一新。

　　社區工作需要專業人員的引導，更需要志工的參與。由於新管理主義思維，非營利部門的組織管理越來越強調專業化，即使志工管理也是越來越正式化，例如志工的工作職掌說明書、志工訓練、志工督導、申訴制度及志工績效考核等。促成志工備受重視，也顯現志工價值與重要性。同時，非營利部門提供更多的服務。當民眾對於服務有更高的期待時，就必須仰賴民間組織提供直接服務，這將導致非營利部門期待志工能投入更多且更持續投入服務，增加了志工的參與。專業人員與志願工作相互協調合作，志工接受更多的訓練、擴大工作範圍及承擔更多的責任，專職工作人員也須運用專業支持志工。當然，社區工作的對象、場地集中在社區，因此社區實際上是社會工作的重要領域。當職業化社工進入社區，有著專業資質的他們必將把社區活動、社區規劃、社區服務等提高新的標準。社區工作須有高素質人才以帶來高品質服務，其專業方法可以改善居民生活品質，增強社區居民對社區的認同感和凝聚力，引導居民參與社區建設。

壹、社區專業服務

在社會工作的學理上，社區工作方法是社會工作者用來協助社區組織起來，並運用集體的力量、資源去解決社區問題，滿足社區民眾的需要。無論是社區營造抑或是其他相關的社區方案，其最終的目的是促進社區的發展，以改善或提昇社區居民的生活品質。在實務運作上，社區專業工作是社會工作者用來協助社區從事社區發展與社區營造。另外，社區工作是一種實踐的作為，提供服務社區居民所需的專業智能。社區工作於體現社會工作專業，具有若干特質：

一、社區工作的信念

社區工作是以地理區域（area-based）為範圍，焦點著重於最為需要的領域（deprived locality），以期待能夠促進其永續的發展。要建構一個全面性的社區發展，需要關注的不僅是其結果，也要能夠著重過程中的能力培植。

1. 以社區為服務領域與對象；
2. 採取結構導向以分析問題；
3. 介入的層面含政策與制度；
4. 強調社區居民的集體參與；
5. 著重目標與過程相互搭配；
6. 妥善運用社區的各項資源；
7. 著重社會政策內涵的落實。

二、社區工作的功能

社區工作倡導的能力建構係欲藉由「做中學」來提昇居民的能力，這也即是一種學習的本質，更是意味著經驗的累積。學習型的社區除了社區內部的自我學習外，向比自己有經驗的社區取經或經驗交換，也是一種頗有效率的作法。

　1. 就社會福利工作：

　(1) 福利社區化是政府將社會福利輸送到基層的措施。

　(2) 福利社區化是政府對社會福利資源能夠充分運用。

　(3) 是對社會多元化的因應措施，俾以滿足民眾需求。

　2. 就社區發展：

　(1) 可以促進社區居民對社會福利工作的參與，有助於社區意識的
　　增長。

　(2) 可促進社區居民對社會福利工作的自助，有助於提昇社區自治
　　能力。

　(3) 可促進社區組織擴大，有助於取得社區內外資源統整並且有效
　　運用。

三、社區工作的內容

　　社區工作最終的理想是在於建構一個有能力且符合公平正義的社區，
這是社區工作利害關係人所應共同秉持的基本理念，對該項理念的堅持始
可能在社區方案的參與和推動中，淡化因分工所導致之隔閡或本位主義的
現象，以「支持性、諮詢性、工具性、合作性」等方案內容，以有助於實
務操作。

　1. 非正式的社區照顧服務。

　2. 機構性的社區福利活動。

　3. 整合性的社區服務網絡。

四、社區工作的特質

　　全面性社區發展的行動，首須瞭解「社區」（community）在社區發展
脈絡中的意涵，它可能蘊含著下列一種或多種可能的現象（Taylor, Barr &
West, 2000）：

　1. 地方性（location）：強調的是服務鄰里為主要場所，著重地方與地域
　　的需求。

2. 外展性（outreach）：將服務輸送到受助者的家庭或地方，而非要求到辦公室。

3. 民意性（contact with public）：專業工作者能夠與社會大眾進行直接的接觸。

4. 統合性（co-ordination）：不同的機構能夠在社區內共同工作，各組織能相互奧援。

5. 徵詢性（consultation）：要能夠廣泛徵詢社區內的組織和人民的意見。

6. 參與性（devolution）：能夠培育社區人士共同參與地方服務與管理。

7. 支援性（support）：提供財務和其他資源以支援社區內的組織。

五、社區工作的目的

全面性的社區發展是要兼具過程目標與結果目標。從過程面言，社區發展要藉助於社區充權（community empowerment）策略的運作，從結果面言，社區發展在於提昇社區生活品質（quality of community life）。

1. 增進有組織、有計畫的福利輸送，迅速而有效照顧社區的各個成員的福利。

2. 強化家庭及社區功能，運用社會福利體系力量，改善受照顧者的生活品質。

3. 整合社區內、外資源，建立社區福利服務網絡，確保福利服務落實於基層。

六、社區工作的原則

社區發展是需要成本與代價的，也需要以務實的態度和方式面對，特別是實務上的作為要承續理念與政策，而使得理念、政策與實務具備一貫性。

1. 福利需求優先化；
2. 福利規劃整體化；
3. 福利資源效率化；

4. 福利參與普及化；

5. 福利工作團隊化。

七、社區營造的目標

統整各部門對社區發展及建設的作為，導引一套具有主軸和整體性的政策，造就出一個健全的社區，建構「社區政策白皮書」以勾勒社區發展的目標與願景。

1. 推動全面性的社區改造運動，透過產業發展、社福醫療、社區治安、人文教育、環保生態、環境景觀等六大面向的全面提昇，打造一個安居樂業的「健康社區」。

2. 建立自主運作且永續經營之社區營造模式，強調貼近社區居民生活、在地人提供在地服務、創造在地就業機會、促進地方經濟發展。

3. 強化民眾主動參與公共事務之意識，建立由下而上提案機制，厚植族群互信基礎，擴大草根參與層面，營造一個「永續成長、成果共享、責任分擔」的社會環境，讓社區健康發展，台灣安定成長。

八、社區工作的行動

社區工作是實踐理想社區過程中的一部分，檢視其實質作為，將網絡的概念運用於社區工作是社區發展和營造必要的基礎，這種聯盟的成立也即是社區組織的運作，相信所有從事社區工作者皆已秉持著這種概念，或許可歸納為下列的幾項社區發展過程不可或缺的行動：

1. 社區參與：使用參與和投入的技巧，讓社區居民認知和發揮其本身應有的技術和知識，並能夠成立社區認為重要議題之相關性、永續性和可近性的組織。

2. 能力建構：訓練社區居民為達成其目標而所需的技巧，藉由「做中學」的教育和訓練。

3. 服務系統：強調社區組織間要能建立彼此相互連結的系統，包括獲得經濟上的資源以及專家的協助，以便能彼此為實現社區整體目標而相互支援和協助。

4. 網絡建構：網絡建構是結合社區不同的利益團體或組織，包括公、私部門的連結。網絡建構為當前社區發展的核心議題。

5. 資源互補：社區發展不可無資源的投入，資源也並非僅侷限於社區內的資源或物力資源；社區內的居民、組織或團體要能夠依其所需來開發和連結外部資源。

6. 相互協商：協商不僅是指社區內的協商，也是與社區發展利害關係人的協商。社區要能夠表達、鼓勵和協助服務提供者和決策者採取社區本身的社區發展方法，並能夠與社區組織共事。

7. 協同共事：社會工作要給予社區居民瞭解社區、政府部門或相關組織的運作必要的訊息，並能夠與這些組織接觸，形成社區發展的共識；此外，也要能夠協助社區的組織和其代表與服務提供者和決策者協商，並參與實際的運作。

社區發展正朝向於強調強化社區能力，以及處理公平和社會正義的一般觀點。要追求社區工作目標的實現，需要有相關策略的運作，而全面性的社區發展提供我們結合發展作為與目標的落實。

貳、社區參與原則

雷曼（R. N. Remen）於所作《自然心藥》（*Kitchen Table Wisdom*）一書，提及：「生命是個老師，人在這世界上生存只有一個目的：就是有智慧的成長，學會愛人。我們所需做的就是參與，打開我們的胸襟去接納別人。所以要完成生命的目的就在於我們怎麼主動去扮演角色。參與才會贏得生命的尊嚴。」作為一個地域性的人類生活共同體，社區的存續離不開社區服務。對於何謂社區服務。一般而言，社區參與是指在政府的倡導和扶持下，以社區為依托，發動和組織社區成員，利用和開發社區資源，

為滿足社區成員的各種需求而展開的，本質為社會福利性質的社會服務
活動。

一、社區參與的思維

　　社區參與是一項群眾性的自我服務活動，由社區居民積極參與，相互
幫助，是建立良好社區服務的基礎和條件。社區服務的對象是涵蓋社區的
全體居民。社區服務作為一項福利措施，社區居民都有享受的權利，只是
弱勢群體更加需要。因此，弱勢群體是社區服務的重點對象。社區參與的
目的在於社區的發展，社區發展的原則有五個：

　　第一，是區域發展原則，主要指從社區實際出發，根據社區的特點和
發展需要，發展具有本地特色的社區建設工作。

　　第二，是公民參與原則，指在專業的指導和幫助下，啟動和組織社區
內的各個單位和居民群眾參與社區發展工作。

　　第三，是協調發展原則，主要指社區依靠自身的力量，透過社區建設
以促進經濟、社會的協調發展。

　　第四，是自我發展原則，指社區在專業的指導下，充分利用本社區的
資源，廣泛動員社區的力量推進社區建設和發展的進程。

　　第五，是利益共建原則，是指經由協調社區內各個單位和居民群眾的
利益關係，使轄區單位和居民群眾都能受益，利益均霑。在社區發展的實
踐過程中，各個地區也提出了不同的社區發展目標。

二、社區參與的原則

　　社區參與是希望社區工作能「由下而上」，以為社區參與的崇高原理；
事實上，以「合作行動」（joined up action）或可排解「由下而上」之社區
參與能力不足的侷限，也可避免「由上而下」之科層或專業者的獨斷獨行。
社區工作利害關係人不可自外於對這些理念進行必要的省思與調整。根據
社區參與的實際情況有五項基本原則：

　　第一，是以人為本、服務居民：要有高素質的社區先要有高素質的社區工作者，為此，若社區工作者的人力素質未能有效提昇，抑或是高度流失，則社區發展將失去其利基，且對社區資源的投入也將形同浪費。投資社區不可忽略社區工作者的教育與培訓，以及相關的福利保障。政府部門期待以志工方式推動社區的營造與發展，儘管這種作為有其可取之處，但過度的期待卻是不當的，健全的社區發展不可能完全單憑志工方式為之，它需要有專職與專業者的投入。這種對社區必要的人力資源的關注，也將裨益社區的未來發展。

　　第二，是社區參與、提昇品質：強調提供社區居民的基本需求，提高居民生活品質為宗旨，把服務社區居民作為社區發展的根本出發點和歸宿。隨著社區問題的複雜性，資源運用的考量，以及追求社區生活品質的考量，這是一條必走之路，沒有社區參與即無社區營造與發展。唯台灣許多的社區地理範疇狹小，各種功能的組織難以樣樣俱全，如何淡化地理上的社區，而多些生活共同體之社區的概念，或許是克服此項侷限的出路，其實踐可藉助於社區聯盟的運作模式。充分調動社區內一切力量廣泛參與社區建設，最大限度地實現社區資源的共有、共用，營造共助、共建社區的積極作為。

　　第三，是責權統一、管理有序：社區工作的設計當然需要建構在理念的基礎上，也必須思考實務的可行性。理念的基礎在於能力、公平、正義和適宜居住的目標；實務的可行性在於徵詢意見、資源的投入以及成本效益。一套周全且整合性的社區發展方案，是解決當前社區問題的必備工具。建立健全社區組織，明確社區組織的職責和權利，改進社區的管理與服務，寓管理於服務之中，增強社區的凝聚力。

　　第四，是擴大民主、居民自治。一個富有社區、關懷社區、環保社區、安全社區、宜人社區和永續社區是社區發展的目標，這種理想社區的建構，在台灣已有各個不同的管道和行政系統致力於各種社區目標的實踐，甚至也關注到健康社區的營造。然而，各自系統實踐其所追求的各自目標，在欠缺統整的狀態下，到底是整體社區生活品質提昇了，抑或是少數積極參

與者生活水準提昇了，這是當前各項社區工作所應省思的。是以堅持按地域性、認同感等社區構成要素科學合理地劃分社區；在社區逐步實現社區居民自我管理、自我教育、自我服務、自我監督。

第五，是因地制宜、循序漸進。社區發展以提昇社區居民的能力為要務，但負責社區政策決策和行政的官員們，或因異動，或因科層思維，而難於永續推動社區營造與發展的工作。政府部門社區事務的規劃者與參與者，除了要注意到要培訓自己，也應培訓社區工作者與社區居民。堅持實事求是，一切從實際出發，突出地方特色，從居民群眾迫切要求解決和熱切關注的問題入手，有計畫、有步驟地實現社區建設的發展目標。

三、社區參與的實踐

在社區參與中如何實現「以人為本，以社區為要」的原則，是社區發展的關鍵所在。在社區參與中，就是要把滿足社區居民的合理需求作為工作目標，社區居民需要的既包括物質方面的，也包括精神方面的。既強調以人為本的原則，則要瞭解社區居民的需求所在，要真心實意地為社區服務、促進社會的全面發展為導向，開展工作。藉由績效管理導引社區的發展，以及提昇社區生活品質，必須成為社區工作脈絡中重要的機制，此項機制中要能導引各種社區方案朝向整合的模式運作，特別是各自為政中的社區營造與社區發展。

1. 社區精神、特色及公共意識的營造。
2. 社區文化保存、維護及推廣的辦理。
3. 社區居民終身學習活動推廣與辦理。
4. 社區的健康照護與社會福利的保障。
5. 社區土地、空間、景觀環境的營造。
6. 社區生產、生態及生活環境的保護。
7. 社區產業的發展及經濟作為的振興。
8. 社區資源能夠有效開發及環保利用。
9. 社區生活安全、治安及防救的確保。

10. 其他社區營造與發展的推動與作為。

　現今社會，無論人們如何更換工作崗位，但居住的社區卻是相對穩定的。因此，社區工作在人們生活中的地位和作用越來越突出。社區發展就是要依靠社區力量，利用社區資源，強化社區功能，解決社區問題，促進社區政治、經濟、文化、環境的協調和健康發展，不斷提高社區成員生活水準和生活素質。社區參與必須以社區發展為依憑，只有這樣，才能不斷發揮社區營造精神，提高社區建設的目標，實現社區的全面發展。

參、社區服務功能

　社區服務的目的在於滿足社區居民的物質、文化需要，增強居民的社區意識，進而創造良好的社會環境。因此，社區服務注重社會效益，但也不排斥有償提供社區服務的可能。不過即使有償，也應當遵循便民微利的原則。社區服務需要政府的倡導和扶持，政府應當在社區服務的啟動、組織、協調等方面發揮重要作用。政府不直接參與具體的社區服務活動，宜在社區服務上發揮宏觀指導作用，透過制定相關政策推動社區服務，把握社區服務的發展方向，為社區服務的發展建立良好的社會環境。社區服務具有多方面的功能，一般而言，社區服務主要有社會福利功能、社會整合功能、社會公義功能和精神倫理功能。

一、社會福利功能

　在社會變遷及經濟發展的新形勢下，社區出現許多新的變化。一是人口高齡化日益突出，其所引發的一系列社會問題，使得原有的社會保障制度捉襟見肘，發展和加強社區服務成為一種良好的解決方案。二是家庭小型化。計畫生育政策的實施到核心家庭不斷增多，傳統家庭功能退化，家務勞動社會化成為一種不可阻擋的趨勢。居民要求社區為其提供托兒所及家政服務。三是失業人口增多。市場經濟在知識社會的衝擊下，總體上提高人們的生活水準的同時，也造成了職業轉換的頻率增加，失業人員需要

社區為其提供必要的生活保障以及再就業服務。社會福利功能是由社區服務的福利性特徵決定的。社區服務能夠為居民提供就地、直接、及時的幫助。社區為老年人、殘障人、青少年、貧困者、失業工人等弱勢群體提供全方位的服務，為一般居民提供便利服務，充分體現社區服務的福利功能。

二、社會整合功能

社區服務是一個對社會資源進行整合的過程。透過整合使得社會資源的分布結構更加符合社區服務的需求結構，使社會資源得到有效利用。社區服務的整合功能包括以下三個方面：第一，是對現實資源的整合。現實資源包括存在於社會中的人力資源、財產資源或者公益資源，經由社區服務使它們的配置更趨合理，利用更加充分，作用發揮更為高效。第二，是對管理資源的整合。管理雖然不是一種現實性資源，卻是一種特殊的資源，一種對工作的發展必不可少並且能間接產生重要影響的因素。經由社區服務可以理順社區管理體制，調整管理結構，使管理的資源作用得以充分發揮。第三，是對人際關係的整合。社區服務在培育人際整合方面具有其獨特的作用，它使人們在社區氛圍中逐步形成關心社區、熱愛社區、參與社區事業的共同志向，而這些共同志向在轉化為人們參與社區服務的自覺行動中，其效果也同時得到了體現。

三、社會公義功能

社區服務為社區居民特別是弱勢群體提供福利性服務，有助於緩解社會不公及其引起的矛盾，有助於控制潛在的和現實的非穩定因素，實現社區的穩定，進而促進整個社會的穩定。社區服務的基本內容就是為弱勢群體提供服務。藉助社區服務，弱勢群體可以分享社會發展的成果，獲得最基本的社會公平。市場經濟注重效率，社區服務兼顧公平，維護人們的基本社會經濟文化權利。只有如此，社會才能穩定，才能健康發展。

四、精神倫理功能

社區服務的福利性體現了平等公正的價值觀念，居民接受服務的過程，也是接受教育的過程。因此，社區服務具有推動精神倫理建設的功能。第一，是社區服務培育居民的倫理意識。社區服務所宣導的公共意識、團結意識、互助意識等，都是社會文明意識的重要內容。因此，社區理所當然成了建設、培育社會倫理意識的重要單元，而社區服務則成了建設、培育社會精神意識的具體手段。第二，是社區服務培養居民的社區參與意識。運用各種方法為社區居民提供社會參與的機會，有助於促進社區成員之間的互動，營造和諧的社區氛圍，同時，在社區成員參與活動過程中，又可以不斷地融入社會追求民主、志願、奉獻、自我實現的觀念，形成社區居民的自我認同與廣泛參與意識。第三，是社區服務培養居民的民主意識。社區服務培養了居民的參與意識，居民在參與社區政治活動的同時，必然參與社會服務活動，有助於培養居民的民主參與意識，促進公民社會的形成。

社區服務的實踐可以藉由 Marylin Tayor、Alan Barr 與 Alison West（2000）在其《社區發展路標》（*Signposts of Community Development*）所提的觀點為標竿，其中包括強調「社區服務的過程面」，及「社區服務的成果面」。

一、「社區服務的過程面」：著重的是「社區充權」，經由社區參與及社區服務的方式，促使社區成員融入社區，這使得一個可經由連結組織或團體以創造全面性社區發展的機會。

1. 一個強調學習的社區，以提昇社區成員的素養。
2. 一個追求公義的社區，以展現社區的正義行動。
3. 一個活躍行動的社區：以組織社區的發展力量。
4. 一個有影響力的社區：以激勵參與和投入作為。

二、「社區服務的成果面」：著重的是「生活品質」，社區服務著重於鼓勵社區居民參與和投入社區事務，並藉由做中學（learning by doing）來提昇個人能力，且在行動中激發社區的活力。

1. 一個經濟共富的社區：以發展地方經濟。

2. 一個關懷互助的社區：以提昇服務品質。

3. 一個綠色環保的社區：以增進環境發展。

4. 一個安全保障的社區：以確保居民安全。

5. 一個適宜居住的社區：以提高生活品質。

6. 一個永續發展的社區：以長期穩健經營。

兩大面向的十大要素作為全面性社區發展之參酌，體現「社區參與及社區服務」是一種社區充權作為，也即是社區營造的落實，其目的在於提昇社區的能力，是一種能力的展現。

肆、社區服務作為

在快速的工商業化及政治民主化過程中，台灣地區的變化也相當快速與劇烈，社區現象也更為複雜多端。公共服務的社區化已是一種國際趨勢，舉凡社會照顧、醫療衛生、環境保護、治安及教育等無不強調以社區為基礎（community-based）的服務。是以，社區工作的內涵與推動策略為：

一、產業發展

輔導社區組織活化工作，並於社區組織成立社區營造推動小組，建置協調整合平台，依據社區特色，規劃中長程發展藍圖，總體呈現社區營造成果。

1. 推動產業轉型升級：透過社區小企業輔導及商店街區再造，活化地方型經濟產業，並推動地方產業文化化，進行特產研發，促使農村產業轉型升級。

2. 促進環境保育推展：透過有機農業的產銷經營輔導，推廣綠色生產與綠色消費觀念，增進健康社區發展基礎。

3. 發展產業策略聯盟：輔導地方政府規劃休閒農業區，發展休閒農業，並協助鄉鎮進行總體規劃，形成帶狀或區域結盟發展。

4. 促進在地就業機會：透過地方產業發展，創造在地化多元就業機會，提高就業及創業人口。

二、社福醫療

檢視社會當前的社區方案，不容否認的，某種程度上較忽略社區中的弱勢族群。是以，福利社區強調是對於一般社區居民和弱勢居民為服務對象，能受到社區營造方案的關注，其方案著重的是對公平正義的訴求，運用社區照顧的施行，達成福利社區化的目標。

1. 發展社區照護服務：建立社區照顧關懷據點，使得生活照顧及長期照護服務等工作可以就近社區化。
2. 強化社區兒童照顧：除由國民小學辦理兒童課後照顧服務外，亦鼓勵社區媽媽協力合作，提供社區內的托育照顧服務及兒童課後輔導，營造溫馨成長環境。
3. 落實社區健康營造：推動健康生活社區化，增進國民運動健身觀念，並激發民眾對健康的關心與認知，自發性參與或結合衛生醫療專業性團體，藉由社區互助方式，共同營造健康社區。

三、社區治安

社區既為個人生活、學習、成長的重要領域，因此首重生活機能的安全與安康環境的建置。

1. 建立社區安全維護體系：鼓勵社區繪製安全檢測地圖，找出治安死角，並透過社區安全會議之討論，尋求解決方案，例如加裝路燈或監視器、加強守望相助巡守工作等等。
2. 落實社區防災系統：辦理社區防災之宣導工作，輔導社區建立防災觀念，並組織民間救援隊，培養災害緊急應變能力。
3. 建立家暴防範系統：進行家暴防範之觀念宣導，並輔導建立社區通報機制，鼓勵發展成為「無暴力社區」。

四、人文教育

社區於人文素養的提昇，有賴建置學習型社區的方向，營造出「人文社區」之推動，即是一種學習型社區的實踐。唯如何促發社區自動學習的意願，而非必須依賴政府補助才願意參與學習，將是邁向此規劃的一個重要關鍵。

1. 培養凝聚社區意識：開發利用社區人力資源，加強社區營造人才培育工作，另透過社區藝文活動之辦理，凝聚居民情感及共識，奠定社區發展之基礎。

2. 強化社區組織運作：社區是地方民眾共同生活的地方，生於斯，長於斯，休戚與共，榮辱與共，是生命共同體。社區教育即在倡導這種社區意識、社區精神，希望藉著社區理念的推廣與發揚，增進國人社區生活內涵的充實與提昇、社區文化知識水準的廣被與綿延，以促進「個人－家庭－社區－國家－世界」的和諧與安康。

3. 落實社區終身學習：當前的社會變遷快速，個人擁有的知能必須不斷更新充實；社會應提供多元的學習機會，做到「處處是教室，時時可學習」的境界。各級學校除正規教育外，應加強辦理成人教育、推廣教育；校外的公民營機構、私人產業也應該發揮教育功能，安排相關教育活動，使我們的社會成為學習社會，每個人都能終身學習。鼓勵社區建立終身學習體系，發展社區多元族群文化，並透過偏遠社區電腦及網路體系之建置，縮短城鄉數位落差。

4. 促進社區青少年發展：鼓勵青少年參與社區志工服務，活絡社區青少年組織，培養社區營造生力軍。

五、環境景觀

環境景觀的規劃須賴包含政府、專家、社區人士和關心社區發展的有識之士，共同體察社區發展的脈絡及其根源，並試圖努力建置其發展方向，其涉及社區營造的過程、策略和作法，本意是要促進社區發展。

1. 社區風貌營造：鼓勵社區開發利用地方文化資產與文化環境，透過居民參與模式，自力營造景觀特色及環境美化等工作，打造都市及農漁村之新風貌。
2. 社區設施及空間活化：鼓勵社區閒置空間活化再利用，結合地方特色產業及傳統節慶活動，作為地方文化設施。

六、環保生態

隨著環境保育觀念的提倡，若能自生活的社區做起，集結社區居民共同努力，將可以塑造優質的生活環境。

1. 推動清淨家園工作：鼓勵社區成立環保志工隊，進行環境整理及綠美化工作，推動發展「綠色社區」。
2. 加強自然生態保育：推動社區生態教育工作，宣導生物多樣性理念，並鼓勵發展社區產業及生態社區，建立社區與生態之夥伴關係。
3. 推動社區垃圾分類：宣導社區資源回收再利用觀念，教育居民進行零廢棄及全分類等基礎工作。
4. 強化社區污染防治：加強社區空氣及河川等污染防治工作，輔導成立河川污染防治志工巡守隊，使生活污水減廢及活化。

綜上，隨諸現代社會的發展趨勢，不論是「社區的照顧」（care of community）、「在社區內照顧」（care in the community）或「由社區來照顧」（care by the community）；社區服務作為最大的特色是福利輸送供給結構的轉型。這種福利服務輸送供給結構的轉型受到私有化（privatisation）與福利多元主義（welfare pluralism）的影響，我國的社區照顧與福利社區化也受到這股趨勢的影響，強調結合民間力量提供社會照顧（social care），使我國的社會照顧供給也逐漸由「補助文化」（grant culture）邁向「契約文化」（contract culture）（張英陣，2007）。契約文化對社區服務產生了巨大的變化，從過去的「補助關係」（grant aid）變成「契約關係」；促成了非營利部門的崛起，其運作強調的是一種「企業管理模式」（corporate style of governance）（Wilson, 2001）。在一個需求不斷提昇但資源卻相對缺乏的環

境，對效率與效能的考量是不可或缺的，這使社區服務朝向「社區責信」
（community accountability）的展現。

結語

社區服務是伴隨著經濟發展和社會進步而產生，為了滿足在工業化生
產、都市化的社會形勢中激發出來的各種需求。18 世紀中，英國工業革命
後，社區服務作為一種解決貧民階層的貧困問題的社會福利形式而出現。
20 世紀 30 年代後，美國也出現了以社區為層面解決弱勢群體需求的社區服
務的組織和機構。進入 20 世紀 80 年代，隨著經濟和社會轉型，許多國家
的社會福利制度也發生了重大變化，職場福利逐漸為社會福利所取代，社
區服務應運而生。

「社區發展」是一種強調鄉土情懷與在地認同的思考概念和實質做
法，社區發展是需要以務實的態度和方式面對，特別是實務上的作為要承
續理念與政策，而使得理念、政策與實務具備一貫性。為促進社區的發展，
「參與」是公民的責任，凡是跟社區公眾有關的議題，社區民眾共同投入，
挺身而出說出心聲、貢獻時間和關注，社區發展自能擬聚智慧及力量。社
區參與的理念是經由自發而有意識的服務，可使個人在急速變遷的社會
中，不僅具備適應環境的能力，且能充分發展潛能和促成自我實現。

第十四章　社區團體的成立

前言

　　社區工作所代表的是一個「敦親睦鄰」、「愛惜自己生活的地方」的觀念；是一種參與和互助的精神；是一種結合自身周邊資源，滿足共同需求或改造自己生活環境的過程。社區居民是社區發展的主體。在日常生活中，社區居民通常結成一定的組織參與社區活動。因此，社區團體就成為支撐社區發展的重要的組織形式。作為社會團體的一種類型，社區團體具有社會團體的主要特點。同時從社會工作的角度看，社區組織又是社區社會工作的重要方法。社區作為一個人類活動的場域，如果能夠發揮「就近照顧」的精神，對問題的解決會有所助益。尤其，社會福利社區化、社區照顧、就地老化等觀念，已成為台灣社會福利措施推動的重要做法時，社會工作者更責無旁貸要思考在社區層次的解決策略。這樣的社區工作應該是朝向結合社區居民組成特定的團體，達成社區工作的目標。

壹、社區團體的建立

　　社區團體是社會組織在社區中的表現形式，具有社會組織的普遍特徵。分析社區團體，先必須探討團體和社會組織的概念和內涵。團體執行一定的社會職能、完成特定的社會目標、按照一定的形式組織起來的、相對獨立的社會群體。社區團體是社會發展到一定階段的產物，是人們為了達到特定的目標而有意識建立起來的共同生活群體，是次級群體的表現形式。因為，一個人可以做一個人的事，但是二個人可以做三個人的事，一

群人可以做的事當然也就更多了。成立組織或團體的過程常是很自然的，幾個人在一起關心或做一件事，自然會聚在一起討論分享，慢慢地成為一個小組，而在共同做事的過程中，為了自我認同、為了結合資源，就會需要為小組取個名字，如：環保媽媽、送餐服務隊、長青健走隊……等等，一個團體於焉誕生。團體是指人們聚集在一起為一個目標共同努力與交流的組織，一般來說是三人以上。具有相同的規範、價值與期待的一群人，彼此經常性的、有意識地互動，涉及到：歸屬感、主觀認同與規範的期待，包括定期互動、具有共同規模、目標、價值和團體認同感。在團體情境中，透過成員的互動來發揮影響力，以引導團體方向，並聚合群力激發士氣，使其同心協力齊赴團體目標的歷程。社會團體的特徵為：

1. 組織——任何團體都是由人所組成，其人數雖無一定界限，但至少須有兩人。

2. 互動——互動是指人際的交感作用，這不僅是團體的識別特徵，並且是團體之所以成為團體的基本因素，有互相聯繫就有團體，否則團體就不存在。

3. 目的——任何一個人類團體都是自成一實體，有別於其他的，也具有特殊表現。人類的結合多少是有目的例如男女結合而成立家庭，其主要目的是經濟合作與養育子女。

4. 持續——人類因為有文化的緣故，團體生活將可以繼續下去。

5. 複雜——人類的團體範圍愈大，其組織也愈複雜，在一個大團體內可以有各種不同的小組織，其成員人格模型差異更複雜。

6. 分工——人類團體生活的分工現象相當嚴密，不但是最普遍，而且是最顯著、最重要的一種。

7. 互賴——沒有一個社會團體可以說是能夠完全獨立生存的，團體生活範圍愈擴愈大，交通愈發展，人的關係愈複雜，團體的互賴也愈大。

8. 變異——在空間的分布範圍有大有小，在時間上的存在也有久暫，結合的成員有多有少，其活動種類和程度也有差異。這些差異因時間作出改變，這就是變異性。

　　社區團體多是公益團體，公益團體的涵義相當廣泛，可能包括了社福機構、人民團體、各類型的基金會等。與公益團體相近的用詞還有公益慈善（Philanthropy）、非營利組織（Nonprofit Organization，簡稱 NPO）、非政府組織（Non-Government Organization，簡稱 NGO）、或第三部門（Third Sector）、民間部門、公民社會（Civil Society）等。所謂的「第三部門」，是有別於政府部門、企業部門之外的民間部門，此三者鼎足而立且能良性互動，仍能形成國家社會的整體發展。第三部門常處理政府沒有能力做，或企業沒有興趣做的事務，所扮演的角色功能除能緩和社會問題外，更能促成社會的和諧，平衡社會的發展。第三部門通常即是指非營利組織，「非營利」的基本精神是強調其最終盈餘的處理，是不能落入個人口袋的，也沒有所謂的股東分紅。非營利組織仍可有營收，例如經營餐廳、洗車中心、賣卡片……等等，也可對其提供的專業服務酌收費用，但在年底結報時，若有產生盈餘，這些經費將被運用來提供後續服務，或提供更多的、更好的服務，而不是分配給個人。在當代社會中，公民社會是指由自由的公民和社會組織機構自願組成的社群，該社群是圍繞共同利益、目標和價值的，非強制的行動團體。公民社會是由自發的公民和社會性的組織和事業機構組成的總體，形成一個能發揮作用的社會基礎，作為服務有實質力量支持的實體結構。

　　理論上，其制度機構與政府、家庭和市場不同，但實際上，政府、公民社會、家庭和市場之間的界限是複雜、模糊，並且可商榷的。公民社會一般包括不同的場所、人物和組織機構，以及多種程度的正規性、自治性和權力結構，公民社會通常運作於慈善機構、非政府組織、社區組織、婦女組織、宗教團體、專業協會等之中。哈佛大學政治學教授 Robert Putnam 認為，即使是非政治性團體的公民社會對於民主制度而言亦至關重要。因為他們建立了社會資本、信任和共同價值觀，從而轉化出政治氣氛，使社會結合為一體，促進社會中的相互瞭解和關聯，提昇共同利益。公民社會不僅是實踐個人權利與義務之場域，亦為一種公共空間（Public Sphere），在此空間內人民可以透過對話的方式，參與複

雜的政治（公共）活動，並在政府的治理過程當中，擔任參與者、監督者的角色。

社區工作的推動方式，可區分為下列四種團體類型：

一、積極型團體

政府積極介入輔導，而社區充權力量也很大，彼此相互配合，相輔相成，這種情況往往能使社區充滿活力。

二、依賴型團體

政府積極介入輔導，但是社區力量薄弱，一旦政府力量撤走，社區工作馬上停頓。

三、消極型團體

政府不積極輔導，社區民眾意態闌珊，可有可無，社區虛有其名，未實際運作。

四、自主型團體

政府並未積極輔導，但社區民眾居於本身需求或社區意識，卻積極推動社區事務，有時是與政府立場相反，但其社區活力，令人刮目相看。

在民主社會裡，社區居民是被鼓勵集會結社的，既可透過關心眾人之事，體會民主的精神，又可學習分工與互助的過程，並增進社區意識和生活的樂趣。屬於同一個團體會讓人較易產生歸屬認同感，一群人在一起，可以互相支持彼此分享，又可以截長補短，有助於事情的推動與情感的維繫。至於團體要不要正式立案登記，成為被官方正式認可的組織，則視團體的成員意願與需要而定了。在社區做事，的確不一定要成立正式的組織。一般會想或需要成立正式組織，或者是來自於法令的規範要求，如公寓大廈管理條例所規定的管理委員會；或者是為了吸引更多的人參與、結

合更多的資源，而需要正式的立案程序，以取得公信和獲得各方面的經費贊助。

貳、社區團體的規範

　　社區團體是指某一社區範圍建立起來的，有目的、有計畫地滿足居民一定需要的各類組織，不同的社區團體透過各種關係相互聯結成一個完整的社區組織系統。在不同性質的社區，社區團體的類型也大不相同。社區團體對社區發展意義重大，從社區居民的角度看，社區團體為其提供了很好的社會化機會以及參與社區活動的場所，開闢了更多與社區外進行訊息交流的管道。社區居民以及居民參與是社區發展的重要因素，社區居民只有組織起來，才能將分散的意見統一起來，更加有效地參與到社區決策的過程中來。從社會工作的角度看，社區團體可以預防和解決某一社區問題為重點，透過展開社區服務，幫助居民解決現實生活中存在的實際問題，提高其生活素養。社區團體的建置多以「社區發展協會」為核心，自從「社區總體營造」的觀念提出以來，各地的「文史工作室」亦頗有成長；社區團體除此之外，任何以社區居民為服務對象、或參與推動社區事務的團體，都是社區的相關團體。此處，以「社區發展協會」為例介紹社區團體成立的過程。

一、依據

　　「社區發展工作綱要」是由內政部於民國 80 年 5 月 1 日台內社字第915261 號發布，並於 88 年 12 月 14 日台內中社字第 881445 號修正。內容計有 24 條。

二、宗旨

　　為促進社區發展，增進居民福利，建設安和融洽、團結互助之現代化社會，社區發展之組織與活動，除法律另有規定外，依社區發展工作綱要之規定辦理。

三、社區界定

社區係指經鄉（鎮、市、區）社區發展主管機關劃定，供為依法設立社區發展協會，推動社區發展工作之組織與活動區域。社區居民係指設戶籍並居住本社區之居民。鄉（鎮、市、區）主管機關為推展社區發展業務，得視實際需要，於該鄉（鎮、市、區）內劃定數個社區區域。社區之劃定，以歷史關係、文化背景、地緣形勢、人口分布、生態特性、資源狀況、住宅型態、農、漁、工、礦、商業之發展及居民之意向、興趣及共同需求等因素為依據。

四、目的

社區成立團體係社區居民基於共同需要，循自動與互助精神，加強與警政、民政、工務、國宅、教育、農業、衛生及環境保護等相關單位協調聯繫、分工合作及相互配合支援，並有效運用各種資源，從事綜合建設，以改進社區居民生活品質。

五、主管機關

在中央為內政部；在直轄市為直轄市政府；在縣（市）為縣（市）政府；在鄉（鎮、市、區）為鄉（鎮、市、區）公所。主管機關辦理社區發展業務單位，應以使社區發展業務順利有效執行。各級主管機關為協調、研究、審議、諮詢及推動社區發展業務，得邀請學者、專家、有關單位及民間團體代表、社區居民組設社區發展促進委員會；其設置要點由各級主管機關分別定之。

六、團體設置

鄉（鎮、市、區）主管機關應輔導社區居民依法設立社區發展協會，依章程推動社區發展工作；社區發展協會章程範本由中央主管機關定之。社區發展工作之推動，應循調查、研究、諮詢、協調、計畫、

推行及評估等方式辦理。主管機關對於團體設置工作應遴派專業人員指導。

七、社區協會

社區發展協會設會員（會員代表）大會、理事會及監事會。另為推動社區發展工作需要，得聘請顧問，並得設各種內部作業組織。

八、會員大會

會員（會員代表）大會為社區發展協會最高權力機構，由左列會員（會員代表）組成：1.個人會員：由社區居民自動申請加入。2.團體會員：由社區內各機關、機構、學校及團體申請加入。團體會員依章程推派會員代表一至五人。社區外贊助本社區發展協會之其他團體或個人，得申請加入為贊助會員。贊助會員無表決權、選舉權、被選舉權及罷免權。

九、理監事會

理事會、監事會由會員（會員代表）於會員（會員代表）大會中選舉理事、監事分別組成之。社區發展協會置總幹事一人，並得聘用社會工作員及其他工作人員若干人，推動社區各項業務。

十、發展重點

社區發展協會應針對社區特性、居民需要，配合政府社區發展指定工作項目、政府年度推薦項目、社區自創項目，訂定社區發展計畫、編訂經費預算，積極推動。社區發展指定工作項目如左：

（一）公共設施建設：新（修）建社區活動中心，社區環境衛生及垃圾之改善與處理，社區道路、水溝之維修，停車設施之整理與添設，社區綠化、美化與植栽，其他。

（二）生產福利建設：社區生產建設基金之設置，社會福利之推動，社區托兒所之設置，其他。

　　（三）精神倫理建設：加強改善社會風氣重要措施及國民禮儀範例之倡導與推行，鄉土文化、民俗技藝之維護與發揚，社區交通秩序之建立，社區公約之制訂，社區守望相助之推動，社區藝文康樂團隊之設立，社區長壽俱樂部之設置，社區媽媽教室之設置，社區志願服務團隊之成立，社區圖書室之設置，社區全民運動之提倡，其他。

　　政府年度推薦項目由推薦之政府機關函知，社區自創項目應配合政府年度發展社區工作計畫。

十一、社區資源

　　社區發展協會應與轄區內有關之機關、機構、學校、團體及村里辦公處加強協調、聯繫，以爭取其支援社區發展工作並維護成果。社區發展計畫，由社區發展協會分別配合主管機關有關規定辦理，各相關單位應予輔導支援，並解決其困難。

十二、經費籌措

　　社區發展協會辦理各項福利服務活動，得經理事會通過後酌收費用。社區發展協會為辦理社區發展業務，得設置基金，其設置規定，由直轄市、縣（市）主管機關定之。社區發展協會之經費來源為：

1. 會費收入。
2. 社區生產收益。
3. 政府機關之補助。
4. 捐助收入。
5. 社區辦理福利服務活動之收入。
6. 基金及其孳息。
7. 其他收入。

　　各級政府應按年編列社區發展預算，補助社區發展協會推展業務，並得動用社會福利基金。

十三、績效考核

各級主管機關對社區發展工作，應會同相關單位辦理評鑑、考核、觀摩，對社區發展工作有關人員應辦訓練或講習。

社區發展協會是依內政部所頒布的「社區發展工作綱要」成立的社區組織，是以區、里為單位，主管單位在中央為內政部社會司；省（市）為省（市）政府社會處（局）；縣（市）為社會科（局）；鄉（鎮、市、區）公所為民政課。不論是否登記為法人，若要成立以區、里為單位之「社區發展協會」，則是要向縣市政府（或區公所）申請辦理，但若是要「登記法人」，則再到法院公證後，可正式取得法人資格。以下，將就社區發展協會成立之步驟列出：

【步驟一】向縣、市政府或區公所查詢，請先向各縣市政府或區公所詢問，所想要成立的社區發展協會所在的區域，是否已經有人申請成立社區發展協會。社區發展協會的區域範圍由各區公所劃定，所劃定的區域範圍內只能成立一個社區發展協會，因此在成立之前須先至當地區公所查詢。

【步驟二】成立社區發展協會只要擬定名稱、目的、宗旨，並有30人以上發起，就可以向各縣市政府登記，經過籌備會議、召開大會後即可正式成立。但是要注意，目前規定每一個特定範圍內只能有一個社區發展協會，這個範圍是由區公所或鄉鎮公所劃定。

【步驟三】向區公所拿表格填寫申請書，取得主管機關許可設立的文書。另外，請準備章程草案、發起人名冊、財產目錄等一式四份，注意發起人必須年滿20歲，且設籍在組織區域內。

【步驟四】召開發起人暨第一次籌備會議，原則上籌備會議至少須召開二次，分別要完成下列工作：發起人暨第一次籌備會議──審查章程草案，由籌備會議審查過後提大會通過。決定會員入會申請手續、申請書格式，並公開徵求會員。籌備期間所需經費之收繳籌墊案。第二次籌備會議──審定會員資格，確立成立大會應出席人數。確定成立大會召開日期、地點，並擬成立大會手冊（大會手冊應包括：大會議程、籌備工作及籌備

期間經費收支報告、章程草案、年度工作計畫、年度經費預算表、會員名冊。），擬訂年度工作計畫及年度經費收支預算表，決定理監事選舉格式案。發起籌備會議應於 7 日前通知並函報主管機關備查，每次會議紀錄在會後 30 天內分發應出席人員，函報主管機關。

　　【步驟五】召開成立大會，此時應通知要加入的會員出席，並且完成下列工作：通過章程草案，討論年度工作計畫案，通過年度經費收支預算案，選舉第一屆理監事。大會應於 15 日前通知會員並函報主管機關備查，每次會議紀錄在會後 30 天內分發應出席人員，並須函報主管機關。

　　【步驟六】大會當天或 15 天內，召開第一屆第一次理監事會議。申請立案。如果有登記為法人，應向內政部登記。

參、社區團體的發展

　　社區團體的存在不僅使政府的各項方針政策能夠即時傳遞到每個家戶，且在組織人們參與社區事務和社會活動、增進人們對社區的認同感、提高社區內部的凝聚力、維護社會穩定、促進社會發展等方面有著積極的作用。社區團體是社區組織工作的一種方法與過程，用計畫去整合社區的整體或個體的組織，協助居民的需要和目標，而且能有效利用在社區內部及外部資源，以達成社區目標，所以在過程中要強化、建立推動社區組織才能使社區團體得以成長和更有效率。關於社區團體的發展，若以生物的生命週期來比喻，已說明了其消長，組織的發展反映了社區團體的發展有一定規律可遵循，發展階段有：

一、孕育期

　　先發現問題的存在，然後在一起動用所有的社區居民團結起來，形成共同意識及集體行動，向相關單位或是政府來表達意見，除了有共同的問題之外，還要有「組織者」的存在。沒有組織者，就算居民有再多的意願

和期待，也沒辦法團結成為一個團體，而組織者的這個角色並沒有被限定。意識的培養也是這個現階段的必須工作，居民的組織要有共同的理念而不能只想到自己的利益，最後還要建立一個架構，就是將初步的目標先釐清，再訂出召集人的聯絡的方式，這樣也比較方便與外部聯繫與互動。

二、發展期

這個階段要考慮的是團體的未來動向，再來訂未來長期的發展方向和目標。培養工作的階段也很重要，要舉辦定期的訓練，還要透過不同類型的活動使成員能從經驗中學習，而活動方式和範圍的進一步擴大，是發展期的一個重要特徵，讓居民能由各種不同的經驗中能力能漸漸加強，從被動轉為主動。發展期的另外一個特色是開拓與外界團體的關係，要確保組織能獲得其他人的認同，必須要與外界的組織建立良好的關係，能獲得其他各方面的資源及幫助。社區團體工作分成八大原則：

(一) 組織原則：社區組織本身就屬於一種過程，是經由民眾共同一致認為的意識與行動，來解決社區的問題。

(二) 教育原則：社區工作本身也是用來教育人民，改變他們本身所擁有不好的態度、價值觀。

(三) 全面利益：社區工作是以整體社區的福利與發展以及需要為利益，實現社會正義。

(四) 平衡發展：社區工作認定物質建設與精神建設，經濟發展與社會發展一樣重要。

(五) 自助原則：協助社區居民全面動員社區裡面的資源，可以接受但是不會依賴外來的經濟與技術援助。

(六) 注重深耕：全面鼓勵民眾「參與」為權利，也稱為是義務，積極發展培養當地的人才，養成自助自動自發的精神與能力。

(七) 整合原則：社區工作主要以地方發展為目標，也配合國家區域計畫，能讓每一個社區發展都變成國家整體的發展。

(八) 預防原則:「預防大於治療」是強調社區居民能分析社區問題與解決問題的能力,在服務方案上也能同時兼顧未來可能會發生的問題。

三、成熟期

經過發展期的培訓之後,社區團體逐漸邁向成熟期,團體的目標和架構能夠明確而清楚,組織成員掌握團體運作的技巧及居民們的參與能力,而在財政及資源的運用上,也有明確的安排。成熟期的另外一個特色是活動的多元化和居民的參與程度增加,因為社區團體已經能慢慢掌握住相關的活動及推行的服務,導致一些居民也會紛紛的來參加,增加彼此間的關係更加緊密。另一個成熟期的特色是核心成員能夠獨立運作,社工或組織的影響慢慢減少,這一項是一個重要的指標,在新的成員上能慢慢培訓而且能做適當的安排。

四、重整期

在團體運作了一段時間後,我們都有所謂的反思及檢討,就是隨著社會環境的改變或是人事上的變化所需要做的調整或是檢討,面對這些問題,社區團體必須思索未來的發展路向。

(一) 維持原來的目標、架構運作和服務的內容。

(二) 重新調整步伐即目標,以適應新的安排,假如有新的團體出現,則要重新從孕育期開始循環。

(三) 社區團體完成社區工作任務及使命。

影響某一社區團體發展與成熟程度的因素主要包括:組織目標、結構;組織成員的關係與認同、參與程度;組織是否被外界接納等。這些因素綜合協調及運作的情況,決定著一個社區團體的發展軌跡。綜觀社區團體的運作,需要建置若干特質方能使團體穩健發展:

第一,社區領導人的熱誠:因為工業化、都市化的原因,社區可能充滿疏離感,如果沒有一位肯奉獻時間、精神的社區領導人,社區團體將無法順利推動。

第二，社區民眾願意支持：只有領導人畢竟勢單力薄，必須有一個工作的團隊為基礎，配合社區民眾積極參與，才有可能形成永續發展的力量。

第三，具備方案規劃能力：能夠將社區的需求，轉化成實際執行的能力，帶動民眾的參與。

第四，具有資源整合能力：社區資源有限，推動社區工作必須要結合其他資源，甚至發掘資源，才能永續經營，否則，難免曇花一現。

第五，能夠掌握社區特色：針對社區具有特色的地方，加以發揚光大，並有計畫的推動實施，成為凝聚社區向心力的所在。

第六，體察時代脈動能力：瞭解社區的動態過程，不墨守成規，而能推陳出新，規劃出令人耳目一新的社區活動。

這些條件使一些社區能夠脫穎而出，獲得很好的團體運作的成果。不過，檢視當前社區團體的實際作為仍有一些需要改善之處，其原委是：

第一，社區自主性仍嫌不足：社區範圍太小，人力與物力資源有限，難以自立。社區與村里辦公處的功能重疊，使社區團體缺發自發的主體性，淪為政府行政指揮體系，欠缺社區所應有的活力與自主性。

第二，對政府經費依賴仍多：社區資源發掘與運用不理想，如社區內學校、教會、廟宇、工商企業等之人力、設施、財力未能尋求支援，過於仰賴政府補助。許多社區團體難於凝聚居民共識，同時欠缺相關經費挹注，往往是在參加評鑑的前一年均有政府撥補高額經費，以推動社區活動，俟評鑑時將成果加以展現；唯評鑑結束之後，政府已無經費補助，則無法維持。政府固可以擇定重點社區加以鼓勵，但如造成社區的依賴，則適得其反。

第三，社區民眾參與不夠：社區團體占居民的比例仍嫌太少，社區活動的參與仍侷限於少部分人，無法擴散至其他的人，帶動更多人參與。社區團體會員人數太少，難具代表性，甚至派系介入嚴重，無法持平處理社區事務。

第四，社區功能仍待加強：由於缺乏專人整合規劃推動，專業能力亦不足，計畫欠缺完整性與長遠性。團體由社區「受服務者」轉化為「服務

者」的功能仍須加強，亦即，這些「受服務者」應該可以鼓勵其成為志工隊，成為「服務者」，以回饋社區。

第五，福利社區必須加強：團體的社區工作重點，就是「福利社區化」的落實，此宜與「社區藝文活動」、「社區綠化美化」、「社區環境保護」與「社區守望相助」，共建團體的重心。與此同時，社區工作仍侷限於辦理傳統社區活動，如媽媽教室、交通指揮、清潔環保、守望相助等，牽涉到更多專業及人力的社區工作，仍難依賴社區人士辦理。

因此，社區團體的良窳與社區的領導者的熱誠、社區民眾的參與、結合社區資源與創新的能力息息相關。如無上述的能力，而處處依賴政府補助、受制於村里結構，又無發展社區特色的能力，社區團體績效將無法有良好的表現。

肆、社區團體的功能

隨著政治的民主化，公民社會成為普遍追求的目標，公民社會是指圍繞共同利益、目標和價值的、非強制的行動團體。公民參與是民主程序的核心概念，聯合國在 1975 年發表的「Popular participation in decision-making for development」指出「公民應有機會參與推動及享受社會發展」，強調由下而上的社會公民參與，便是公民透過組織團體對社會決策的民主參與方式。在當代政治中，公民社會是由社區公民和社會組織機構自願組成的團體，社區團體的主要功能是一個全面性、整體性規劃參與社區經營創造的過程，其操作模式大致可歸納為下列步驟：

第一，培養社區自主性：激發居民積極參與社區公共事務，發現社區自身的問題，決定社區未來發展方向，讓社區居民有自我實現的成就感。

第二，建立組織系統：組織系統是一個雙向溝通的管道，地方可透過組織將意見傳達到中央，而中央的想法也能藉由組織與地方溝通。此一組織的建立可藉由：1.強化現有的社區團體及社區發展協會功能。2.鼓勵社區居民自發性成立社區組織。

　　第三，結合學者專家等人力資源來處理事情：社區營造工作無法單打獨鬥，需要結合社區組織、地方人士及專業工作者共同集思廣益，貢獻所長，一起為社區展開規劃。規劃工作由帶領居民認識故鄉，找尋故鄉特色，並整合社區資源做起。同時，展開社區資源調查，尋求切入點。建立社區文化資源資料庫。尋求旅居他鄉之本地居民，或移居至本社區的外地居民，一起投入社區的團體工作。

　　第四，以社區自然與文化特色切入社區團體工作：由社區居民共同參與、規劃、整合社區自然、人文、經費等項資源，辦理具有社區特色，並能凝聚共識的各類社區活動。

　　第五，整合各相關單位資源：推動社區團體營造層級很多，資源散布在各單位。所以，社區組織要能加強對各相關單位的行政協調，爭取資源，讓相關經費能共同挹注，以順利推動社區團體工作。

　　社區團體一般包括不同的場所、人物和組織機構，以及多種程度的正規性、自治性和權力結構。社區團體功能可分為：

一、提供社區居民服務

　　社區團體所提供服務可分下列三種角色：

1. 消費合作角色（consumer cooperative role）

　　　　由於政府或是相關單位提供的服務不足或是不理想，社區團體可集合足夠的資源來直接提供所需要的服務。

2. 服務生產角色（producer role）

　　　　社區團體建立直接參與生產來提供服務，滿足成員的需要。對於較貧窮的社區居民來說，這樣的方式對他們是較為有利的。

3. 服務提供角色（co-producers role）

　　　　社區團體為成員提供服務，此服務與政府提供的服務有點類似，不過卻能讓政府更加承認這樣的服務，這類角色為社區成員增加提供服務，使成員有更多的選擇。

二、支持政策性的活動

社區團體可以透過參與政府發起的活動，藉以支持政府的決策，這樣社區辦活動的話，就可透過政府來補助相關經費，透過政府的支持，例如：社區環保志工隊、守望相助志工隊等響應政府的環保運動，增加政府政策制定的落實。

三、提供社會上的支持

透過參與服務提供或爭取社會資源的活動，組織成員可以獲得認可，每個人都有不少的省思，不管服務、經驗有多少，或是學到了什麼，但是最重要的是在身旁支持的成員，更讓生活增加了色彩，懂了什麼是人情世故，體會了很多人生哲學理論，使人生更加充實、更有意義。

四、促進社區居民參與

社區團體的政治參與功能包括了四個方面：1.守門者（gatekeeper）：社區組織為成員爭取福利，將各個成員的需求統整向政府提出，這種將個別需求轉成整體化過程，為社區贏得「政治制度守護神」名譽。2.監察者（watchdog）：社區組織監察政府機關及一些民意代表的表現。社區組織瞭解成員的需求，又可以動員成員的資源，被認為最有能力又最應該扮演監察者的角色。3.教化者（political socialization）：研究公民透過參與組織內部的討論以及相關的組織活動，學習求同存異的民主精神，以及運用政治架構的技巧，減少居民對政治的無知和無能感。4.控制者（political control）：政府主動贊助社區組織，可作為控制居民及分配資源的手段。

五、規劃社區發展工作

社區團體的工作目標是：以社區和社區居民為案主，透過發動和組織社區居民集體參與行動，確定社區問題及其需求，調整或改善社會關係，減少社會衝突；尋求社會福利需要與社會福利資源的有效配合，以滿足社

區成員的需要，改善社區生活，促進社會進步；改善和調動社會資源的分配，儘可能實現社區內的公平和公正，推動社區發展。規劃組織的工作可列為多項步驟：

1. 首先，組織工作要有明確的目標，而且是可以達成不是遙不可及的。
2. 要想一想達成目標需要完成哪些事情，而且需要多少人力資源來共同參與。
3. 列出已經有的人力資源、資金及設備。
4. 看看還有哪些需要的資源。
5. 達成這個目標會影響到多少人？誰可以是同盟？誰可能贊助支持？要怎麼樣才能邀請他們一起來努力？
6. 社區內有哪些人或群體也會關心這方面的事情？他們在發展組織工作的策略和步驟能提供什麼樣的協助嗎？
7. 想解決的社區問題，誰能有權利給資源？
8. 要達成的目標有哪些事情必須先做好？
9. 達成目標需要花費多少時間？主導力量有哪些？擬定一個概略的時間流程計畫是最基本的工作。
10. 要如何衡量工作的成效？如何達成所設定的目標？
11. 組織的核心團體如何做決策？核心成員的決策怎麼樣才能獲得其他成員的接納？
12. 達成目標或萬一失敗後的下一步是什麼？持續的關心社區，維持社區組織是一個很重要的議題，是需要有目標、計畫、方向去努力的。

六、形成社區規劃共識

社區團體是社區工作的一種重要方法，其利用組織的形式，幫助社區居民提高參與社區事務的能力，代表與協調不同群體的利益，整合社區資源，解決社區問題，滿足社區需要，推動社區發展。

1. 正式目標與操作目標：正式目標是指那些支持組織成立的期望，雖然正式目標是社區組織的理想，但是組織的日常運作卻直接受到操

作目標的指引,操作目標是指組織內的成員在某一個時間下所認同的目標,而操作目標會因為組織所處的環境或一些人事的變化而做出改變,所以要適當的處理目標訂定過程中的各項問題。

2. 具體目標與系統目標:具體目標是指社區組織內比較具體的目標,盡量可以做到可達成的事情範圍內。而系統目標是指維持組織穩定的發展目標,維持一些活動的順暢或是促進組織的溝通等等。

3. 顯性目標與隱性目標:顯性目標是指得到成員的瞭解和認同,進而公開而訂出來的目標,隱性目標是指一些非成員所注意到的或是細想到而且會影響組織運作的一些目標。正式目標、操作目標、事工目標是屬於顯性,而系統維繫目標則為隱性。

結語

面對 21 世紀全球化與社區化潮流,人與人互動的模式已經大幅改變,民眾經由積極參與團體的方式聯結與互動而形成新社群關係。為居民提供服務是大多數社區團體的最基本功能,一方面整合資源以彌補政府提供服務的不足,另一方面可直接參與生產,提供服務。同時,還可透過與政府提供的服務競爭,促進政府改變服務模式。社區參與是社區工作的核心任務,是民主價值的體現,也是瞭解社區需要、促進社區發展的最佳途徑。社區團體在促進社區參與方面有著舉足輕重的作用,社區團體的形成過程就是將居民個體的力量集合起來,將分散的資源整合。社區組織對居民的幫助不僅是物質上的輔助,更在於心理上的支持。

鼓勵居民熱心投入社區、團體的發展成為社會資源整合重要的一環。社區團體係基於共同興趣、職業、信仰、地緣或血緣,依相關法令組織成立之團體。對於人民組織團體,均以「鼓勵代替抑制」、以「服務替代指導」、以「法令的諮詢服務替代法令的監督輔導」,提供便捷且透明的結社空間,

促使團體高度自治，發揮自治、自律功能。運用社區資源與力量，召募社區志工，協助社區發展；並結合公私部門建構服務網絡；積極建構區域性服務系統，以紓解照顧人力之困擾，透過多元化社區照顧，以更符合民眾的多元需求，並兼顧未來發展之社會福利政策。

第十五章　老年社區工作

前言

　　所謂老年社區工作就是指透過社會工作者運用各種工作方法，改善老人與社區的關係，提高老人的自助、互助能力，促進老人的社區參與，經由老人的集體參與去改善他們的生活品質的一種服務活動和服務過程。根據國外社區工作的定義和發展經歷，可以知道社區居民參與社區事務和社區民主建設是社區工作的核心，因此，在老年社區工作中，「擴權」、「增能」、「增加機會」等成為重要的概念。在我國開展老年社區工作，除了強調提昇老年人的民主意識、民主權利和參與社區公共事務機會之外，還要積極組織老人自助和互助，積極開展各種為老服務和老人文化育樂活動，以提高老年人晚年生活品質。

壹、老人社區照顧的目標

　　社區照顧的目標是什麼？這是發展社區照顧必須回答的問題。從不同的層面剖析社區照顧的目標，有助於對這一問題作出較為全面的回答。C. Heginbotham 在《回歸社區：志願者道德與社區照顧》一書中，提出社區照顧的目標是一種「以人為本」的社會意識，即社區照顧的服務模式包含著對建立理想和關懷社區的期望。關懷社區照顧有若干理想，可以看作是社區照顧的目標。

　　第一，新公民社會意識。重建新公民意識，就是要加強居民在社區的義務參與，建立社區中互助互愛的關係，抗衡個人主義給都市帶來的疏離

與孤立的文化，建立社區中互助互愛的關係。Heginbotham 認為社區是建立新公民社會意識的重要基礎，政府應盡量協助每個社區去推動區內居民參與義務工作。

第二，政府與社區建立夥伴關係。在社區照顧中，政府與社區的參與應該是相輔相成、互補長短的關係。所以，服務的模式不是以家居照顧取代院舍照顧，而是正規與非正規服務的結合，從而實現有效的提供照顧。

第三，幫助服務對象正常地融入社區。社區照顧的目標應該是以協助服務對象正常地融入社區為主，使他們可以建立自己的生活方式和社交關係。

第四，使服務使用者參與表達他們的願望，並能夠承當倡議者的角色。社區照顧的目標除了提供照顧外，還要使服務使用者參與表達他們的需要。

第五，建立理想和關懷的社區。建立理想社區的主要方法就是有志願團體，在社區內形成有效的支援網絡，將社區內鬆散的資源連接起來，通過居民的參與，發展自我潛能和對社會的影響力。

Heginbotham 關於社區照顧目標的理想，是對現代社會造成人與人之間的疏離與孤立關係這一社會現狀的反思。重建新公民意識，強調居民的義務參與和積極互動，建立理想和關懷社區的目標，需要多方努力和長時間的推動才有可能實現，特別是政府的支持與物質資源的投入是非常重要的。社區照顧的三層目標：

一、社區照顧的終極目標

社區照顧的終極目標就是努力促成需要照顧人士留在社區內，盡可能保障其過正常人的生活。參酌英國制定的社區照顧政策的特色是：社區照顧的目標是盡量維持需照顧人士在社區或者其自然生活環境內的獨立生活，直至他們必須接受院舍照顧。雖然社區照顧的終極目標是確定的，但該目標比較抽象，必須具體化才有利於社區照顧的發展。

二、社區照顧的過程目標

　　一般而言，建立關懷社區（caring community），即弘揚以人為本的社區精神，創造相互尊重、相互關懷的社區生活，是實現社區照顧終極目標的唯一有效途徑。建立關懷社區的過程，就是實現社區照顧終極目標的過程。因此，建立關懷社區被稱之為社區照顧的過程目標。

三、社區照顧的具體目標

　　如何建立關懷社區則依賴於社區照顧的具體目標。社區照顧的具體目標包括以下幾點：

1. 協助需要照顧人士融入社區。需要照顧人士往往是弱者，其融入社區的主流生活存在這樣或者那樣的困難。社區照顧的首要目標就是為他們融入社區提供種種便利，使他們能夠形成自己的生活方式，建立自己的社交關係。

2. 培養需要照顧人士的參與意識。為了有針對性地幫助需要照顧人士，必須瞭解他們的實際困難和需求。為此，社區照顧應當有意識地培養需要照顧人士的參與意識，鼓勵他們表達自己的需要並對社區照顧提出自己的意見和建議。

3. 強化居民的社區意識。關懷社區的建立離不開全體居民的積極參與，加強需要照顧人士與親友、鄰居和社區服務機構的聯繫。只有形成互助互愛的社區關係，形成以人為本的社區文化，才能有效調動非正規資源為需要照顧人士提供服務。從這種意義上說，強化居民的社區意識是實現社區照顧終極目標的關鍵。

4. 政府與社區建立夥伴關係。如前所述，社區照顧涵蓋正規照顧和非正規照顧，並非以非正規照顧取代正規照顧。因此，在建立關懷社區過程中，政府與社區之間應當相互配合，形成夥伴關係。政府給予社區必要的財政及政策支持，社區利用自身優勢調動非正規資源分擔政府的社會責任，透過政府和社區的合作為需要照顧人提供良好的服務。

貳、老年社會工作的理論

學者從事研究並辨認老年期的「角色轉換」與適應過程，分析一個人如何由其原有角色（employee role）逐漸變動，並在退休生活中適應不同的社會，在老年社會工作發展的歷史中，曾經產生或引用了許多有關的理論，包括：社會活動理論、社會損害理論、社會重建理論、社會化理論、日常能力理論等等：

一、社會活動理論

隨著醫藥科技的進步，人類的壽命大大提高了，老人自 65 歲到其人生盡頭，往往還有長達 20 至 30 年的光景，若不將他的能力做有效的運用，對整個國家社會而言是莫大的損失。有些人視退休後的老人為「撤退人口」（disengagement population），並認為他們的工作是多餘的。但是社會活動理論（Social Activity Theory）針對社會撤離理論所提出的老年人因活動能力下降和生活中角色的喪失而願意自動地脫離社會的觀點，認為：

1. 活動水準高的老年人比活動水準低的老年人更容易感到生活滿意和更能夠適應社會；
2. 老年人應該盡可能長久地保持中年人的生活方式以否定老年的存在，用新的角色來取代因喪偶或退休而失去角色，從而把自身與社會的距離縮小到最低限度。

活動理論對老年社會工作的意義在於，無論從醫學和生物學的角度，還是從日常生活觀察表明，「用進廢退」基本是生物界的一個規律，因此，社會工作者不僅要在態度和價值取向上鼓勵老年人積極參與他們力所能及的一切社會活動，而且更需要為老年人的社會參與提供更多的機會和條件。專家評估表示，老年人仍然需要工作，主要理由包括：經濟需求、自我實現、寂寞排遣、人際接觸、心理補償、老化延緩、自尊維護、精神寄託等。所以社會應把老人也當作一份社會的資源，不要因其漸老，就將之放棄或摒棄，而應積極地將老人組織起來，使此一資源得以投向生產。例如：有文教專長的

老人可輔導其進入民間機構從事社會工作或文宣策劃；住在社區中的老人可向工廠包攬工作；另外也可以為老人舉辦職業訓練或成立老人人才中心，讓老人能尋求機會以充分發展潛能，過著具有生命尊嚴及彩霞滿天的晚年生活。

二、社會損害理論

社會損害理論著重討論的是，有時老年人一些正常的情緒反應會被他人視為病兆而作出過分的反應，從而對老人的自我認知帶來損害。例如，因患老年病而健康受損的老人，詢問子女自己是否應該搬過去與其同住。這種詢問就很可能被子女視為老人無能力再作出任何決定的表現，從此凡事處處為老人作決定。這種關心久而久之就會對老人產生一種消極暗示，讓老人覺得自己的確缺乏能力而把一切決定權都交給子女。也就是說，接受消極標誌的老人隨後會進入消極和依賴的地位，喪失原先的獨立自主能力。現實生活中有太多的案例表明，對老年人的過分關心導致老年人認為自己無用的錯誤認知，從而對老年人的身心帶來損害。這一理論對老年社會工作者具有深刻的啟示意義，它至少告訴我們，有些所謂的老人問題大多是被標定的結果，也是老年人自己受消極暗示所產生的連鎖反應。因此，在幫助老年人的過程中，不僅要切實地幫助老人解決實際問題，同時也需要協助老人增強信心和提昇能力。

三、社會重建理論

社會重建理論就是意在改變老年人生存的客觀環境以幫助老年人重建自信心。科技進步和知識經濟已使得社會演變加速，從科技變化到社會變遷的程度都日日加速，這已非老人固有的經驗和思想以至衰老的體力所能適應。退休制度的盛行，又迫使許多人在 65 歲前後離開工作崗位，撤離社會，使個人領受的資訊與知識隔絕，甚至不再有原來的社會聯繫。他們的社會適應更形困難了。偏偏現代人壽命長，在退休後，平均有 20 年的歲月要打發，這就可能造成社會的一大負擔。倡辦老年人教育，使老者

得以有學習進修的管道，可以達成老年人口之再社會化，有助於社會進步。社會重建主義是「希望哲學」，賦予人類對教育無窮的希望。在不同的時期，社會重建主義者的理念，經過後世學者再概念化後，以不同的面貌出現，持續發揮影響力，帶出改革的希望。社會重建理論的基本模式是：

第一階段：讓老人瞭解到社會上現存的對老年人的偏見及錯誤觀念。

第二階段：改善老年人的客觀環境，透過提倡政府資助的服務來解決老年人的住宅、醫療、貧困等問題。

第三階段：鼓勵老人的自我計畫、自我決定，增強老人自我解決問題的能力。

社會重建理論就是意在改變老年人生存的客觀環境以幫助老年人重建自信心。

四、社會化理論

許多傳統的理論認為，人進入了老年期應該以享受為生活目標而不再需要社會化了，傳統社會的老年人具有天然的教化權位，他只對別人施行教化，而自己則決不會重新面對社會化的問題。然而，現代社會發展證明，老年人仍然需要繼續社會化，主要的理由之一在於角色的轉換，這種轉換及影響表現為：

1. 勞動角色轉換為供養角色，這容易使老年人產生經濟危機感；
2. 決策角色轉換為平民角色（在家庭中，由「家長」角色轉換為被動接受照顧的角色），它容易使老年人產生「被拋棄感」和寂寞感；
3. 工具角色轉換為感情角色。工具角色是指人們肩負著一定的社會公職，在社會政治、經濟、文化各領域占據著主體地位，他們所扮演的角色是為了某種特殊的目的，如職業上的角色。情感角色是為滿足身心情感的角色，比如在家庭中父母、子女間的角色。這樣角色的轉換使老年人常常碰到性別角色模糊問題以及伴隨而產生的老年夫妻之間的衝突。

4. 父母角色轉換為祖父母角色。除了角色轉換外，老年人還將遭遇多重「突然失去」的威脅，如子女情感支持的突然失去（子女成家分居，老年人進入「空巢」家庭）、健全身體的突然失去（疾病並可能面臨肢殘或死亡）、配偶的突然失去（喪偶並帶來心理健康上的問題）。

所有這一切對老年人而言都是將要面臨的新的問題，都需要通過繼續社會化、加強學習、提高修養和不斷自我調整來予以解決。

五、日常能力理論

日常能力理論（Theories of Every Day Competence）是解釋一個人如何因應每日生活經驗，而在其工作任務中有效地產生作用。必須併合基礎過程，例如有關心理機械之知識，認知之原始因素（cognitive primitives），以及認知功能之實用主義（pragmatics of cognitive functioning），還有物質的與社會的背景是否束縛了個人能力，使其發揮有效之作用。因為基本的各種認知過程，是透過典型操作來代表各種單一特徵或性格的，它不像是任何單獨過程，將會充分解釋任何特殊環境情況中個人之能力差異。因此日常能力理論可描述當作標準現象（phenotypic）來表達基本認知過程之混合，允許適應行為在每日之特殊情況中產生作用。其內涵有三種的主要觀點：

第一種觀點，視日常能力為一種對應環境刺激所產生的合宜作為。

第二種觀點係將日常能力概念化，並融入特定領域之知識基礎（domain-specific knowledge bases）。

第三種方法係將理論焦點放置在合適的（fit）、或一致性的（congruence），就是指個人面臨環境要求與個人認知能力之適合性與相合性。

老人社工理論是針對社會結構與社會變遷對高齡者的影響，對於老人的身心健康與日常活動的衝擊，所進行的系統性分析。以促使高齡者如何面對社會環境的最佳方式，討論老化現象與老年有關的議題，研究如何在老化過程中給予老人最適當的社會處遇與干預方式。

參、老人社區照顧的規劃

當一個人老邁了，他不能夠滿足社會對他的期望與要求時，他就被認為面臨社會適應問題，他的社會角色跟著產生變遷而失去應有之功能。角色觀念能夠在社會老人議題持久討論，係因為有其實際應用性。一個人在他的生命過程中，扮演各種社會角色。例如學生、母親、妻子、女兒、職業婦女、祖母等等，這些角色使人易於辨認及描述一個人為「社會人」，也就是形成「自我概念」之心理基礎。這些社會角色是很有系統地跟一個人之年齡與生命之階段連結的。在很多社會，特別是西方社會，一個人之年代年齡或依年代次序之年齡，是決定各種社會地位之資格條件，同時可用於評估不同社會角色之適合性與預期性。在社會情景中，要塑造個人，使人成形，對個人期望之具體化期待。老人必須面對並學習去處理「角色失落」（role losses）之困境。例如失去配偶變為寡婦或鰥夫，或是退休後失去董事長之職位，失去工人與職員之角色。這些角色之損失，均會導致一個人對社會認同之腐蝕、磨損，以及自尊之失落（Rosow, 1985）。老人們在這一角色失落之過程中，同時會經驗到「角色中斷」（role discontinuity）。要瞭解老化，首先我們必須體認到生活在這世界上的每一個人都會老，生物學家基本上都同意老化的過程是從人一出生就開始的一個過程。生命週期裡強調老化過程只是人類生命中的一個階段而已，它是一個再正常不過的生命階段，就如同青少年時期與壯年時期般一樣，每個階段都只是一個必經的過程罷了，老化只是在走完生命的一個階段所顯現出來的生理機能變化。

根據聯合國 1991 年通過「聯合國老人綱領」提出的五項原則，並配合國情，我國老人福利政策應符合以下十項原則：

1. 尊嚴自主：將老化視為人人必經的生命歷程，老人宜有尊嚴、獨立自主生活。
2. 基本權益：老人有權參與與自身相關的社會事務，並有選擇接受服務的權利。

3. 在地老化：照顧需求多元且個案複雜，但於自己熟悉的環境中老化，
   將會獲得較佳效果。

4. 去機構化：「去機構化」並非要排除機構照顧，而是強調機構照顧的
   社區化。

5. 社區網絡：鼓勵老人居住在自己熟悉的社區，即可方便取得所需的
   各種服務。

6. 全人服務：結合衛生、醫療與社政的資源，以老人導向，提供連續
   性的服務。

7. 老人保護：建構最弱勢老人的保護網絡，作為保障老人人權的最後
   一道防線。

8. 多元分工：中央及地方分權、公私部門相互結合、採取多元服務的
   網絡系統。

9. 家庭核心：國家必須對家庭照顧者提供支持，加強家庭照顧老人意
   願及能力。

10. 社會責任：建構人人共享、不分年齡的社會，以「生命週期」看待
    老化，而非將老人區隔成一個特殊族群，甚或視其為一個消耗社會
    資源的族群，深化世代間的衝突及矛盾，也就是說，政策規劃的焦
    點是「所有人」，藉以強調世代的獨立與互相扶持。

　　網絡建構策略與方式雖多元，然滿足服務對象需求，達成服務目的的
輸送系統才能稱為使用者的網絡資源，正式與非正式資源系統彼此間互
動，成為社區照顧的穩固基礎。藉檢視服務網絡功能、評估績效，探討服
務輸送體系與模式成為網絡資源整合的重要前提；社區照顧服務過程中的
「輸送系統」如提供服務單位屬性，以及「輸送途徑」如空間屬性，均可
能產生服務品質的差異，也直接影響服務使用者的滿意度；福利多元化的體
制下，在多元化網絡中的單一體系也不一定能夠形成完整的網絡以及持續的
存在。特定服務型態會有多元的服務輸送系統與途徑，譬如日間照顧服務老
人，提供服務單位含括政府自辦、社區協會、社福基金會團體、安養護機構、
醫療院所等；至於空間屬性更是從政府贌餘空間、社區活動中心、長照機構、

一般老人文康中心、醫院附設等；因此服務輸送系統主體、途徑均影響效率效能。前述多元化網絡中單一體系不易形成完整網絡的存在，整合使得社會資源網絡體系趨於凝聚，亦即在以動態方式存在的服務對象資源網絡裡，互動的靈活、有組織性的規劃、持續動態的調整；無論正式與非正式網絡，社工藉操作網絡資源系統功能，逐次建構適合服務使用者的服務輸送模式。

社會福利服務輸送資源網絡特性的多元性，寓意多元化的輸送觀點；Hatch & Mocroft（1983）多元性福利體制下政府、志願性、商業性及非正式等多個部門，其社會服務及醫療健康照顧輸送的部門間並非毫無關聯。各部門中的志願服務部門異質性高，正式化程度不一，會因家庭、專業化及政府贊助基金的加入與多寡，而有不同程度的差異，接受愈多政府贊助，能更擁有自主性愈低，自主的兩難衝突也愈高；一般而言，較不具正式化的組織，可建立更深的非正式情感，且服務態度或許更形親切，然服務持續性與穩定性也低；而正式化組織也可能因為組織過度發展，產生的準官僚現象，仍舊有持續穩定的不足情形；總之「志願性」部門雖然有著上述的多樣性與經常面臨可能的志願服務失靈（failure），然卻不得不承認因為豐富的多樣性，使得其可以存在並占據於資源網絡的各個象限領域中。

一、社區活動中心

這是由政府出資興辦的，具有綜合性功能的社區服務機構。它按照社區居民的一定數量規模設置，工作人員為政府僱員。社區活動中心提供的為老年人的服務主要包括為本社區內居住的老人提供一個娛樂、社交的場所，那些行走不便的老人則由中心定期用車接送到中心參加活動。

二、家庭照顧

這是政府為使老人留在社區、留在家庭而採取的一種政策措施。即對在家居住、接受親屬照顧的這些人政府發給與住院舍同樣的津貼。

三、暫托處

暫托處就是為解決家庭成員長年累月因護理被照顧者使身心交瘁、不堪重負這一問題而設置的一種短期護理服務機構。

四、居家服務

這是對居住在自己家裡、尚有部分生活能力但又不能完全自理的老人提供的一種服務，項目包括上門送餐或做飯、洗衣、洗澡、理髮、做清潔衛生、購物、陪同上醫院等。目的是使那些年老體弱、行動不便、家中無人照顧的老人能繼續生活在自己家裡、生活在自己熟悉的社區環境中。

五、老人公寓

這是政府為社區內有生活自理能力但身邊無人照顧的老年人夫婦或單身老人提供的一種服務設施。

六、老人院

就是那種集中收養生活不能自理、無家庭照顧的老年人的院舍。不過現在英國的老人院也不再是早期那種大型集中的院舍，而是分散在社區中的小型院舍，這樣可以使住院老人不離開他們熟悉的生活環境。

社區是平等互助合作，在其中較少有強制性權威的共同生活人群關係網。社區工作的對象，其實是社區的居民，其實是一種形塑現代社會的運動，是一場社會心靈的變革。主要課題之一，即在於重新思考人與人（人際倫理及群我倫理），人與環境（物質倫理及環境倫理）的關係。發展出相互依賴的人與人或群體間的合作模式，建立起現代人與生態親密關係的生態觀，這種合作模式稱之為共生（Symbioses），也就是我國自古以來所謂「仁民愛物」的倫理觀念。社區工作是建構理想社區與理想共同生活方式的實踐。共同生活過程的各種面向都是社區工作者關心的，以促成的社會制度、社會組織、社會活動達成優質成長的場域。簡單的說，就是社區的居民大

家一起來為自己的生活環境共同打拼，解決社區最急迫的問題，讓大家彼此更親近，更認同自己的地方，使生意更興旺、環境更舒適、家園更可愛。發展一個對未來充滿希望想像的藍圖。在過程中是要建立一個體系化的社區學習社會和學習共同體。社區發展的目的，為整合行政體系與社會資源，凝聚社區民眾意識，參與公共事務，以促進社區人、文、地、景、產之永續發展，並建立社區特色，展現社區活力，促成社區永續經營。在促進社區發展的過程中，實賴專業工作者引領社區民眾能回顧社區與社區工作內涵之演變，另外擇定社區工作議題，導入事宜的途徑與方式，以裨益社區的和諧發展。

肆、老人社區照顧的作為

老人的長期照顧（long term care）方式包括社區式照顧、機構式照顧、居家式服務三類，至於服務項目內容參酌老人福利法及前述相關文獻，較直接與照顧有關項目包括：照顧與健康諮詢、居住安排、互助團體、生命守護緊急連線、日間（托老）照顧、日間照護、臨時照顧、喘息照顧、居家護理、居家照顧、家務服務、關懷友善訪視、安養機構照顧、養護機構照顧、長期照護機構（護理之家）照顧、電話問安、餐飲（送餐與定點用餐）服務、居家環境改善、交通服務、友善陪伴服務等。某一類服務項目可能來自多管道的服務輸送體系，突顯了資源活用與互補的議題，而服務網絡資源在社區照顧未必單一功能形式存在；譬如福利社區化老人營養午餐服務，社區內醫院伙食部門功能上可以是老人定點用餐的輸送者，亦能成為送餐到家服務的贊助者（如伙食費優待）；因而對服務輸送體系品質功能評估，並無獨有性（unique）只有較合宜性（preferable）。

老年社區服務的內容，是指政府或非政府團體透過社區組織和社區所在的福利機構，為解決社區老年人的實際困難與滿足各類需求，而有針對性地提供設施與服務的福利性專案的活動。老年社區照顧的概念與老年社區服務的概念有相近的地方，但是嚴格地說，老年社區照顧有兩個基本含義：

一、是使老年人不脫離他所生活和熟悉的社區，在本社區內接受服務；

二、是動員社區資源，運用社會人際關係資源開展服務。

社區照顧作為一種運動起始於 20 世紀 50 年代，它是英國推行社會服務的一種方法，也是英國在福利國家政策變化下倡導的一種社會工作模式。它的涵義不僅包括「在社區照顧」，即對那些有需要的、以前由機構照顧的特殊人群（如老年人）現在盡可能地使他們留在社區接受照顧，而且包括「由社區照顧」，即對這些特殊人群（如老年人）由社區中的各種政府及民間機構、社區自治服務團體及這些人的家庭、親屬進行照顧。

社會工作通用且典型的服務輸送模式分別是「案主服務模式」、「社區服務模式」、「個案管理服務模式」，其中社區服務模式輸送過程多半發生在社區環境當中。因此從社區照顧對服務對象強調的就近支持性服務照顧、預防與延緩老人進住全控機構意圖觀點，服務輸送兼具社區服務模式與個案管理模式內涵。

參酌社區營造的推動目標，老人社區工作宜把握：

第一，推動全面性的社區營造作為，透過產業發展、社福醫療、社區治安、人文教育、環保生態、環境景觀等六大面向的全面提昇，打造一個安居樂業的「健康社區」。

第二，建立自主運作且永續經營之社區營造模式，強調貼近社區居民生活、在地人提供在地服務、創造在地就業機會、促進地方經濟發展。

第三，強化民眾主動參與公共事務之意識，建立由下而上提案機制，厚植族群互信基礎，擴大草根參與層面，營造一個「永續成長、成果共享、責任分擔」的社會環境，讓「社區健康發展，台灣安定成長。」

為此，社區於高齡服務上宜把握：

一、專業網絡

專業社會工作人員於老人社區工作的角色為：

1. 作為培訓者，提供義工訓練；

2. 作為組織者，經由定期分享和聯誼活動維繫義工；

3. 作為策劃者，就特別活動組織工作小組，協助策劃和推動活動；

4. 作為資源提供者，就個別義工和長者的需要，分配和提供適切的資源；

5. 作為督導者，監督計畫的進展和義工的服務情況，作適當的跟進和轉介。

二、義工網路

社會工作專業人員可以結合社區的志工組織，或是組織熱心人士為義工服務團隊，形成社區老人服務網絡，建置服務作為。以此為基礎，運用外展手法，發掘區內缺乏個人資源的危機長者，聯繫義工與受助人，定期探訪區內有特別需要的獨居長者建立關懷關係，藉此強化長者支援網路。更援引義工管理概念，由有經驗義工成員，負責聯絡和組織，以擴大義工網路，令更多長者受惠。負責聯絡和支援服務時遇到的困難，藉助向社工人員反映服務情況，除了擴展專業的服務外，更成功地培養和發掘義工，成為社區內寶貴的人力資源。喚起社區人士對長者需要的瞭解和關注，提倡社區助老精神，營造一個關懷的社區。

三、個人網路

義工藉由親善探訪向危機長者介紹社區資源，透過社區長者被訪及填寫的「生活調查問卷」，並經整理和分析，就受訪者的身體狀況、對社區資源的掌握和人際關係，又就個別長者的需要，作跟進和回應。調查資訊包括：

1. 家庭和社區支援網路；

2. 被訪者的身體健康情況；

3. 閒暇生活方式；

4. 使用社區服務情況。

社工員也就長者的特定需要，策動更多資源，合力解決他們面對的困難，強化其正規及非正規的支援網路，更鼓勵長者參與活動，擴大老人的社區和鄰舍網路。

四、鄰舍網路

根據「社區老人生活調查」所得資料，及在親善探訪的過程中，發掘受訪長者生活枯燥，或因身體健康欠佳足不出戶，也有不少長者因語言不通而少與外界接觸，對社區資源缺乏認識，對自己境況深感失落。藉助組織活動，促進長者彼此認識，此外，透過義工親善探訪，介紹社區長者互相認識，希望達致鄰舍開戶和守望的目的。鼓勵長者參加集體活動，拓寬長者的生活圈和領域，部分長者因參與以上活動，認識同社區長者，成為好友，一起參與活動或互相拜訪傾談，強化長者的鄰舍支援網路。

目前，提供給老人的社區照顧的服務有以下方式：第一，醫療照顧；第二，安養服務；第三，休閒育樂服務。

社區服務的目的就是要提供輔助服務，幫助老人留在社區裡生活。現在，這方面服務包括有：

一、長者關懷：藉助義工網路聯繫義工和長者，建立關懷關係，受訪長者得到義工定期慰問和實務協助，減低孤立和無援之感。

二、老人成長：社區定期舉辦學習班、興趣小組及文娛康樂活動，促進老人與社會的緊密接觸和聯繫。提供個人輔導及推廣老人社區教育，比如出版老人刊物、調查研究老人問題、舉辦老人終身教育講座等。

三、家務協助：為特別貧困者，申請基金和獲得社區人士援助，送上生活所需。包括替老人送飯、料理家務、個人清潔及護送看病等。安排義工上門維修、清潔家居及護送體弱老人就診。

四、居家照護：為體弱而在日間缺乏家人照料的老人提供有限度護理服務及社交活動。

五、喘息服務：提供老人短暫社區機構服務，在現有一些老人機構內，開設一些專為老人提供短暫機構照顧，以分擔家人長期照顧的責任，使他們可以處理一些私人事務或稍作休息，然後再負起照顧老人的責任。

六、外展服務：透過外展接觸，社工人員與一些老弱、獨居及有困難到中心參加活動的老人會面，協助他們申請所需的服務；如公共援助、家務助

理，並為他們提供探訪、社交、康樂活動及輔導服務。透過義工定期探訪或電話聯絡長者，除表達關懷外，又藉此發掘長者的需要、介紹服務網絡和資料。

社區工作強調是以社區為對象的社會工作介入方法。它透過組織居民參與集體行動，去釐訂社區需要，合力解決社區問題，改善生活環境及素質；在參與的過程，中讓居民建立對社區歸屬感，培養自助、互助及自決的精神；加強居民的社區參與及影響決策的能力和意識，發揮居民的潛能，培養社區領袖才能，以達致更公平、公義、民主及和諧的社會。

結語

人口高齡化是近代社會的一種現象，也是先進國家所面臨的人口問題。而今日的工業社會中，由於經濟的發展，導致生產規模、生活方式、家庭組織、生存機會的改變，尤其在醫藥衛生與保健方面的進步與發展，平均壽命提高，老人在全人口的比例中相對提高，造成人口結構急速老化的現象。讓老人照顧符合「全人照顧、在地老化、多元連續服務」原則，但是，在家老化、社區老化與機構老化不應該只是一種斷裂式的單項選擇，而是有它連續、動態的相互性關聯，特別是建基在以家庭為本位的生活模式時，「生於廝、長於廝、老於廝」的傳統觀念，對於老人的照顧負擔主要還是回歸到社區上。爰此，推動老人社區服務的同時，亦同時要檢視當前的家庭照顧政策及其服務輸送網絡的有效運作，也就是說，要將之於老人的安養、奉養、棄養、療養與扶養等整體性的整體思考。隨著老化趨勢，自然應將現有的體制與政策進一步充實，否則不但未來老人安養會出問題，青壯人口的負擔也會更加沉重。如何妥善結合社區資源照顧老人，確實是一個應當未雨綢繆的課題。

第十六章　社區學習的作為

前言

　　教育部所訂頒「邁向 21 世紀的教育願景白皮書」強調：依據教育學理論，家庭教育、學校教育與社會教育三者，必須協力合作、交流並進，才能達到整體教育目標；而能融合家庭教育、學校教育、社會教育三者為一體的基本單位，即是社區（王政彥，2002）。因此，「學校社區化、社區學校化」是現代國家推行終身教育的主流。社區教育係針對一個地區、鄰里或鄉鎮，提供了居民所需的教育與訓練等活動，進而透過學習機會的供給、社區的情境脈絡的環繞，創造一個充滿活力、積極參與、饒富文化的環境，形塑一種社區學習的生活方式，其目的在於型塑社區的學習情境，讓居民的能力得以開展，進行營造社會美好的願景。

　　21 世紀正處於國際競爭激烈的知識社會，強調以建立學習社會為「新世紀教育的展望」，重視「全人教育、終身學習與學習型社會」的推動（教育部，1998）。為此，除了家庭和學校外，社區是居民生活的重要空間，也是人們成長中的重要領地。因此，社區教育的意義和落實不容忽視，社區教育主要的是將教育融入到社區，增長豐富多彩、健康和諧的社區生活之中，促使社區居民自活動中有所啟發、有所收穫，其中蘊含著終身教育的理念、原則以及方法。

壹、社區學習的意涵

　　社區學習既是一種社會制度、經濟制度、政治制度，而且是一種社會文化、一種社會組織、一種認識論、一種整合化的生活方式。近年來，社

區終身學習已經蔚為一股重要的發展趨勢，欲發展學習社會，須先建構學習社區（林振春，1999）。隨著社會的發展，民國 84 年政府推展「社區總體營造」，強調「社區」是居民生活圈的範圍，其內涵為；以社區作為建立文化認同的中心；以社區作為提昇生活品質的起點；以社區作為公民意識養成的基地；以社區作為產業發展的地域；以社區作為整合社會資源的單位。因此，在「學習型社區行動方案」，社區的概念成為全民終身學習的網絡，積極塑造：社區是一個學習型組織；社區是屬於居民參與學習的園地；社區成為現代化社會的縮影；社區是具倫理與自律的場所；社區應成為公民社會的基層單位。社區教育強調是一種嶄新的教育工作形式，以社區為依托，跨出學院或學校的範圍，以全體社區成員為教育對象，為整個社區的利益而服務，是社區精神、倫理、文化、建設的基礎工程（楊國德，1996）。

社會學者哈柏瑪斯（J. Harbermas）將學習的類型分為三類，分別是技術性的學習、實踐性的學習與創造性的學習；社區教育是以此三者為理念的具體實踐，以期能體現社區發展所揭示──「福利救濟型」、「安全互助型」、「學習成長型」、「道德智慧型」以及「永續發展型」中的諸多目標（甘炳光，1997）。由於社區是組成社會單位的一部分，而家庭是組成社區的一部分，個人則是組成家庭的一部分；是以健全社區將有利於個人及社會的發展。是以，「社區教育」的理念，認為現行的社區生活充滿待提昇的生活習性，若能藉由高品質文化學習活動的推動，將能提昇全民生活素質；並且以「造人」──（參與學習的提昇）的行動策略來落實社區發展目標。同樣地，在社區營造的過程中，所強調的「造景──生活環境的改善」、「造產──經濟生活的增進」，也唯有「造人」才是整個社區營造的重要核心（社區營造學會，1998）。社區教育不單是營造一個民眾期待舒適的社區環境，同時是讓民眾在社區教育過程中，得到啟發與重視，並且透過參與的過程，發展公民意識與社區認同，從而開展生存意義與生命觀感，進而與社區生存及發展行動相互符應。

社區學習的作為，是希望達成如同美國學者 Colemen（1985）所提出的「機能性社區」（functional community）的觀點，強調社區對民眾成長與發展的影響；社區影響學校的經營績效，學校提供社區教育的機會（蘇景輝，2003）。是以，社區充分結合鄰近的學校組織，透過與社區中心、教會或寺廟等共同的推動，以結合為一學習性社區環境。學習社區對社區成員的影響與學校對學生的引導是一致的，咸皆帶領著成員一起互動與成長；建立社會資本的普遍提昇，這是一種強調社會性的「終身教育」，將有助於凝聚社區成員關係及生活品質的建立。

社區學習是落實終身教育，以對應社會發展的重要機能，而該內涵為：（社區教育學會，1995）

一、全民教育觀念的推展

在一定區域範圍內實現「教育社會化」與「社會教育化」的目標。把教育納入社會大系統，使教育與社會融合，教育功能經由學校與社區共同推動。

二、以社區內成員為對象

社區教育著眼於提高社區內全體成員的全面素質提昇，著眼於教育資源的開發與充分利用，尤其要建立終身教育體制，為個人達成終身教育提供學習條件。

三、與社區相結合的教育

發展社區教育的目的是使教育更好地為建設和發展社區而服務，為提高社區成員的生活素質而服務。

四、各種教育因素的集合

教育與社區雙向啟動，相互促進，社區教育促進社區發展，社區發展推動社區教育，實現教育與社區的結合，教育與社會的一體化。

五、立足於發展社區特色

要根據地區的特點，帶有自身特定的人文、地理和社會的特點，展開多形式、多層次、多元性的社區教育。

社區學習工作亦是一種為社區民眾服務的實際行動，在決策形成的過程中，若能採取民主化、由下而上的行動程序，將更能引起民眾的熱烈參與；因此，如何透過社區教育過程，將民主教育的精神，潛移默化於民眾的日常生活中，將是社會教育活動品質與永續發展的重要立基。提出社區教育的推動，可藉由六種工作程序來進行：第一，知識與資料傳播；第二，領袖人才的培訓；第三，社區群眾的動員；第四，居民關係的建立；第五，社區互助的促成以及第六，社區行動的帶領（林振春，2001）。

借鑑世界各國由於政治、經濟和文化背景不同，其對社區教育的理解和認識也不盡一致。國外社區學習的主要組織形式有：北歐的「民眾學校」、美國的「社區學院」、日本的「公民館」（Raymond, 1995）。

一、北歐

視社區學習為「民眾教育」，其以成人為對象，是一個自主學習單位，採取自學和研討的學習方式，以提高人文素質為目標，透過教育，使社區民眾自覺參與社區各種生活過程。各種形式的成人教育與地方社區的關係緊密，強調面向社區內所有成年人，形成了一種終身教育的作為。

二、美國

社區學院面對的是社區各界多元式的教育需求，普遍具備職業技術教育、補償教育、非學歷教育、大學轉學教育和普通教育五大職能。其包含以下六點內容：第一，方式：利用現有學校的師資及設施。第二，參與：參加者包括所有年齡、階層、種族。第三，目的：有助於滿足參與者的需要和成長。第四，規劃：發展多種計畫以適應這些需要。第五，協調：充

分結合社區內的各種機構和部門相互協作。第六，資源：多方面資金來源，包括公共的和私人的。

三、日本

公民館是日本最具代表性的社區學習綜合設施，其主要事務為：以青少年為對象的文化補習；開設各種內容的定期講座；舉辦展覽、研討會、實習會等；置備各種書籍、紀錄、模型、資料提供居民利用；休閒教育、體育活動，舉辦有關集會。另外，日本於推動社區教育時，強調為「社會教育」，其內容包含二個方面：第一是在學校教育的課程中加入有關社區生活、社區問題的內容，使學生對社區有所認識，進而培養社區意識，增強鄉土感情。第二是指學校作為社區教育文化中心，要向社區的所有居民開放，並對其組織展開教育活動。強調學校教育在社區教育中的地位和作用，是圍繞學校教育來推動社區教育的。

現代社區學習的基本特徵是在於充分利用社區資源，對社區成員實施全方位、全過程的再教育過程，即社區活動的教育化和學校教育的社區化，其是以社區成員身為教育主體和對象，面向人生、面向全社會的新的社會化方式。

社區學習推廣策略的目標是透過各種形式組織的成長，例如：結合人力、財力與物力資源，藉由某些有組織的活動，創造有價值的服務，以服務社區成員及全體社會，是以其特點為：（張菀珍，1999）

一、強化民眾對社區學習的認同：以社區成長的共同經驗創造社群生活的提昇，生活所積累的默契、情誼、價值觀、認同感與信賴感以及對彼此間的印象評價，以尋求社區生活品質的提昇。

二、引介社區學習對民眾的意義：以滿足社區成員的學習需求為出發點，規劃學習的未來願景，嘗試尋求自我超越、兼顧預防性與教育性的工作策略，以作為活動課程設計、目標優先順序、方案設計及決策過程的參照。

三、社區學習目標的建制與評估：社區學習宜透過現狀的檢討，以追求服務的創新性與差異性，強化現有人力、物力資源及社會關係，努力改

善所提供服務團隊的品質;強調目標範圍的集中。個體價值觀念因為社會變遷帶來學習方式的改變,如何瞭解社區生活脈絡的影響,需要行動者與社區居民不斷的對話與行動反思,方能建構一個滿足個體與社區需求的學習方案。

四、專業知能的統整與再造活動:透過專業規劃能力的再造、組織動員力量的激發、人力資源運作的技巧、督導溝通體系的建立、管理回饋的評估機制等,全面性的建構「社區教育專業知能的再造活動」。運用「組織合作關係」,是一種經由協商、承諾以及履行等階段的重複程序所形成,其間每一項都要以效率與公平性來評估。

五、社區教育規劃能力突破作為:依據社區發展任務,訂定使命的達成、工作計畫或工作策略的運用,及社區學習的設置目標。例如:教育活動的內涵,係以親職教育、子職教育、兩性教育、婚姻教育等為範圍,在學習計畫與行銷策略的運用方面,積極落實學習方案所設定的目標。

六、督導溝通體系的建立與發揮:妥善運用督導與溝通機制,協助社區成員解決問題、指引方向並能發揮激勵的作用,也是建立激勵制度的重要溝通體系。人力資源的運用,係依據當前及未來的方案要求與組織分工方式,培訓人力與資源調度事宜。

七、目標網絡的建構與發展策略:要多元化、人性化,也要切合民眾真正的需求,從觀察他們的語言、文化和生活型態,繼而瞭解他們對於社區教育的態度與關注焦點,在提供最合適體貼的服務之餘,也能建立完善的規範,保障社區民眾的權益,形成一種共同利益的關係就是一種合作關係,知識上共同分享,以增強每個成員的能力。

八、組織動員力量的激發與執行:結合人力資源、財力資源與物力資源,經由某一些有組織的活動,創造某些有價值的服務,以服務社區部分成員;即是經由規劃控制、流程設計、組織結構、權責劃分來整合資源、提供服務,以滿足社區的需求。受益對象的集中是指專門針對某一類人士提供服務,並且對該類人士的特性與需求非常瞭解,進而成為社區學習方案的主要對象,例如:老人、單親、雙薪、原住民、身心障礙、隔代教養家庭等,即是集中力量設法滿足目標對象的各種教育需求。

　　由於台灣於面臨少子化趨勢下，高等教育招不到學生的問題，未來勢將更為嚴重！據行政院經濟建設委員會最新人口推估，未來 10 年、20 年，大學入學人數，將分別較目前減少 9%、38%；甚至到 2056 年時，大學新鮮人將只剩 12.5 萬人！少子化現象對高等教育的衝擊很大，未來陸續會有一些大學面臨經營困境，推估可能有 1/3、將近 60 所學校因為招不到學生而退場。教育部除了研擬大學退場機制的消極性措施外，宜採取積極作為，依據《私立學校法》，增列私立學校改其他教育、文化或社會福利事業，善用學校資源及及朝向社區學習推動，將有助於社會品質提昇、人民素養增進，並使教育持恆發展等多元功能。

貳、社區學習的目標

　　社區學習從本質來說是一種教育與社區生活相結合的教育型態（蔡秀美，1999）。人類社會最早的教育模式與教育型態實質上一是種社區教育。社區學習從起源至今，經歷了三個不同的發展階段（蔡秀美，1999）。

　　第一，原始萌芽階段：其特點是教育和社會生產、生活結合在一起。社會的生產、生活過程就是教育的過程；其過程中所累積下來的知識、經驗、技能和社會風俗、生活禮儀、宗教信仰及道德規範等等，都是教育的內容；而父母、師長或其他年長者則是教師，教育的方式也是透過成年人的口授身傳，對兒童個別進行的，教育和整個社會生活渾然一體。

　　第二，學校教育階段：其特點是學校教育逐漸占有社會主導地位。學校教育不僅出現專門從事教育活動的教師，教育內容到教育形式都逐漸系統化和規範化。這一階段教育有一個顯著的特點，學校教育越來越演化與社區脫離的發展方向，成為少數菁英、優勢群體的培育力量。其一方面強化了教育的形式化、組織化、制度化，確保了教育的計畫性和目的性；另一方面又造成了教育與社會、生產、生活的分離，導致了為教育而學習，教育與生活各自發展。

第三，工業發展階段：現代意義上的社區教育，是伴隨著工業化生產及都市化生活的發展和進程而陸續出現和不斷發展的。最早可追溯到18世紀末，當時工業革命的實現，使得教育的模式與體系比較完善，教育內容更為充實，更加結合社會發展的實際。社區教育最初在英國興起，1976年英國創立了「工藝學社」，最初目的僅是向社區內的工人免費傳授工藝和應用類科學知識，後來成立班級，取得了對工人基本教育的成功，進而達到「學習化社會」的階段：社區教育的普遍發展越來越受到重視。

台灣地區推動社區學習發展進程上，有四個歷史性的關鍵階段：第一，是從民國57年起開始推動社區發展工作，基本上以聯合國推動的社區發展工作為核心，逐漸轉換到社會的基層建設。第二，是民國70年我國社區教育學會成立，著手推動社區教育工作。第三，是民國83年「社區總體營造」政策，推動社區教育作為。第四，是民國87年教育部「邁向學習社會白皮書」，宣示推動的學習型社區為主體，對社區學習理念與內涵產生不同程度的影響（林振春，1999）。

社區發展原本是一教育過程，其意義是指對社會變遷企圖作有計畫、有目的的積極反應。就是說，在許多可行資源中考慮與採取最合理之行動；涵蓋所有受變遷影響的人在開放、民主的素養中作決定。因此社區發展可被定義為一種促進社區及其成員互動，並導致兩者同時進步的教導與教育過程（Heimstra, 1981）。在我國的社區發展體系中，對於社區學習的進行雖有社區與學校結合的規劃，但這樣的構想與其說是對學校資源有效的利用，更精確地來說，它所反映的是國家將社區教育類同於由國家所提供、鼓勵的國民素養的想法。

社區教育的歷史，社區學習的概念是讓居民經由學習，進而參與社區發展的工作。社區教育的目的是讓個人充分成長與社區能良好的發展，就社會發展角度分析，社區學習旨在促進社區朝現代化的發展過程，在此過程中，社區發展依賴政府的經費補助、學者專家的意見諮詢等外在協助。具有發展性的社區，剛開始勢必依賴外在的資源，中程階

段逐漸減少依賴的程度，而後發展出屬於社區獨特歷史文化脈絡、人文地理景觀等社區風貌。另則社區發展學習文化的同時，必然遭遇全球化與世界體系的衝擊，思維全球化、實踐本土化是社區發展必須思考的議題（李天賞，2005）。

從學習文化的向度分析，社區教育必然包含社區的文化、人文、地理與地方產物等層面的學習內容，其推動以把握下列理念：（蔡秀美，1999）

一、社區學習即是社區發展

透過社區學習的進行，能夠適性的發展，進而提昇個人社會生活能力與批判能力，此社區學習正是終身學習的一環。社區成員個個成為教育人（education human），具有成熟的思想、社會公正的道德感、不斷學習的動機、與人相處的能力、自我反省的批判能力與充分發展的能力。

二、社區總體營造應植根於教育，並建立社區文化

社區營造唯有藉由教育的手段始能落實，並提出協助社區建立社區文化的建言。為了改善政府指導或專業人士協助的社區營造無法獲得社區居民的支持；首先是居民必須先具備能力，能力的獲得又必須透過教育與學習的策略來達成。

三、教育與學習是社區營造的核心

社區發展的活水是社區居民的學習，唯有學習與教育，方能面對訊息萬變的經濟、社會的變遷。在社區營造的過程中，應強調教育的重要，造人是社區營造的核心。

四、社區營造是造人的歷程，須透過社區文化與社區學習來達成

主張社區總體營造，是要營造出一個新的社區、新的社會和新的生活，在這造人的工程中，是依賴社區成員與專業社工的互相學習與自我改造。在此造人的歷程中，就須藉助社區文化與社區學習。

參、社區學習的推動

在變遷社會中,以社區作為穩定社會秩序的基石,期望以社區此一公共生活的單位為基地,從事撥亂返正,將「社區」視為是一個整體、內聚的單元,以「社區」作為道德振興的基地。「社區發展工作是國家建設的基石,因此社區發展工作中精神倫理建設方面,關於社會優良風氣的維護及倡導、公共道德法律知識之宣傳、敦親睦鄰之宣導、模範家庭及好人好事的表揚、守望相助及保防自衛之演練……自應以社區為起點,形成蓬勃的社會運動,扭轉社會風氣,重振國民道德,使社區發展工作成為建設三民主義新中國的先驅。」(蔡漢賢,1986)

社區學習模式依據其屬性可以劃分為:(Chaskin, & Venkatesh, 2001)

第一,社區發展模式:社區學習工作者作為一個「協助者」,參與當地各種社區教育項目,提供訊息、資源和建設性意見,當有需要時,還需要為更系統的學習、專門技能與此相關的技術訓練提供機會。此外,成人教育工作者還努力組織相關機構,為當地地區提供教育面的服務、資源和有關的訓練。在這種模式中,社區發展和社區教育被看作是能夠將整個社區吸引進來,集中精力解決問題的過程。其接受了多元社區的性質,致力於透過解決社區問題,來提高不同的、有衝突的組織之間的交流和理解。

第二,社區行動模式:此模式特別強調社區學習與社區行動結合起來,強調在解決當地問題時建立可選擇機制的重要性,其提倡社區教育工作者與當地社區,以及在這樣的社區中建立的機構組織,保持有機的聯繫。該教育模式引起了人們對社區議題的重視。在其試圖改變所處的境況的過程中,居民們越來越深入地瞭解到影響其生活的因素,更清楚認識到與其他有組織的群體合作、共同努力的必要性。

第三,社會行動模式:此種模式與美國和英國的勞工運動有許多共同之處,其將重點集中於動機和內容,以及艱難的教育努力上,集中於社會行動上,認為有社區教育工作者參與並提供支持和幫助時,社區行動才可

能成為一個教育過程。透過教育活動，人們將從更廣泛的社會、經濟和政治結構背景中，來探詢社區問題存在的社會根源。

學習文化藉由情境認知（situated cognition）的文化知識觀點做基礎（Leff, 1997），從這個觀點知道如何瞭解情境（situated）的方法，如何與情境相互作用，脈絡情境用以支撐思想與學習不僅僅提供有用的訊息，情境脈絡與認知過程是不可分割的。是以，離開經驗脈絡的學習，不算是學習，只有在經驗中才稱得上是學習。是以，社區教育強調的學習模式有別於學校教育，其要素有下列：（Leff，1997）

一、終身的學習（lifelong learning），傳統的教育系統已被終身學習所取代，學習的歷程是從搖籃至墳墓（womb to tomb learning），學習必須是個人生涯全程的活動，此為「終身學習」。以知識為基礎的社會，終身學習的觀念取代了階段、特定的教育系統。因此，社區教育必須發展並促使教育系統得以確保學習成果與個人生涯相結合，既是鼓勵社會成員能持續不斷地學習，終身學習讓個人生涯發展彈性化，並且在快速變遷的社會，增進個人的適應力與能力。

二、主動的學習（learning driven learning），社區教育的學習驅力，是來自學習者本身，學習者同時得到師長或支持團體的指導，根據學習者的需要，規劃並實踐學習活動，促使個人充分的發展。

三、即時的學習（just-in-time learning），即時的學習係指社區教育要能在學習者有高度學習動機及渴望參與學習時，學習機會與學習管道能及時提供。

四、定製的學習（customized learning），定製的學習是指社區教育系統及學習諮商者應規劃、設計及輔導，針對不同學習能力與偏好的學習者，定製合適的教育套材。

五、轉換的學習（transformative learning），學習促使人們面對挑戰，能改變人們的信念體系、行為型態，以因應新的需要與機會，並克服劣勢及不利地位，學習的主要目標在於促使個人價值體系的改變。

六、合作的學習（collaborative learning），現今多元的社會強調有效的合作學習，尤其是現代化的社會，個人能力有限不可能知道任何事，唯有

採取合作廣泛眾智的深化知識,方能面對複雜的問題,而深化知識需依賴個人、組織相互的合作學習文化。

七、脈絡的學習(contextual learning),脈絡學習主張學習必須要與學習者的經驗及期望相關聯,傳統的學習觀念認為知識要由博雅者透過傳授、講述的方式。學習坐在課堂上聆聽達成學習的效果。脈絡學習文化則強調學習的產生是藉由真實生活的環境與社區教育而完成。

八、方法的學習(learning to learn),過去對於學習的假定,人們不需要學習如何學習及思考,僅經由灌輸便能達成教育目標。現今則假定,人們知道如何學習及思考,則能提昇其學習與思考的能力。學習與思考的教學是當前教育體系的一項重要工作,經由個人與團隊能力的發展,才能瞭解有效的學習計畫,進而管理及實踐自身的學習活動。

自歷史發展,社區學習受到一定時空背景的影響,就其主要組織形式可以區分為:(蔡培村,1996;林振春,1999;甘炳光,1997;賴兩陽,2002)。

一、芬蘭老人大學

北歐各國是世界上最早發展成人教育和老人終身學習的地區,芬蘭又是其中生存危機意識最高的國家。因為芬蘭人口少怕被滅絕,老化快怕以後連開消防車的人都沒有,周邊有個武力強大的俄羅斯威脅。所以,芬蘭希望使所有人都是有用的人,所有人都感覺到自己是很有價值的人,來提昇國家競爭力,也讓每個人平等而活得快樂。因此,芬蘭很重視教育,也重視老人教育。老人教育主要的目的是基於維持老人最大程度的獨立自主生活,並且讓老人到了晚年可以超越障礙,實現自我。芬蘭基於基督教文化,相信人只要一息尚存,就可以創造,可以分享,可以幫助別人,可以享受身為人的尊嚴。因此,老人教育也往這個前提去設計發展。現在在芬蘭,機構性的老人教育的管道很多,包括空中大學、第三年齡大學、就業訓練繼續教育、退休準備學習、各種健身俱樂部等非常多樣,要平衡重視身體、心理與社會三方面的發展。

老人（第三年齡）大學辦到安養院裡面去，老人教育與圖書館、文化中心、博物館的資源整合非常普遍。老人教育和中小學的教學在音樂歷史美術體育等課程的整合，與促進小孩成長與世代溝通的機會，也創造老人與學校雙贏。第三年齡大學還要請芬蘭最頂尖的科學家來報告學術研究成果，讓老人跟上社會發展，也鼓勵老人分組做獨立研究，國家工研院甚至發動活動請老人參與研發手機的未來。老人教育透過互動增進彼此的關係，增進適應老化的素養，也延續享受學習的樂趣，甚至體驗年輕時無暇實現的願望。芬蘭也設立許多培訓老人教育種子人才的機構，讓老人教育者先認識自己，繼而懂得老人的成長歷程，進而能運用資源把逝去的歲月透過音樂圖片和討論找回來，活在當下但是擁有過去。芬蘭人愛閱讀，甚至為失智老人編故事書。常有人問是不是因為芬蘭有錢，所以有這些教育建設？實際的答案是，對人的看法造成對事情的做法。芬蘭流行服務別人的文化造就這些老人教育機構。借鑑此北歐教育重鎮，台灣也可以創造適合我們的老人教育資源，只要我們願意去做，願意真的去問老人需要什麼，願意從內心去彼此看重，社區教育當可以落實。

二、日本老人大學

2008 年，日本總人口比上一年減少了 5 萬，為 1.2771 億人。日本 75歲以上老齡人口首次突破總人口的 10%，共計 1,321 萬，其中男性 498 萬，女性 823 萬，70 歲以上人口為 2,017 萬人，也就是每 6 個人中就有 1 人超過 70 歲。65 歲以上的老年人口，達到 2,819 萬，占總人口比例為 22.1%。與此同時，14 歲以下人口只有 1,718 萬人，少於 70 歲以上人口。

1981 年由中央教育審議會向文部省提出關於終身學習的報告，此舉顯示日本的教育轉向終身學習作發展。1984 年，中曾根首相成立「臨時教育審議會」，提出教育改革的具體方案，其中包括終身學習體制的建立、高等教育多樣化。在發展終身學習方面，則有多項建議：根據個人因素評量個人成就，加強家庭、學校及社區三方面的功能及合作，提倡終身學習運動，以及發展終身學習基礎建設（胡夢鯨，1997）。1988 年將文部省的社會教育局改稱終

身學習局（生涯學習局），成為文部省內的第一大局，其下分成五課，除原本：社會教育、學習資訊、青少年教育、婦女教育等四課，另外設了生涯學習振興課，專辦有關終身學習活動事項（陳淑英，民 84，頁 9）。1996 年，文部省發表「終身學習社會的優先與展望——多樣性與精緻化的增加」白皮書，指出邁向 21 世紀時，必須創造一種豐富的與動態的社會環境，人們能夠自由的在其一生中任何時間內選擇學習的機會。而且學習管道不僅是透過學校和社會教育，亦包括運動、活動、嗜好、娛樂及志願活動（教育部，1998）。

　　快速發展的人口老齡化，已經並將進一步成為影響經濟社會發展全局的重大問題。隨著人口老化；養老金和老年人口醫療費用負擔壓力越來越大；高齡、空巢和失能老人越來越多，為老社會服務需求日益擴大。尊重、關愛、照顧老年人是傳統美德和社會文明進步的重要指標，社會對老齡工作高度重視，秉持「社會參與、全民關懷」的方針，著力解決老年人的現實利益問題，進一步加快健全老年社會保障制度，努力促進養老服務業發展，切實維護老年人權益，紮實推進老齡事業又好又快發展。各地區、各有關部門圍繞「老有所養、老有所醫、老有所教、老有所學、老有所為、老有所樂」的目標，制定和實施老齡事業發展規劃，健全和完善老齡政策法規體系，維護老年人的合法權益，老年人社會服務體系不斷完善，老年人享有的養老和醫療保障水平顯著提高，得到的生活、醫療、照料等服務更加快捷方便，精神文化生活更加豐富，社會參與日益廣泛，全社會共同應對人口老齡化的意識正在增強。對此，政府制定了「國家養老長期行動計畫」，其中包括為老年人提供繼續學習的機會，舉辦各種尊老活動，提醒社會更多地關心老年人。老年大學的成立就是讓老人們老有所學，老有所樂，過上健康的生活。大學不僅為老年人開設了電腦應用、金融、會計、藝術史等課程，還為青年人開設了照顧老人的學習班，提高和改善老年人口的社會福利保障。

三、我國社區大學

　　在邁向學習社會的過程中，社區大學扮演著重要角色，從民國 87 年成立第一所社區大學迄今，已陸續成立了 87 所社大，並有 18 所分校，每

一期可提供 35,000 個學習名額，社區大學提供一個成人終身教育的實例。社區大學的課程，包括人文藝術、健康身心、國際視野及充實公民素養的知能等課程，以提昇公民生活的品質。在社區大學的學員中，有學畫畫、有學舞蹈、有做木工，甚至學天文、學攝影等，透過各種課程的學習，有人發展出一技之長；有人找到自己的興趣。除此之外，社區大學亦重視親子關係、走入社區關懷老人，希望讓社區學習匯聚成一股良性的社會動能。

社區大學的理念係參考美、德等國的經驗，並針對台灣社會的條件而推動。其課程特點為：

（一）拓展生活視野課程

有學術課程、社團活動課程與生活藝能課程。社團活動課程的目的，在發展學員的公共領域，藉由公共事務的參與，面對社會問題，引導社會關懷，提供宏觀思考的培育。以實務結合學術課程所研討的理論，學員可以得到較紮實的自我成長機會，深化自己對周遭世界的認識。另一方面透過社團活動，發展緊密的人際網絡，則有利於促發民間力量的形成。辦理社區規劃課程，深入社區各角落辦理社區活動、蒐集居民需要，對理想的社區環境進行規劃，像圖書館、文化中心、綠地、兒童遊戲場、居民聚會場所、游泳池等的配置、道路分布、人車分流、植栽設計、社區美化等。辦理地方文史課程，探查地方過去的歷史、人文典故、特殊建築與民間藝術。辦理環保課程、社區工作課程、老人關懷課程、婦女兒童虐待防治工作課程、原住民文化研究課程等，在在都有益於凝聚社區意識。

（二）提昇人文素養課程

讓學員以較寬廣且較深刻的觀點去看待生活世界，才不致使人對世界的認識，流於狹窄與表象。宏觀而深入的檢視自己與他人（人文學）、與社會（社會科學）、與自然（自然科學）的關係，才能夠作較根本的思考。

（三）藉生活藝能課程充實生活內容，重建個人的價值觀

經由修習生活藝能課程，以充實社區居民的生活，使得生活內容變得多元而具創造性，以走向進步社會所必要的多元發展。像水電修護、汽車修護、木工，以提高生活自主能力；「居家建築與景觀設計」，培養對生活環境的美感，並激發不同的創意；「自製衣食」、「健康與飲食」，以充實生活內容，使生活多樣化，激發創意，產生新觀念與新文化。

社區大學教育的功能，在啟迪心靈，發展潛能，豐富生命，增進人的意義和價值，以「終身學習，多元成就，開發創意」為主軸方向發展，期待發揮「培育現代公民，帶動社會進步」的功能。

四、彰化二水社區大學

民國 61 年，謝前副總統秉著飲水思源、為造福桑梓、提高鄉親生活品質，推展倫理教育、強化家庭功能，以加速達成禮儀之鄉，將二水故居捐給實踐大學，設立家政推廣實驗中心。中心坐落於二水鄉光化村，建地五百四十餘坪，為一中西合璧之四合院式建築。提倡「社區媽媽教室」，舉辦全省國中小學、高中、大專校長研習會，討論如何推動社區教育，加強民眾社區意識、堅強社區組織、期望社區發展工作得以和教育工作結合，因此為結合有志於社區教育領域之學者專家、實務人員共同致力於社區教育的推展。民國 98 年為落實終身教育的時代趨勢，進一步成立「彰化二水社區大學」，秉持「終身學習、即時受用、及時學習、終身受用、處處學習、事事學習、時時學習」精神。

發揮「時時有行動，處處有感動」，散播社教之美，用真誠的心提昇社會的善。並以進一步弘揚中華民族尊老敬老的傳統美德，大力發展老齡事業，給予老年人更多生活上的幫助和精神上的安慰，讓所有老年人都能安享幸福的晚年。課程有：

(一) 養身：健康塑身瑜伽，養生保健班。

(二) 運動：九九太極拳，四十二式氣功推手。

(三) 知識：電腦基礎網路初探班，外籍配偶及失學民眾識字班，實用
　　　日語會話班，詩詞吟唱班。

(四) 環保：環保創意手工皂。

(五) 休閒：卡拉 OK 教唱班，大都會排舞，國際標準舞，中東肚皮舞，
　　　社交舞，民謠二胡，書法班、詩詞吟唱班。

　　社區教育秉持人的一生當中有無限可能，需要探索與實踐，透過學習
能多方面成長，使人生充滿希望。終身學習有三寶，意即終身運動、終身
學習、終身反省。所以學習是件快樂的事，必須不斷充實自我發揮生命力，
可使美夢成真。並落實「邁向高齡社會老人教育政策白皮書」的四大願景：
終身學習、健康快樂、自主尊嚴、社會參與。

肆、社區學習的落實

　　社區學習就是社區整體的、長遠的、發展的關鍵，從社區的教育與學
習著手才是社區發展的活水（陶蕃瀛，1994）。社區想要發展良好，必須從
社區居民的教育著手，而社區教育成功的關鍵又以社區學習最為重要。是
以，政府民國 57 年頒行的「社區發展工作綱要」第十二條的精神倫理建設，
強調社區學習的重要，進而塑造社區學習文化。教育部於民國 86 年公布「邁
向學習社會白皮書」中，明確推展學習型社區方案，「促進社區學習體系的
建立……增進社區學習的機會與風氣，以塑造社區學習的文化。」社區教
育是對於社區發展有著重要的影響，有助於社區發展與社區學習體系的建
立。所強調的學習具有以下特徵：（王政彥，2002）

　　第一，學習是一種情境過程（learning as a situated activity）：從情境認知
的觀點，學習是參與一個文化意義系統（culture meaning system）的過程，要
瞭解和學習意義必須嵌入文化之中，孤立於環境與文化不能算是學習。學
習須和環境、他人進行意義系統的分享，這個概念強調學習是經驗的核心。

　　第二，學習是一種社會經驗（learning as a social experience）：就情境學
習而言，學習植基於參與社區的實踐，大部分的學習是經由觀察、模仿和

參與而獲得，並非只有實質的東西才能學習。社會學習理論（social learning theory）認為人類的學習，係透過人際與環境因素的交互作用，獲得有用的訊息所產生的過程，此為個人社會化的歷程，經由社會中的交互作用，運用增強、模仿與認同作用等方式來學習。

第三，學習創造嶄新的自我（learning a new self）：經由情境認知、社會互動的學習歷程後，其最終的目的是自我的改變（change of identity），學習與自我是不可分割的，自我無法從學習和文化層面分離。同一依靠在自我的概念上（identity rest on self-concept），由三個部分組成，分別是個人的（private）、集體的（collective）和公共的（public），個人的係指個體的特性、狀況與行為；集體的是指個人是團體的成員；公共的意指個人如同他人的代表（individual as represented to others）。所有的自我均涵蓋上述三種範疇的成分之一，但在一個特定的自我概念運作的程度是隨社會的文化脈絡與行動的立即情況而變化。

第四，教育學習文化的要素：在 21 世紀為了建立一個以知識為基礎的產業架構，是需要發展學習文化的，學習文化的要素是什麼？從終身教育理念的推動及學習型組織的發展，均促使學習文化的接續出現，並引起社會的關注。在 1990 年代至 21 世紀早期，世界快速變動，知識的創新累積與過時更加迅速，每一個人需要不斷地學習，在觀念上有繼續不斷學習態度，並發展新的技術與能力以便適應邊變的世界。

社區學習的目標是培養和塑造有知識、能力、以社區發展為己任的優秀公民，要達到此目標，必須在知識、行為和感情三個方面使工作對象有較大的進步（Fiffer, S. & Fiffer, S. S., 1994）。

第一，知識方面：掌握社區生活或共同問題的知識及資料；理解資料之間的相互關係，並能清晰地分析問題；在掌握和理解資料的基礎上能夠觸類旁通；在正確分析、評估問題及政策的基礎上提出創新的建議。

第二，在行為方面：對社區領袖而言，熟練掌握與群眾溝通的技能，善於表達對他人的關懷和愛護，能理解文件和有關資料，懂得行政及會議的技巧，擁有社會行動和基層動員的能力。對一般居民而言，應掌握

資訊的技巧。方式是社區工作者帶領工作對象在模擬訓練、或實踐中邊做邊學。

第三，在感情方面：人的價值觀具有可塑性，會隨著年齡的增長和實踐的發展不斷修正。社區工作者從各方面引導居民，改變其對參與、社會公義、公民權益的觀感和價值取向；也可透過行為反思的方法澄清價值觀，是其在社區活動中由冷漠、消極、被動轉向熱情、積極、主動。

為了達到經由社區學習的實施，以增長社區民眾素養，社區教育推動時，可依據對象採取不同的類別：（Hardcastle, & Powers, 1997）

第一，補償式教育：社區工作者服務的對象主要是一般大眾，社區教育課程和社區工作者所提供的教育機會，可彌補其沒有受過正規教育而造成的知識短缺。

第二，控制式教育：這種教育強調公眾行為的規範。這種教育的目的在於導正不守公德和秩序的行為，以建立公民應有的態度和表現。

第三，啟發式教育：主要是把群眾從過去一些傳統思想的束縛中解脫出來，發揮其在知識、態度、行為和價值觀念上的潛能和積極性，採取集體行動去建構一個理想的社會。其主要有三大功能：一是素養提昇，使居民意識到社會對個人的責任；二是培養居民的集體參與的過程，能在日常生活及思考方法上培養出理性的思維；三是集體行動，以眾人的力量達到所追求的目標。

推動社區學習需要結合社區既有資源，其中的具體作為包括有：（林振春，2001）

第一，各地區的社區活動中心成為社區學習中心：社區營造著重軟、硬體的建設，運用社區活動中心，規劃成社區的學習資源中心。

第二，運用社區內的教育機構：位於社區的學校，包括大學院校、專科學校、高中職校與國中小學等提供場所、教師等相關資源，作為社區學習的場所。

第三，建構社區寬頻網路系統。在網際網路的世界，運用網路可進行e-learning、遠距教育等。因此，建構社區寬頻網路系統在資訊網路時代中

更顯得重要，社區有了寬頻網路系統，居民即可進行線上的同步及非同步的網路學習。

第四，有線電視系統作為社區學習的頻道：社區的有線電視系統網往往僅作為社區新聞報導、廣告宣傳、娛樂節目的播放，站在學習的角度思考，可依民眾的學習需求，規劃學習性的節目。

第五，社區大學也是社區學習文化的場所：依據終身學習法，地方政府得自行辦理或委託民間辦理社區大學，提供民眾學習的課程。

第六，公共圖書館要成為社區學習中心，在台灣每個鄉鎮均設置有圖書館，圖書館內有藏書，作為社區學習中心是很合適的。

第七，結合各類社會教育、文化機構、民間學習組織、企業資源，建構學習網絡：各社區內有不同類型的機構、組織或團體，運用其組織的人力、設備或經費等資源，規劃暨建構不同類型的學習網絡。

藉由大學豐厚的資源導入到社區學習，可以辦理的項目包括：

第一，生活教育：生活教育工作員或社區工作人員利用講座、展覽、小組及宣傳活動，灌輸家庭溝通和人際相處的態度和技巧。

第二，公民教育：其目標是為公民有效地參與社會的政治、經濟、文化的運作提供準備，更為生活在日趨多元化的社會做準備，其目的是啟動群眾的覺悟，提昇其自立、自決的能力，以積極主動的姿態參與到集體行動中來，解決困擾的問題。

第三，成人教育：以社區為單位，以社區的發展為目標，以社區成年人為教育對象，針對社區發展的特定需要而展開的教育活動。社區成人教育面向大眾，體現教育平等和民主觀念，體現教育終身化和社會化的精神。

第四，健康教育：主要為提供居民保健和預防疾病的知識，以達到預防保健，提高生活品質。

第五，培訓教育：社區工作者透過個別教育的方式，訓練社區領袖，向社區領袖傳授知識和價值觀念，培養其批判性思維，培養其領導和服務社區所需要的各方面的能力和技巧。

　　21 世紀是知識經濟及終身學習的新時代，1998 年聯合國教科文組織
（UNESCO）呼籲各國政府要把高等教育延伸為「終身學習」。今日社會必
須因應這項時代需求與趨勢，尤其面對高齡化社會的來臨，「成人終身教育」
格外重要。參酌世界各先進社會於應對知識經濟社會時，終身教育厥為主
要的發展途徑，適值我國大專院校因少子化呈現教育資源過剩之虞，可藉
此歷史的機遇，積極朝向社區教育的推動，將教育內涵擴充至社區，將教
育對象推向全民，善用教育資源成為教育大國，期間借鑑世界教育先進社
會，甚而是教育為啟迪社區啟蒙民眾的機制，以帶動社會的全面提昇。

結語

　　終身學習的旨趣是在使每一個人在人生的每一個階段，都有適合其需
要的教育機會，在縱向而言，包括家庭教育、學校教育與社區教育的銜接，
在橫向而言，是正規教育、在職教育與非正式教育的協調（教育部，1998）。
社區教育的社會強調全人發展，重視個人自由，使學習成為一種生活，擴
展人生的意義與目標。社區教育主張個體在一生中的任何階段均要不斷地
進行學習活動，才能適應社會的需要；它強調在兒童幼年時，就要激發他
們有終身學習的動機和準備，成年時才能繼續增加新知、提昇技能，以適
應工作和生活的需要。社區教育乃是經由個人的一生，完成個人的、社會
的，以及專業的發展，以提高個人及團體的生活素質，隨時接受的教育。

　　社區居民在學習的作為中，發展出社區學習文化，社區學習文化建立
後，社區居民能夠充分發展，整個社區能永續發展。強調今日的社區教育
是，以社區的地理空間內的居民，運用學習與文化交互作用衍生的學習文
化內涵，透過不同的學習狀態，建立在社區成人的學習需求與動機，個人
及社區意識的覺醒，以及社區的發展，能保存、運用並創新社區的知識、
精神、文化、歷史、地理的發展及其產物，最終使個人獲得知識的開展，

個人充分發展，進而使社區開創美好的未來，所形塑的一種社區學習文化，而此社區學習文化成為社區居民生活方式的一種，並隨社會、政治、經濟與教育的變遷發展，而不斷演變的一種學習活動。

第十七章　社區照顧政策與作為

前言

　　人口老化（Aging of population）是一個全球化的趨勢，由於科技的昌明及醫藥技術的發達延長了人類的生命，生育率和死亡率的逐年下降，造就了愈來愈多的高齡人口。台灣五十餘年來，於社會、經濟、教育及醫療等大幅改善，國民健康狀況已有長足發展，國民平均餘命逐年增加，又加上都市化及人口遷移的情況，相對地影響到家庭在照顧老年人口的功能減退或人口缺乏的問題，人口結構產生急劇的變化。近年來獨居老年人口增加及長期照顧議題，彰顯了老年照顧的困難。

　　老年人口的增加及其所帶來的現象；在多數的國家中，對家庭及政府帶來了許多照顧層面的問題。由於並不是所有家庭都具備照顧老年人口的意願及能力，也相對產生老年人口能否如昔日般被尊重和受照顧的疑慮。在這樣的情況下，家庭中依賴人口的照顧需求及問題被注意到，在老年人口部分，可以發現長期照護理念被提倡，機構與社區照顧都同樣被重視，成為社會政策中的重要議題。爰此，社區照顧工作是以社區為本位，希望照護工作透過被照顧者本身、其家庭成員、鄰里、志工，以至整個社區的參與，達至社區整合，為有需要的人士提供照顧及支援。

壹、社區照顧的規劃

　　醫療科學的進步，使得死亡率逐漸下降，逐漸感受到人口老化的壓力，「人口高齡化」的現象與所產生的問題逐漸浮現。人口老化所帶來的社會

意義之一，即是老年依賴比率的增加，突顯了未來老年人口照護的問題。人口老化是 21 世紀人類社會必須面對的重大挑戰之一。醫療科技雖讓人活得久，但不見得活得好、活得健康，有時甚至只是讓人的失能歲月延長，這是希冀長壽的古人難以想像的困境。依據統計，台灣老人在生命最終階段，陷於失能的生存年數，男性約為 6 年，女性則是 7.5 年。在這些失能年歲中，若無他人的協助與照料，許多老病殘者無法獨活。由於人口結構快速高齡化、需照顧的失能人口增加等因素；加以家庭結構的變化影響功能施展範圍，家庭功能的轉變也影響成員原有角色，不單是要負擔家庭內的角色，也相對承擔著更多家庭外的角色，因此透過其他制度的協助，更進一步協助成員處理原本應負擔的家庭功能，也疏離了原本傳統角色中家庭成員的互助觀念，使家庭的問題更顯得複雜，無法由家庭一手包辦。是以，建構完善的長期照護制度相當重要。

所謂社區照顧，是指整合全部社會資源。運用正規照顧網絡，為需要照顧人士在家庭或者社區中提供全面照顧，促成其正常人的生活。一般而言，照顧基本可以從四個不同層面進行界定：

一、行動照顧：起居飲食的照顧、打掃居所、代為購物等。

二、物質支援：提供衣物、家具、現金、食物和服務等。

三、心理支持：問候、安慰、輔導等。

四、整體關懷：留意生活環境、發動周圍資源提供支援等。

隨著社會進步，人們更加關注自身的生存狀況，要求更加全面、周到的社會服務。除了少數的人之外，社會上多數人都有一種對於其穩定的、較高的生活期待的欲求。這種心理需要歸納為自尊需要，這種需要的滿足導致一種自信的感覺，使人覺得在這個世界上有價值、有力量、有能力、有尊嚴、有價值。這種需要同樣應當體現在社會服務中。物質生活的改善使得人們對精神服務的需求越加強烈，自尊意識的增強使得人們對社會服務提出人性化的要求。單純依靠政府的財政支持，已經難以滿足人們對社會服務的需求，因此導入提供社區照顧，以彌補政府福利制度上的不足就成為發展的趨勢。

　　根據國內調查結果及國外發展的模式推估失智人口，發現，年齡愈大，失智症盛行率也愈高，以 65 到 69 歲為例，失智症盛行率為 1.2%，70 到 74 歲增加到 2.2%，85 到 89 歲高達 16.3%，90 歲以上，幾乎每 3 人就有 1 人有失智症。據統計，目前國內每百名青壯年要照顧 14 名老人，到了民國 145 年，要照顧的老人將增加到 7.5 人。不只臥床老人需要照顧，失智症患者「好手好腳」，會自己穿衣、吃飯、走路，但會到處趴趴走、走失，甚至會有妄想、幻覺等，更需要人在身邊看著，照護壓力更形沉重。照護工作是 24 小時不得停歇的「愛的勞務」。研究顯示，在無替手的情況下，家庭照顧者一天工作時數為 19.2 小時，而且沒有周末、假日，一年的工作時數近 5,000 小時，幾乎是一般上班族的兩倍。有些照顧者身心俱疲，甚至比失能者更早一步撒手人寰，無怪乎外國學者形容照護工作是「生命的交換」。人皆會老，失能者家庭承受的照護重擔，是每一個人都可能面臨的處境。每位公民都有權利要求，這樣的生命風險必須改變。

　　從實踐的角度對社區進行分類剖析，可將社區照顧分類為「社區內照顧」和「由社區照顧」。

一、社區內照顧

　　社區內照顧是指需要照顧者在社區內小型服務機構或者住所中，獲得專業工作人員的照顧，屬於正規照顧的範疇。其旨在克服機構照顧的不足，將原本由機構提供的專業服務轉向社區提供，改善需要照顧者的生活環境。一般而言，機構照顧在照顧中居於主導地位，其原因有：第一是部分居民認為只有專業機構才能夠為需要照顧者，尤其是需求者提供良好的照顧；第二是在資源有限的情況下，人們選擇經濟效益原則作為，為了滿足大量的需要照顧者，實現有限資源的效用最大化，規模效應使得大型機構的建立成為最佳選擇。其可統一管理、服務，為需要照顧者提供相當水準的服務。然集體照顧的必然結果是忽視了需要照顧者的個別需要，且大型機構一般都遠離社區，需要照顧者會被迫離開熟悉的社區。與機構照顧不同，社區內照顧以需要照顧者的利益為著眼點，強調在社區內為需要

照顧者提供全面性的服務。一般而言，機構照顧轉向社區照顧的方法有以下：

    1. 把遠離社區的大型機構移回社區；

    2. 把社區內的大型機構改建為小型院舍；

    3. 強化和充實社區原有的正規照顧。

二、由社區照顧

社區照顧不能不考慮資源的有限性問題，因此，協調需要照顧者的個性化需要和資源有限性之間的矛盾，也是社區照顧面臨的問題。社區照顧是指社區內的人士，如家人、親友、鄰居、志願者等，為需要照顧者提供的照顧。需要照顧者也可以為他人提供照顧。社區照顧屬於非正規照顧，因此，需要對社區居民進行社區照顧的培訓，使其掌握社區照顧的知識和基本技能、技巧。同時，社區居民其自身財力有限，政府應當為其參與非正規照顧提供一定的支持。社區居民尤其是需要照顧者參與非正規照顧可以提高其對機構照顧的評估能力，促進專業人士提昇服務水準和質量，從而實現非正規照顧和正規照顧的良性互動。

因此，社區照顧並不單純強調社區居民的積極參與，也注重政府、專業機構、社區居民的相互配合，最終形成為需要照顧者提供全面性服務的照護體系。為了有效動員社區居民參與社區照顧，必須建立社會支持網絡。社會支持網絡是指能夠為個人提供支持的人與人之間的特定聯繫。社區居民在日常生活中可與家人、親友鄰居甚至志願者之間形成密切的聯繫。雖然社會支持網絡屬於非正規的支持系統，卻通常被視為解決個人和社區問題的方法。因此，社區支持網絡是補足正規照顧的一種輔助模式。社區照顧的終極目標是努力促成需要照顧者留在社區內，盡可能保障其過正常人的生活。英國制定的社區照顧政策指出，社區照顧的目標是盡量維持需要照顧者在社區或其自然生活環境內的獨立生活，直至其必須接受機構照顧。

由於人口老化的速度急劇上昇，高齡化的結果，老年人口的各項問題已成為政府施政重要的課題，愈來愈多民間團體亦加入此課題的參與及投

入。由於老年人口的生活、心理及各項照護需求有其特殊性及必要性,且現今家庭及社會結構的改變,台灣社會明顯的從以務農為主轉變為工業發展為主的社會型態,更造成老年人的照護需求有極大的改變,人口老化後的生理機能退化後的照護更帶給許多家庭生活上及經濟上的困擾,因此老人的長期照護需求亦隨之加速增長。隨著老人人口快速成長,慢性病與功能障礙的盛行率將急遽上升,這些功能障礙者或缺乏自我照顧能力者,除健康與醫療服務外,也需要廣泛的長期照顧服務。為滿足長期照顧需求人數的快速增加,行政院於 2007 年 4 月核定「我國長期照顧十年計畫」,規劃建構一個符合多元化、社區化(普及化)、優質化、可負擔及兼顧性別、城鄉、族群、文化、職業、經濟、健康條件差異之長期照顧制度。

根據身心障礙者權益保障法,有關障礙者社區照顧分成「居家服務」與「社區服務」,此二者的目的不太相同。根據該法,「居家服務」的目的乃:「為協助身心障礙者得到所需之持續性照顧」,而其實施策略則是由直轄市、縣(市)主管機關提供或結合民間資源提供:「居家護理、居家照顧、家務助理、友善訪視、電話問安、送餐到家、居家環境改善、其他相關之居家服務。」另外,「社區服務」的目的則是:「為強化家庭照顧身心障礙者之意願及能力」,實施策略則是由直轄市、縣(市)主管機關提供或結合民間資源提供:「復健服務、心理諮詢、日間照顧、臨時及短期照顧、餐飲服務、交通服務、休閒服務、親職教育、資訊提供、轉介服務、其他相關之社區服務」。

貳、社區照顧的需求

「社區照護」是指動員並整合社區內的人力、物力、財力等資源,針對社區中不同對象的不同需求提供各項福利服務,使其能在所熟悉的環境中就近取得資源獲得協助以滿足其需求。隨著慢性病患及身心障礙族群失能之照護議題,因涉及專業領域,以往過度依賴機構化之照顧系統,無法有效培育社區自主照護能力;是故藉由社區主導規劃方式,發掘社區既有

人力資源，引導社區住民積極投入，依照在地特色協助社區建立資源供需資料，協助確認社區長期照護資源供需狀況，有效結合民間組織力量，發展社區居民廣泛參與的長期照護模式。

一、社區照顧的需求

隨著社會與生活環境的改變及人口的老化，慢性疾病已取代傳統的傳染性疾病成為國民最大的健康威脅。目前的醫療設施與照顧模式大部分是為了處理急性問題來設計，對於慢性疾病問題特別是關係到病人行為改變、心理諮詢與各種專業協同照顧的部分有明顯的不足，許多慢性病人缺乏長期的健康監測，一旦發生急性問題亦無法順利獲得良好的轉介處理，使得慢性疾病控制不良，各種急性併發症增加，進一步占用寶貴的醫療資源，心理健康問題亦無法及早發現與處理。為解決上述問題必須有賴於一個整體性的醫療（健康）照顧團隊，以連續性以及跨科性的照顧，才能達成此一目標，而社區照護制度是一可採行方式。社區照顧資源的投注，主要目的在使受助者在家庭中、在社區中得到持續性的照顧。影響社區照護需求的因素相當的多，大致可以分為幾類：

1. 個人及家庭因素：年齡、性別、家庭、婚姻、教育、職業、經濟、居住、生活行為、身心健康因素等。
2. 政策與環境因素：社會福利、醫療保健、照護體系及資源及供需、市場狀況等。
3. 社會網絡的系統：保險身分、經濟能力、健康精神狀況及社區支持網絡等。
4. 態度與行為因素：健康態度、保健信念、醫療行為、養老價值觀、個人偏好等。

二、社區照顧的規劃

為提昇有限照護資源發揮最大效益，確立社區長期照護資源體系，建置單一窗口管理機制，整合精神醫療網之社區長期照護設施，落實社區有

效連結急性醫療與長期照護措施網絡，發展多元化照護服務系統，加強長期照護教育與宣導，完善訪查評鑑制度，有效督導、獎勵，以提昇服務品質，進而在社區自力互助與市場機制協調下，共同營造及建構社區人性化、在地化，永續性之長期照護服務體系。

社區照護可在當地尋找適合的場地設置關懷站，如社區活動中心、文康中心等，透過結合當地志工與社區資源，提供多元服務。服務的內容可從「關懷訪視、電話問安諮詢轉介、餐飲服務、健康促進活動」等服務提供，讓老人可就近接受服務、參加活動，社區中的失能長者也能獲得志工定期的關懷、問安、送餐或健康促進等服務；關懷站另一重要功能為福利訊息的傳達與轉介服務的提供，以即時協助有其他照顧需求的家屬或長者選擇後續的照顧服務。

第一，居家服務：主要服務項目包含兩類：家務及日常生活照顧服務和身體照顧服務等，其透過受過專門照護訓練的服務員進行短暫性服務（2～4小時／天），以協助部分生活的不便，使受助者能繼續生活於社區中。

第二，日間照顧：日間照顧的模式大體分為二類，一為醫療模式：提供醫療及復健服務，即衛生單位主管之「日間照護中心」；一為社會模式，提供餐飲及活動安排，即社政單位主管之「日間照顧中心」。為考量照顧者均就業無法提供家庭照顧的需求，則可考慮白天由家人將受助者送到日間照顧中心，由中心提供生活照顧及教育休閒服務，晚上再將其接回家中，享受家庭的溫情關懷。藉由日間照顧的方式，增加受助者社會活動的參與，並提供家庭照顧者喘息或是謀生的機會。

第三，供餐服務：透過提供營養膳食，以減少高齡老人炊食之危險及購物之不便，也維持其基本營養之攝取。方式多採用送餐到家的方式辦理，一方面解決老人炊食問題，一方面讓老人與社會接觸，獲得情緒的支持，然而有時對於行動自如之老人，會選定適當鄰近的地點提供餐飲集中用餐，也增進其人際關係的建立。

第四，短期照顧：當家庭照顧者因短期或臨時無法照顧時，可提供短期或臨時性照顧，以舒緩家庭照顧者之壓力、情緒及增進專業知能，又被稱為喘息服務。

三、影響照顧的因素

為使老人能在熟悉的社區中得到安養照顧，也能補強居家安養提供的不足，社區照顧服務應運而生，尤其對獨居老人或因行動不便而其子女均在就業無法提供家庭照顧之老人，更有其需要及迫切性。影響社區照護的因素有：

第一，家庭支持的因素，不同的支持來源，提供不同種類的社會支持給予受助者，一般而言支持來源主要是於配偶、兒子、媳婦等家庭成員。家人支持與引導影響著社區照護的需求與作為。

第二，受助者的生理因素，著重於受助者的身體健康情況，及需要受照顧的依賴程度。若屬健康狀況較不理想，或是其生理障礙的程度使其受照顧的程度無法承擔，社區照顧相對較難介入。

第三，經濟資源的程度，當受助者的經濟能力較為寬裕時，生活選擇方式較多樣，相對地自主做決定的程度也會較高。

第四，專業參與的程度，視代為做決定者與受助者的關係及專業程度，通常配偶及成年子女最有可能共為決定。

第五，社區照護人力的素養與素質，長期照護既為一綜合性的服務，其所需的照護人力就必須包括社會服務專業人力、醫事專業人力與生活照護人力，甚至必須包括社區內之義工團體與人力資源。渠等的專業素養與人力的榮枯，便直接影響社區照護的落實。

四、對社區工作的影響

「社區照護」應配合政府、社區及護理機構投入長期照護的進展而提供必要的人才知能培育。針對這三類團體中的行政人員、社區幹部、專業者，就長期照護及社區經營所需的知能，安排各類培訓課程加以訓練，以增進工作知能，提昇照顧品質。為此，應鼓勵在地的民間資源，如居家護理機構與社區合作，在居家復健、營養服務、社區支持與個人生活服務、醫院出院準備服務及多層級照護服務等方面有效連結與整合，提供符合失

能者需求之照護服務，建置社區轉介及服務網絡，以建構多元化長期照護體系。

　　由於家庭型態的變化，老人原本的地位及權力一落千丈，不單失去權力，失去經濟能力，更令人心酸的也可能失去了關心與尊重；親子之間，更因工業化、都市化的緣故，年輕的一輩向外奮鬥，年老的一輩又戀著多年打拼的故鄉，獨居的比率也越來越多，家庭結構與功能轉變對老年社區照護的作為。因此政府除注重機構安置問題的硬軟體設施改善外，也陸續提倡了三代同堂、照顧者津貼、居家照顧或是送餐服務等，期待透過制度的補充與協助，因應家庭功能無法兼顧的部分，增加家庭照顧的意願。

參、社區照顧的借鑑

　　在地終老（Aging in place）的社區式照護模式，已是世界各先進國家所倡導之老人長期照顧理念，居家式與社區式照顧服務可被視為最適當的照顧模式，因為它既可滿足多數老人想要在自己熟識的社區中繼續享受較具人性化、有尊嚴與追求較高品質的生活，同時也更能有效結合社區資源，達到費用控制與節省成本的效益。一般而言，建立關懷社區，即弘揚以人為本的社區精神，創造相互尊重、相互關懷的社區生活，是實現社區照顧終極目標的唯一有效途徑。建立關懷社區的過程，就是實現社區照顧終極目標的過程。社區照顧的落實宜把握以下幾點：

　　一、協助需要照顧者融入社區：社區照顧的首要目標就是要為需要照顧者融入社區提供各種便利，使其能夠形成自己的生活方式，建立自己的社交關係。

　　二、培養需要照顧者的參與意識：為有針對性地幫助需要照顧者，必須瞭解其實際困難和需求。因此，社區照顧應當有意識地培養需要照顧者的參與意識，鼓勵其表達自己的需要並對社區照顧提出自己的意見和建議。

　　三、強化居民的社區意識：關懷社區的建立需要全體居民的參與，尤其是加強需要照顧者與親友、鄰居和社區服務機構的聯繫。只有形成互助

互愛的社區關係，形成以人為本的社區文化，才能有效調集非正規資源為需要照顧者提供服務。

四、政府與社區建立夥伴關係：社區照顧涵蓋正規和非正規照顧，因此，在建立關懷社區過程中，政府與社區之間應當相互配合，形成夥伴關係。政府給予社區必要的財政及政策支持，社區利用自身特質調集非正規資源分擔政府的社會責任，透過政府與社區的合作為需要照顧者提供良好的服務。

社區照顧的理念為「建構完整長期照顧體系，保障身心功能障礙者能獲得適切的服務，增進獨立生活能力，提昇生活品質，以維持尊嚴與自主」。以期達到下列目標：

1. 強調全人照顧、在地老化、多元連續服務為社區照顧服務原則；
2. 保障民眾獲得符合需求的社區照顧服務，增進民眾選擇的權利；
3. 引導專業作為，以利支持家庭照顧能力，分擔家庭照顧的責任；
4. 建立照顧管理機制，整合各類服務源，確保服務的效率與效益；
5. 透過結合社區資源，以提昇民眾使用長期照顧服務的可負擔性；
6. 確保社區照顧的永續維持，政府、社區與民眾宜共同承擔責任。

有些社會福利國家因為普及式的社會福利服務推展，使得需求者及照顧者在服務使用上減輕不少負擔，而在社區照顧服務的推展上，建立立法保障，以協助需求者獲得照顧評估及安排照顧服務的作為，需求者能夠經由單一窗口獲得社區照顧評估，經專業的照顧管理者擬定適合需求者的照顧計畫，並在獲得照顧服務後有檢討及隨時做修改的配合措施。不僅落實照顧的目標，亦達成社會福利的實踐。

一、英國

英國是世界上最早實行社會保障制度的國家之一，有許多社會福利的先進作為，20世紀70年代以來的經濟衰退，加速了英國社區照顧的發展。迄今，社區照顧的實施已有相當可以借鑑的方案。作為一種服務方法，社區照顧被運用於社會服務的各個領域。除1990年的社區照顧法案外，社區照顧是隸屬於「國家健康服務體系（NHS）」，英國地方政府的社會服務部

門有責任對需要照顧服務的需求者做評估，使其能夠繼續居住在家裡，對受助者來說是不需要等到診斷確定，就能獲得社區照顧的評估與受理。對於受助者的社區照顧評估包括與需求者及其照顧者會談、評估需求者的健康及功能、考量其目前居住安排並安排照顧服務。「官辦民助」是英國社區照顧的重要特色。社區照顧的資金主要來自政府，其人力也同樣由政府支持。英國社區照顧基本上政府是其主導力量，社區居民在社區照顧中投入的資金很少，其主要是作為社會支持網絡為需要照顧者提供人性化的照顧。但隨著政府財政壓力的不斷增大，政府越來越難以為社區照顧提供足夠的資金。為此，近期英國政府已經嘗試把興辦社區照顧的權力下放，並適當增加稅收。另外，在老人社區照顧評估是採取單一過程，即是指若需要社區照顧、健康照護及其他服務時只需透過一個窗口就能完成，而付費使用社區照顧服務是民眾可合理可負擔得起的，任何一個個案不能因付不起費用而被迫停止繼續使用該項服務。

二、愛爾蘭

雖然政府、社會工作者等倡導社區照顧的初衷有所不同，但其指導思想卻是極為明確的。重需要照顧者，為其創造正常生活的自然環境，是社會各界的共識。明確的指導思想是社區照顧良性發展的重要條件。以社區照顧服務失智症照顧者為例，針對失智者提供包括 23 個失智老人日間照顧中心、失智症居家照顧全國服務網絡、免付費失智症國家協助專線等社區服務，以減輕失智症照顧者為了照顧失智者而感覺被孤立及負擔壓力大的情況發生。

三、蘇格蘭

於 1990 年訂定「國家健康及社區照顧法案」以作為社區照顧的法規基礎，法案中享有許多獲得服務的權利，包括：

1. 他們有權利儘可能在支持及需求服務的提供下留在家中。
2. 當他們無法留在家中時，他們應該獲得接近家人及朋友的養護中心或護理之家服務提供。

3. 他們有權利獲得針對他們需求所做的「社區照顧評估」。

4. 受助者及其照顧者應充分參與評估，並有機會表達他們的需求。

5. 需定期審視失智者的情況，因為失智症及其家屬的需求隨時在變。

6. 照顧經理有責任檢視計畫與資料，擬定照顧計畫。

蘇格蘭針對失智者提供了包括居家服務協助、居家輔具及設施設備、送餐服務、社會機構（像是日間照顧服務）、交通接送服務及通訊服務等，也有針對照顧者提供依法享有照顧評估服務的權利。

四、日本

由於老化程度遠高於其他國家，使得日本相當重視社區照顧的作為。在 1982 年政府開始了社區照顧的社會服務，包括失智症家屬諮商會談服務、診斷及評估服務、日間照顧服務、短期機構喘息住宿服務，並於 1990 年發展社區式的「失智症照顧家庭」（Group home），失智症照顧家庭是一種專為失智者設計類似家庭氣氛的小型及單人的房間，讓失智長者依照自己的作息過生活，最多服務 10 個失智長者。同時，2000 年日本開始實施「介護保險」，每位失智症患者均可利用保險，使用由照護經理所擬定之照顧計畫。社區照顧服務包括居家服務、日間照顧、短期機構住宿、失智症照顧家庭及補助住宅設施及修繕等。

借鑑福利先進的社區照顧作為，行政院於民國 89 年核定「建構長期照護體系先導計畫」，採用「在地老化」（Aging in place）為未來體系建構之總目標，及研議有效社區式長期照護體系建構的策略，並以社區化、在地化、與多元化理念發展九類社區照顧模式，包含照顧住宅、失智症日間照護中心、家庭托顧、居家復健、居家護理、居家服務、喘息服務、緊急救援通報和居家無障礙環境改善等。近年來，民間公益團體與醫院先後成立失智症日間照護中心，與失智長者社區照顧相關之服務，如失智症家屬支持團體、失智症家屬照顧技巧訓練班、失智症電話諮詢專線、失智長者走失緊急救援系統及失智症教育宣導等，透過民間公益團體也已陸續展開各項服務。

五、香港

香港地區率先在養老服務中引入社區照顧的概念。1973 年香港政府提出透過社區照顧幫助老人繼續留在社區內生活，並使之成為社區成員。進入 20 世紀 80 年代中期，社區照顧的理念及工作方法普遍用於社會服務的其他領域，進而推動了香港地區照顧的全面發展。其較具代表性的實踐經驗為以下二個方面：

第一，以社區為本的居家照顧，香港地區社區的居家照顧充分體現了以人為本的社區精神，透過家政服務、日間護理中心等，協助老年人留在社區生活，保持社區成員身分。這就為原本只能進入機構的老年人提供了另外的選擇。

第二，以社區為本的康復計畫，實施社區為本的康復計畫，目的在於以低廉而非專業的介入取代財政支持的昂貴專業照顧，進而為需要照顧者在社區內提供康復服務。

社區為本的康復計畫就是透過對社區居民進行簡單的康復訓練，尤其負責實施一些較為簡單和非專業化的訓練或護理。香港地區在推行社區為本的康復過程中，除了注重專業人士參與，更將康復計畫的照顧對象擴張至所有需要照顧者；並將康復計畫進行延伸，包括將需要照顧者重新塑造成社會人。

肆、社區照顧的努力

1984 年世界衛生組織（WHO）提出健康促進的理念及原則，強調應重視社區環境的改善、培育民眾的能力與權力（empowerment）、激勵社區的參與及有效的投入，以維護及促進社區的健康。基於此，1986 年世界衛生組織就開始展開一連串「健康城市計畫（Healty City Project）」運動，希望藉由此運動的推行，能改善都市的問題；並藉由市民參與和公私部門協力合作共同推動此計畫，以使都市居民能過著健康的生活。

　　一般而言，社區照顧個案的需求十分多元，且在有效地獲得資源或使用服務方面易遭遇困難；在服務體系層面，社區照顧服務的提供，牽涉到公、私部門的服務提供者，以及跨專業團隊的合作，致服務輸送流程更加複雜。因此有必要透過照顧管理制度，以民眾多元需求為導向，連結其所需的服務體系與資源，並強化個案的自主與選擇權，以及與照顧者及服務提供者間夥伴關係，進而促進服務的品質、效率與責信。

一、社區照顧的服務內涵

　　服務項目以日常生活活動服務為主，包括：居家服務、日間照顧、家庭托顧服務；另為維持或改善個案之身心功能，也將居家護理、社區及居家復健納入；其次為增進失能者在家中自主活動的能力，故提供輔具購買、租借及住宅無障礙環境改善服務；而老人營養餐飲服務則是為協助經濟弱勢失能老人獲得日常營養之補充；喘息服務則用以支持家庭照顧者。此外，為協助重度失能者滿足以就醫及使用長期照顧服務為主要目的交通服務需求，特補助重度失能者使用類似復康巴士之交通接送服務。

1. 照顧服務：包含居家服務、日間照顧、家庭托顧服務；
2. 居家護理；
3. 社區及居家復健；
4. 輔具購買、租借及住宅無障礙環境改善服務；
5. 送餐服務；
6. 喘息服務；
7. 交通接送服務；
8. 長期照顧機構服務。

二、方案特色

1. 提高補助經費額度，並擴展服務項目，培養服務使用者付費的觀念，以發揮照顧資源之有效運用；
2. 增補全民健保給付不足之居家護理服務，以提昇照顧品質；

3. 全面辦理社區及居家復健服務，以支持失能者自主生活之能力；

4. 輔具購買、租借及住宅無障礙環境服務之補助對象，從中低收入者擴展到一般戶；

5. 創新補助失能者，使用長期照顧服務所需之交通接送服務；

6. 將家庭總收入按全家人口平均分配，每人每月未達社會救助法規定最低生活費 1.5 倍之經濟弱勢且重度失能老人，納入機構式照顧服務補助範疇；

7. 增加喘息服務補助天數，並得以彈性運用居家式或機構式服務，以有效支持家庭照顧者；

8. 發展新型服務項目，如家庭托顧、交通接送服務等，以滿足失能者多元之需求。

三、執行作為

透過各縣市所設長期照顧管理中心，且照顧管理的權責涉及政府資源的管控和配置，照顧管理專員宜具備行政上的專業職能，以提供失能者及其家庭單一窗口整合性服務。其核心任務包括需求評估、服務資格核定、照顧計畫擬訂、連結服務、監督服務品質以及定期複評等，即以密集式模式為發展主軸。為促使長期照顧需要者獲致最大的滿足，並使服務提供的品質與效率達到極大化的效果，將由具備社工、醫學、護理、職能治療、物理治療或公共衛生與相關專業背景之照顧管理專員（care manager）擔任，扮演需要照顧者與照顧體系間的橋樑，承擔協調的責任。強調需求評估、資格核定及照顧計畫訂定等任務，均需由照顧管理專員親自執行。照顧管理制度肩負連結「醫療照護」與「社區照顧」二大體系功能。

四、結合資源

為積極發展社區照顧服務資源，採取「引進民間參與」實施方式辦理，也就是透過民營化策略中的購買服務方式鼓勵民間參與，並透過補助方式鼓勵相關資源之建置，加強民間對相關照顧服務之參與，以發揮擴展服務

提供單位的數量，及多元化服務模式之功能。透過政府提供社區服務營運所需的財源基礎，藉此引進民間資源建構多元且完整的社區照顧網絡。

五、實施功能

1. 推展失智症者照顧服務；
2. 推動長期照顧與健保制度之銜接；
3. 研擬長期照顧法及評估辦理長期照顧保險制度的可行性；
4. 裨益身心障礙者政策的整合作為；
5. 結合照顧與住宅，提供多元化的居住服務；
6. 形塑友善失能者的居住與生活環境，建立互助關懷的社區。

六、預期成效

1. 預防及延緩民眾身心功能的退化，俾減少長期照顧的需求；
2. 發展綜合性的疾病管理策略，建立地區性復健醫療體系；
3. 促進老人社會參與等相關方案，以建立高齡者的正面生活態度；
4. 以專有穩健之財源，建構可長可久之長期照顧制度；
5. 引進民間資源，建構多元且完善的社區照顧網絡；
6. 提高服務提供的數量與品質；
7. 創造照顧服務人員、長期照顧相關專業人員的就業機會；
8. 減緩國人對外籍看護工的依賴；
9. 建立單一窗口的照顧管理制度，提供民眾快速近便服務；
10. 藉由社區照顧基礎服務人力與設施的鋪設，並將有助於照顧服務科技的發展。

「照顧」的意涵為：美好、溫暖，充滿真善美的協助，是人際間的互助行為之一。人和人之間，原本就應該彼此照顧，「人人為我，我為人人」的落實就是：人人照顧我，我也應該設法盡力照顧人。「社區」是生活的領域，人們居住在靠近的地方，彼此幫助，相互扶持，以愛真誠對待。「社區照顧」就是由這兩個概念組成的專業又人性的服務，比起傳統機構式、威

權的、冷冰冰的照顧，更能貼近人心，更符合人性。就是「與生活結合」，又是「扎根在自己土地上」的服務，是強調人性的，是屬於家庭的，是期盼人們共同投入的，是專業人員各自貢獻所長而需要者各自獲得所需要幫助的現代化服務。它能適當地修正過去機構照顧的缺失，把人性找回來，又使人性中的愛得以發揮。

結語

　　社區為本的照護計畫可說是一種多元結合的社區工作取向，而服務物件所需要的大部分資源也可以從社區上不同層面得到滿足。可是社區能否為有需要的人士提供照顧，則視為社區所願意承擔責任的程度。大多數的老年人口期待被照護的方式，能夠不與家庭做分離是最好的，也就是若老年照護能以原本老人生活的社區及家庭提供服務，是最能滿足老年人口照護的需求期待。

　　依據 Hancock 及 Duhl（1986）對健康城市的定義：「是一個具有持續創新和改善城市中的物理和社會環境，同時能強化及擴展社區資源，讓社區民眾彼此互動、相互扶持，實行所有的生活功能，進而發揮彼此最大的潛能的城市」，因此，健康城市是一種過程，而不是一種結果，也就是說，健康城市是指居民具有一定的共識，想去改善與健康有關的環境，而非單指居民的健康達到某一特定水準。進一步鼓舞國人認同自己生活的所在，共同營造社區，創造有品質、有尊嚴的生活。

第十八章　醫務社區工作

前言

　　醫務社會工作是將社會工作之專業方法運用於醫療衛生保健機構之中，以協助病患及其家人乃至於社會大眾能有效使用資源，以期避免因病導致各種問題的嚴重性加劇，並早日恢復健康以及預防疾病之發生等。目前醫務社工之服務範圍不再僅限於醫院內，已經拓展至家庭、學校、社區等；將結合醫療、社會福利、教育等資源共同提供病患、家屬以及社會大眾健康與醫療方面的服務。醫務社會工作一般具有下列功能：適當的利用社會資源、與社區保持密切的聯繫、以助人的行動或諮詢影響病患或院方作出處置與決定，恢復患者的各種社會功能，以及增加對醫護人員的教學活動等，這些是屬於專業性的功能。

　　在今日的專業服務中，醫務社會工作強調「社區照顧」（community care）的方式，「社區照顧」源於 1950 年代的英國，Walker（1982）認為「社區照顧是經由親戚、朋友、鄰居與志工等非正式服務網絡，加上正式的社會服務機構來共同照顧弱勢族群」。Bayley（1973）則認為社區照顧有三個理念，「在社區內照顧」（care in the community），「由社區來照顧」（care by the community），以及由政府、專業者與社區合力照顧弱勢族群（care with the community）。藉由社區自發性或組織性的運作過程而凝聚共識，及建構衛生保健施政之多元化基礎網絡，激發民眾產生自主、自發之參與動力，以由下而上的方式，對於自身所處的社區環境與健康問題能夠進行分析並願意共同參與，共同建立健康生活的支持環境，實踐健康的行為；透過民眾自身社區參與之體驗，強化社區健康促

進與自我管理能力,更能投入健康的公共政策之研商,共同營造健康的
社區。

壹、醫務社區工作的意涵

　　所謂醫務社區工就是指把醫院的資源和社區的資源,透過社會工作者
的橋樑有機地聯繫起來,並經由社會工作的理念和方法,把這些資源輸送
至有需要者,從而推動醫院及社區相關層面的協調和更好地發展的專業活
動。醫務社會工作是因應患者的問題和需要而產生的,因此,醫務社會工
作提供的服務必須以針對或滿足患者的要求為前提。因此,醫務社區工
作的具體形式主要有:第一,義診,如與基金會合作的兒童燙傷義診、
唇顎裂義診;醫院主辦的偏遠地區或鄰近地區義診。第二,社區保健活
動,如社區內的醫療講座。第三,諮詢與協助,如諮詢電話、社區運動
會所提供的醫療人員或醫療服務。第四,在社區中設立中途之家、庇護
工廠等。

　　醫務社會工作起始於 18 世紀和 19 世紀的英國和美國,縱觀醫務社會
工作發展的歷史,可以發現它經歷了以下幾個階段:

　　第一階段:從醫師的附屬到合作及相互教育。早期醫院中的社會工作
部門都是由醫生作主管,而財力支持則多來自社會資源;醫務社會工作的
生存決定於醫師及行政管理人員,個案也經過他們轉介而來。美國麻州州
立醫院在 1914 年,社會工作部門成立近十年社會工作員才獲准進入病房,
並只服務醫師轉介的病人。社工員在不向醫師權威挑戰下與醫師合作,並
致力於參與醫學院學生的教育,同時社會工作員也用一些個人關係影響醫
師的轉介及提昇社會工作的地位。

　　第二階段:管理權轉移至醫院行政主管。由於機構逐漸負擔醫務社會
工作員的經費,社會工作部門的管理權逐漸轉移至醫院行政主管。

　　第三階段:社會工作領域的擴大。進入 20 世紀 60 至 70 年代,醫務社
會工作隊伍的規模不斷擴大,社會工作的領域不斷拓展,主要集中在:

1. 對社會危機的處理；
2. 對研究的注重；
3. 醫務社會工作知識的不斷增加；
4. 醫務社會工作員的角色由附屬服從醫師轉為「減輕疾病對病人的影響」。

由於社會工作員對疾病造成的社會心理因素有更多的瞭解，使社會工作員在醫院中扮演更重要的角色。

除了個案、團體和社區三大服務手法以外，醫務社會工作還有其他一些服務方式：如，醫務社會行政、志願服務、安寧照顧、悲傷輔導，等等。

一、醫院中的志願服務

（一）志願者的定義和特點

所謂志願工作者是指在公共和志願團體內，不接受報酬而貢獻其服務及參與各種社會福利活動的任何人士。這些志願者具有如下一些基本特點：

1. 自動自發的參與。
2. 部分時間的貢獻。志願者不是全職的工作，而是個人在他／她的主要職責之外，將剩餘時間和精力無償地奉獻出來。
3. 總合的服務勝過個人的努力。志願者不標榜個人，不抬高自己，而是運用部分時間的付出和體力、智力的奉獻，來推動總體的服務功效及其提高。
4. 最重要的是獲取精神上的滿足。

（二）醫院志願者的功能

1. 代表醫院與社會對病人及家屬提供關懷與協助。
2. 拓展醫院有意義的服務，增加與病患的溝通，促使員工改善態度。
3. 在社會上宣導志願服務的概念，促進社會進步和諧。

（三）志願者組織的行政程式

在開展社會工作服務的過程中，志願者的組織有一些基本的程式，它們主要是：

1. 規劃，包括志願服務的目標和宗旨。
2. 組織，主要指計畫和工作設計的確立。
3. 招募，包括海報張貼、報社和電台廣告、學校和相關團體公文通知、單張派發等方法。
4. 面談，通過社會工作者或者資深志願者的當面談話，瞭解志願者的的動機、特點及幫助志願者對志願活動具有正確認識與期待。
5. 安排，根據志願者的意願及能力來安排其服務組別和值班時間。
6. 訓練，包括職前訓練、見習、實習、在職訓練。
7. 服務督導，利用留言簿、工作日誌、小組討論、訓練員經常溝通等方式來指導、修正、改善志願者的志願服務。
8. 評估和控制。
9. 表揚、批評和獎懲。

二、安寧照顧和緩和照顧

（一）安寧照顧和緩和照顧的定義與基礎

安寧服務是一種緩減性和支援性的服務方案，是為即將死亡的人和他們的家屬提供生理、心理、社會和靈性上的持續照顧，又稱臨終照顧或善終服務。這種服務的最初始狀態可以追溯到 1000 多年以前，由一些善心人士為傷病旅客或朝聖者提供的以作短暫休息的避難所。1967 年倫敦成立聖克里斯多福安寧院（St. Christopher Hospital），成為第一所現代化的安寧院。20 世紀 70 年代，安寧照顧的概念在美國普及，至 1985 年美國已有 1,200 所安寧院。近年來，「緩和醫療照顧」這個名詞較被普遍運用。「緩和照顧」，根據世界衛生組織的定義，是指對不能治療的病患採取積極的、全人的照

顧，其目標在於確保病患和其家庭的最佳生活品質。緩和照顧的關注點在於控制疼痛及其相關症狀，減輕痛苦和增進剩餘生命的品質。緩和照顧結合了心理及精神層面的照顧，讓病患有尊嚴地活出自己的生命，及提供家屬在病患生病期間及逝世後哀傷的各種支持。緩和照顧不論是在安寧或居家照顧，都提供了獨特的整合照顧方式。

緩和性照顧的實施是建基於下述理念基礎之上：

1. 生活品質的提昇。

2. 疼痛能被控制。

3. 症狀能夠且必須被解除。

4. 溝通可被改善（指專業人員、病患、家屬之間）。

5. 家屬的需要一起被重視、關心，並且給予幫助及支援。

6. 靈性照顧是重要的。

7. 工作人員與照顧者需要支援。

8. 喪親是痛苦的，家人常常需要幫助。

9. 相關研究是必要的。

10. 教育對專業人員、照顧者、社會大眾是重要的。

11. 照顧最好由擁有技巧及具有動力的團隊擔任。

12. 好的照顧模式應該為：從得病到死亡這段期間，初期以治療性照顧為重，後期則以緩和性照顧為主；死亡以後則延伸為家人照顧。

（二）安寧照顧的內容

根據美國安寧照顧組織的資料，安寧照顧或善終服務的內容應該包括：

1. 針對病患的病痛及症狀提供專業化的治療及身心全面的照顧。

2. 妥善運用適切的工作人員及潛在資源以提昇服務品質。

3. 幫助病人維持正常的生活型態。

4. 對於臨終病人的家屬及親友提供溫暖的照顧與幫助。

5. 在病人死亡後對家屬進行追蹤式的照顧。

6. 對工作人員表達適當的關懷與體諒。

7. 鼓勵專業的工作人員發揮其內在資源，對病人的情感身心予以最大的安慰及最堅強的支持。

8. 謹慎選擇藥物，嚴守其服用量的規定，隨著病人病情的轉變作藥量適當的調整。

9. 對於生活空間的設計，應該兼顧病人的獨立性、隱私性、群居性的各種需要。

10. 將兒童的生活也納入考慮的範圍。

11. 鼓勵臨終病人彼此的溝通與互動。

12. 鼓勵社區中的志願者對病人及家屬進行持續性的接觸與照顧。

13. 充實專業人員處理病患及家屬的各項問題的能力，並增強其與社區其他機構的協調能力。

14. 推行居家護理方案，幫助他們達成家庭與善終服務組織之間的生活調適。

15. 充分運用志願者以增加服務技巧的多樣性及擴展社區接觸的廣泛性。

16. 建立完善的行政系統以提供完整的評估及研究相關資料，並發揮本身的教育功能，作為專業人員繼續進修及實習的場所。

（三）社會工作者在安寧照顧中的工作重點

1. 情緒的疏導與支持。協助病人家屬甚至醫療工作人員的情緒表達與相互支持。

2. 維持良好的溝通與關係。使病患的家人、醫療團隊人員與其他的重要他人保持開放式的溝通，坦誠分享感受與期待。

3. 願望的達成。計畫病人的生活，以及協助病人做好後事交代等事宜及特殊心願的完成。

4. 回顧與整合人生。幫助病患找到生命與死亡的意義及存在的價值，鼓勵病人與他人做完整的道別。

5. 對逝世病患的家人的悲傷輔導。

6. 資源的運用。包括安寧志願者的組織、招募、訓練與管理和督導。

社會工作者在開展上述工作中，應該注意堅持以下的原則：

1. 工作員自我認識的原則。

2. 文化差異及個別化的原則。

3. 參與自覺的原則。

4. 溝通的原則。

三、悲傷輔導

（一）悲傷的定義

悲傷是當親密的人過世或離開，或有其他重大的失落，造成個人一些心理和身體的綜合症狀，它嚴重地影響個人的行為及社會關係。關於悲傷，一些學者有許多論述。佛洛依德（Sigmund Freud, 1957）曾經指出了哀悼與抑鬱兩者共同的特質：痛苦、缺乏對外在世界的興趣、失落了愛的能力以及禁錮自己和不願參加各種活動。學者利達曼（Erich Lindeman, 1994）也指出悲傷有如下幾個特徵：

1. 生理上的痛苦。

2. 全神貫注於死者的形象。

3. 罪惡感。

4. 敵對的反應。

5. 失去以往的行為模式。

6. 悲傷者可能出現死者的特質。

（二）悲傷輔導

遭遇親人故世等不幸之事或經受重大挫折而陷入悲傷之中，這是人之常情，無可厚非，但是，關鍵是要引發正確的悲傷，因為，病態的悲傷反應對個體的身心健康以及未來的生活有極大的損傷，所以，這時候就需要對當事人予以悲傷輔導。

1. 輔導目標和內容

(1) 協助當事人認識失落。

(2) 幫助當事人界定並表達感情。

(3) 鼓勵和幫助當事人在失去逝者的情況下活下去。

(4) 將情感從逝者身上轉移。

(5) 允許時間去悲傷。

(6) 闡明正常的悲傷行為。

(7) 允許個別差異。

(8) 提供持續的支援。

(9) 檢查現存的防禦機制及調適型態。

(10) 界定病態行為並轉介。

2. 輔導方法

　　　　正因為悲傷有階段性，所以輔導也有它的側重點。通常採用的悲傷輔導主要有兩種形式：個別輔導和團體輔導。悲傷的個別輔導依據不同階段有不同的工作重點。它們是：

(1) 麻木僵化期：通常數小時至 1 星期。保護悲傷者，提供實物協助，允許及接受情感爆發，鼓勵參與悲痛儀式。

(2) 追思搜尋期：1 星期至 3 個月。給予時間表達其感情，消除當事人對死者不當的理想化或醜化，引導回憶，對紀念日與節日特別注意關懷，鼓勵身體檢查。

(3) 瓦解絕望期：3 個月至 6 個月。鼓勵繼續參與先前的活動，不鼓勵重要的生活變遷；運用社區資源予以支持。

(4) 重整階段：6 個月至 2 年。適當的鼓勵介入新的活動，結交新的朋友與培養新的興趣。

3. 對於悲傷也可以運用團體輔導的方式開展工作，團體輔導的主要環節包括：

(1) 決定團體目標與結構。

(2) 選擇成員。

(4) 建立規範。

(5) 形成領導模式。

(6) 掌握團體動力，有效處理破壞性行為。

(7) 檢討成效。

貳、醫務社區工作的展開

醫務社區工作是結合醫務社會工作與社區工作的原理原則，以社區為實施領域，在社區內照顧，將照顧機構小型化與社區化，能夠分散到各個居住社區，提供需要人士不用遠離家門即能運用服務。由社區來照顧指稱運用案主的鄰居、朋友、親戚與志工，甚而是由案主所組成的自助團體，共同提供照顧。是動源社區資源，運用非正式支持網絡，聯合正式服務，所提供的支援服務與設施，讓有需要人士在社區內的家居環境下得到照顧，過著正常生活，加強在社區內生活的能力，達致與社區的融洽，並建立一個具有關懷性的社區。社區照顧要能成功，需要結合在社區內照顧及由社區來照顧。

一、醫務社區工作的基本信念

醫務社會工作和其他領域裡的社會工作同樣都十分注重價值和倫理，同時，醫務社會工作的服務對象具有諸多的特殊性，故而價值和倫理更加具有重要地位。醫務社會工作的價值由如下部分組成：

（一）基本價值

1. 個人的尊嚴於價值。

2. 潛能的發展。

3. 案主自我決定。

4. 資源的充分應用。

5. 社會正義。

（二）特殊價值

1. 整體醫療的權利。
2. 使用現有醫療資源。
3. 生活品質的要求，而非只是延長壽命。
4. 照顧、護理與適應的研究。
5. 強調社會健康。

（三）對案主個人價值的重視

1. 案主意願的表達。
2. 案主的需要與目標。
3. 對其他人的保護與考慮。

二、醫務社區工作的實務理論

（一）問題解決派的理論

問題解決派個案工作於 1950 年代由波爾曼（Perlman）所提出。該派以當前問題為中心，評估造成問題的原因，協助案主增強改善其問題的動機，增強其利用資源的能力與解決問題的能力。總之，它以當前問題解決的過程為重點，藉此以提昇案主能力和恢復自我功能。問題解決派觀點認為人生本是一連串解決問題的過程，每個人實際上都已具備解決問題的能力與慣用的模式。向機構求助的案主，常是因慣用的問題解決模式無法有效處理問題。進一步分析其原因主要有：

1. 動機不足

被轉介的個案或許因為情緒作用，如焦慮、恐懼、矛盾等，或對問題嚴重性認識不清，否認或淡化問題，而缺乏解決問題的動機。

2. 能力不足

　　或許因為情緒影響，使其原有能力無法發揮，或因問題解決所需的認知、判斷、行為能力超過其原有能力而無法解決問題。

3. 缺乏問題解決所需要的機會或資源

　　每個人掌握社會資源的能力不一樣，獲得社會支援的程度也不同，如果解決問題所需倚賴的資源非案主能力所及，就有可能造成社會問題。

對此，社會工作員可以從以下三個方面著手改善案主：

(1) 引導案主增強求變動機，減低在改變中易發生的焦慮與恐懼感，進而增進自我功能充分發揮來解決問題。

(2) 練習增強並調適案主的情緒、智力、行為，發揮解決問題所需要的感覺、知覺、理解、判斷及認知等自我功能。

(3) 尋求解決或減輕問題所需的資源或機會，協助案主獲得改變所需的環境條件。

問題解決派定義個案工作為：「一個人為問題所困時，向特定地點尋求協助，社會工作者運用助人過程，以增強個人解決問題的能力，並提供解決問題所需之支援。」此定義標示出個案工作的四個重點，即 4P：個人（person）、問題（problem）、地點（place）和過程（process）。

(1) 個人。問題解決派視個人人格為一開放系統，不斷的接受外界刺激並作反應，同時修正原有的人格體系，所以個人是可以不斷改變和成長的。社工員必須對案主的個人系統加以評估，包括其生理功能、認知功能、行為功能、社會文化背景動機及環境等，以正確診斷現有問題與個人因素間的關係，並提供工作者著手協助的方向與途徑。

(2) 問題。案主及工作員界定計畫要解決及澄清的問題。

(3) 地點。運用個案方式協助人們的組織和機構。

(4) 過程。以建立專業關係為基礎，運用專業評估為診斷分析工具，採取正確的協助策略，最後評估協助的效果。

（二）行為修正派的理論

1. 行為修正派的基本概念

(1) 不以動機、需要、衝動、驅力等來解釋行為。

(2) 強調環境、情境及社會等因素對行為的影響作用。

(3) 行為可以通過學習過程而獲得改變。

(4) 矯正的重點放在已經習得或需要再學習的行為上。

(5) 所謂不正常的學習過程和正常行為的學習過程是相似的。

(6) 不正常行為的界定與社會規範有關。

2. 增強或消弱行為

(1) 增強。包括社會性增強：語言或非語言的讚賞；東西或活動的增強：獎品或某項特權；積點增強：點券或代幣。

(2) 消弱。包括短暫隔離：面壁思過、禁止外出；消除法：不使用會強化不良行為的增強；對抗法：增強與不良行為對抗的其他行為；代價及反應——有不良行為馬上拿去積極增強物。

3. 行為矯治的步驟

(1) 選擇一個希望改變的目標行為。

(2) 對目標行為作記錄並量出圖表。

(3) 建立目標以及改變行為的模範和結果。

(4) 評估圖表並根據需要再作改變。

（三）危機調適理論

1. 危機的含義

巴瑞德及卡布藍（Paral & Caplan）認為，危機是一個突然的轉捩點，當逼進這個轉捩點時，緊張度驟然激增，從而刺激了個人前所未有的潛能，或者癱瘓個人能力而不知何去何從。每個人對危機的反應與適應不同，有的人處之泰然，有的適應不良甚至會有自殺的傾向或行為。但無論如何，危機情況總會形成對當事

人（個人或家庭）的心理負擔與壓力。危機是由於危險或高度緊張的生活事件干擾了個人原有的穩定狀態，使人感到不安，而解決問題慣用的方法又一時難以應對和處理，所以，當事人必須發展新的方法或尋求協助才能解決問題。危機的經驗能使個人在人格發展上更健全、成熟，但它也能阻止或損毀個人的人格成長。

2. 危機的過程

(1) 衝擊階段。個人遭遇壓力帶來的身心極度不平衡，用他所熟悉的應變方法去處理和應對卻顯得極其無效，此時個體內心充滿震動、慌亂、惶恐和否認。

(2) 退卻階段。個人感受到失落、生氣、羞恥與憤怒的不愉快情緒，繼而從日常生活中退卻，感到人生乏味無力應付，依賴性增加並產生失眠、激動及疲乏等症狀。

(3) 適應階段。發掘新的適應能力來面對危機而達到平衡。

3. 危機的種類

(1) 發展性危機。包括嬰幼兒期：照顧和保護；青春期：角色認同對角色混淆；成人期：擇偶、工作；中年危機：空巢期、上下兩代的期待要求、青春不再、事業難突破；老年期：健康、經濟、多重失落。

(2) 意外性危機。包括人際關係的危機：夫妻、親子、婆媳翁婿、上司及同事之間的關係；環境的危機：失業、移民、戰爭、經濟不景氣；死亡的危機：早年喪父、中年喪偶、老年喪子。

(3) 病人可能面臨的危機。包括疾病或傷害引起的危機：例如獲知診斷的結果、病程惡化、脊椎傷害；住院引起的危機：家屬角色重分配、子女的安排、適應問題、退化、依賴、低自尊、焦慮與失落、醫藥費和生活費的壓力；處理過程所引起的危機：手術、輸血、化學治療及放射線治療的不適、肢體器官的切除、醫療的失敗，如器官移植後失敗，等等。

4. 危機的調適

(1) 前提。任何人都可能發生危機；危機期間個人特別容易受到外界影響。

(2) 原則。a.有限的時間：短期內解決（四至六周）。b.主動與直接：工作員採取主動直接指導的方式介入。c.有限目標：設定短期可完成的目標。

(3) 步驟。儘快地建立信任的專業關係；瞭解造成危機的因素或原因；幫助案主認識問題；與案主討論可行的方法；鼓勵嘗試新的方法；轉介轉案結案；追蹤。

三、醫務社區工作的開展步驟

醫務社區工作的同一般社區工作的模式，也是從需求調查入手到成效評估結束，具體而言，其基本步驟是：

1. 社區需要調查。瞭解社區的醫療服務需要，同時，配合醫院政策決定社區服務的內容。

2. 方案設計。提出方案計畫，並經院方及社區的同意、許可。

3. 模擬預演，正式施行。施行之前，先由團隊人員模擬演練，或討論可能的漏洞和不當，先做防範，再正式施行。

4. 檢討評估。事後討論、修正，作為下次施行類似社區計畫和開展醫務社區工作的參考。

5. 由設計至檢討，醫療團隊的參與合作十分重要。

四、社工在醫務社區服務中的角色

在上述醫務社區工作的開展過程中，雖然，專業的醫護人員的參與和配合十分重要，但是，社會工作者的角色卻是不可或缺的，總體而言，社會工作者在這個過程中擔當著如下一些角色並發揮著無可替代的作用：

1. 關懷者：關懷社區民眾的需求。

2. 協調者：協調醫療團隊之間及社會資源之間的分工合作和提供資源。

3. 諮詢者：提供相關知識及資源的諮詢。

4. 教育者：教導社區居民的疾病防治知識和保健技巧。

5. 組織者：組織服務團隊，提供有效服務，並進一步組織社區內的人力和資源，以持續性的提昇社區的醫療保健水準。

6. 推動者：推動新的觀念、方法和制度的建立。

7. 追蹤者：持續關懷與追蹤輔導。

8. 社會福利的執行者：宣傳社會福利，協助社會福利的推行和社區居民的有效運用。

參、健康生活社區的實施

世界衛生組織（WHO）於 1984 年率先提出「健康促進的理念及原則」，是著眼於社區環境的改善、培育民眾的能力、強調社區居民的權力、激勵社區的參與及有效的投入，以維護及促進社區成員的健康。爰此，世界衛生組織積極倡議「健康城市計畫（Healty City Project）」運動，以回應目前的醫療生態已經將觸角深入社區，不僅希望病患在醫院得到高品質的醫療，更期待病患儘早回歸社區過著正常的生活。甚至醫院已經走入社區進行疾病預防性與教育性的工作。由於社會工作者擅長結合並運用當地社區資源，規劃各項社區性一般活動以及醫療保健相關的服務。希望藉此能改善社區的問題；並經由社區居民參與和公私部門協力合作，促使民眾能享領健康的生活。

健康社區計畫的推動步驟，分為以下三階段與步驟：

第一階段，開創期

1. 建立社區居民支持網絡；

2. 傳播健康的觀念與意義；

3. 應瞭解所屬社區的特徵；

4. 尋找推動健康社區資源；

5. 決定健康社區運作模式；

6. 研擬健康計畫相關方案；

7. 協調相關公部門的核可。

第二階段，運作期

1. 成立推動工作小組；

2. 分析計畫社區環境；

3. 擬定工作項目內涵；

4. 設立統籌聯絡單位；

5. 規劃推動方案策略；

6. 培養推動作為人員；

7. 籌措相關計畫經費；

8. 建立推動責任制度。

第三階段，實踐期

1. 提昇社區健康的意識；

2. 推動計畫的項目內容；

3. 推行跨部門合作行動；

4. 鼓勵社區居民的參與；

5. 提倡創新的健康活動；

6. 制定健康的公共政策。

健康社區計畫是體現「在社區內照顧」（care in the community）及「由社區來照顧」（care by the community）的基本理念，藉由「外展服務」（outreach program）來建立關懷社區（caring community）的目的。外展行動概念緣起於英美等國，是指「主動接觸有需要某類服務的人士，甚至將服務以最直接的途徑帶給他們，而不要求接受服務人士做出任何不必要的犧牲和改變」（周永新，1987）。亦即，「是觸及（reach）到真正需要幫助的標定群體的有效方法，最大功能就是縮小標定群體和已接受服務群體的差距」（萬育維，1996）。

外展服務可以是一套有系統的服務模式，由社會工作者主動到受助者經常逗留或聚居的地方，識別其需要，然後與他們保持緊密接觸，透過提供輔導、資料、教育性、協助性活動及轉介服務，使這些需求者得到全面發展，發揮潛能及預防不良影響。目前已有先進國家正推動健康社區的方案，如美國推動學童走路通學方案（Kids Walk-to-School），主要目的是增加學童規律運動的重要性，及學習安全步行的技巧，並藉此可學習更多有關他們環境的相關事物。

隨著台灣社會經濟結構之改善與國人生活方式的改變，過去一些威脅國人健康及生命的傳染病，已幾乎完全加以控制，取而代之的是影響國人生活品質、增加社會負擔的慢性疾病及退化性疾病。因此，慢性病的防治工作，為目前社區公共衛生的重要議題。影響國人發生疾病的不良生活型態，主要有：飲食不均衡、缺乏運動、吸菸酗酒、嚼食檳榔、未定期接受健康檢查等。要有效預防上述疾病，有賴於教導民眾於日常生活中培養健康的生活型態。而社區辦理之各種衛生教育宣導活動，對於民眾生活型態的改變，希望透過社區志工組織的力量，引起社區民眾對健康的重視，進而培養良好的健康行為。

健康社區結合基層衛生人力於社區中發現後給予處理外，尚有社工人員將各種健康資訊傳遞的方法及衛生單位所辦理的各種衛教宣導，即時傳遞以使社區居民得到適切的醫療保健服務，追蹤其健康行為之改變，民眾的健康得到充分的保障，將健康行為落實於日常生活中。具體作為是於社區設置社區衛生促進委員會，邀集社區熱心人力，協助社區健康工作的推動，整合社區人力與物力，配合辦理各項社區健康宣導活動，凝聚社區共識，善用社區組織力量，得到社區組織的重視。有效引導社區民眾產生自主、自助之力量，推動社區健康營造，成為提昇社區健康的工作重點，維護民眾的健康不再僅止於提供健康的資訊，更應將健康的資訊融入日常生活中；所以社區民眾的主動參與，及結合社區中不同專業的力量，促進培力（empower）民眾由社區中發現問題、制定及推行解決方案，進而於日常生活中將健康視為基本的生活態度，是健康生活社區所要努力的方向。透過社區民眾的主動參與，結合社區中不同專業的力量，推動創新的活動與健康的公共政策，來共同營造健康的社區，亦是呼應 WHO 推動「健康社區計畫」的世界趨勢。

肆、慢性病患的社區照顧

　　社區健康營造培力（empower）的精神為經由社區參與，建立生命共同體的意識，瞭解自發性的健康需求，一起解決社區健康上的問題，以可達到健康社區的目標。社區健康照顧的目的是為了讓人們可以住在家中自立生活，故提供各種服務，這些服務包括預防性健康照護與社會照護服務；且強調不只由公部門提供服務，更大部分照顧工作是由非正式網絡提供，也鼓勵非公營單位發展服務。提供服務或支持給那些慢性病患因身體或感官障礙而有問題者；目的在為了使其儘可能在自己家中或在社區的似家單位自立生活。所以慢性病患社區照顧是提供適當的照顧和支持，以協助慢性病患得到高度的獨立自主性，並藉由獲得或再獲得基本的生活技能，以協助他們發揮最大的潛能，讓人們在自己的家或地方社區中類似家的環境中，儘可能地過著正常的生活。如此，則能給予慢性病患對自己的生活方式及所需之服務，有較大的決定權（黃源協，民89）。

　　對工作團隊而言，社區照顧服務方案的推行，使社工專業者對社區有更深切的認識與互動，對於社區各個資源部門的認識過程，加深社會工作者的社區工作經驗。社區照顧所運用的工作技巧包括有：

一、社區評估

　　社會工作者對於接受服務者的需求和服務群體的鎖定，可以透過需求評估和健康服務中找到答案，包含對當地社區環境、老人生活情況、人口結構、資源團體類別、服務對象身心狀況與服務現況等內涵，透過拜訪地方重要人士如里長等，或以問卷、資源座談會等多元管道來蒐集資料，作為方案推行前的參考依據。

二、資源互動

　　社區資源整合的技巧，因應社區照顧服務目標在於連結社區民眾和社區資源，提供適切服務。社區內部資源（人力、財力與物力）的發掘與組

織是必要工作環節，將平日和資源團體互動、資源對口、聯絡方式與重點記錄，方便日後傳承，減少專業者的摸索時間與心力，可直接切入重點對話。服務推展中若能以「在地化」方式，深入每個獨特社區，並將服務與社區內的資源團體連結、開發與串聯，以社區居民為主體，瞭解其價值觀及需求之後，進而與民眾的「日常生活」做緊密結合，服務成效才能發揮及長久，並真正進入社區居民生活中。即使當初帶頭介入的中心或資源團體撤出，社區仍可繼續維持所學習到的技能，真正達到「充權」（empowerment）標的。

三、建立關係

和社區建立良好關係是基本功夫，加上外展服務所連結許多資源團體的性質各異，從開始到合作都需要協調溝通，瞭解雙方的需求及差異是必要與持續的動態過程，如此才能建立合作機制。也可促成各個資源團體獨立作業的機會，增進參與感及成就感，建立夥伴關係相互學習交流。帶動社區民眾重視自身需求及權益，學習新的生活技能及吸收相關福利資訊，增加使用福利及資訊的能力。

四、倡導技巧

面對媒體、社區民眾、志願服務、里長與政府單位等許多資源團體時，其對特殊需求及問題未必有深入認識。社工專業者乃透過拜訪、接觸或接受採訪過程，介紹在地民眾的問題與需求，實例及工作經驗的分享中，帶動大家對當地老人的重視及關心。

五、活動設計

根據社區民眾的興趣及意向來設計活動內容，宣導健康促進，透過活動包括講座、諮詢、健康檢查與行動劇等各種嘗試，促進社區老人接觸與吸收新知，並協調相關資源團體共同參與。同時社工員經由活動參與，製造和當地民眾接觸互動的機會，瞭解參與者的意向。體察慢性病患就業的

影響因素當中，除了個人因素外，慢性病患的家庭成員、雇主和機構的之間的配合，以呈現出整體的支持網絡，亦同樣對慢性病患就業過程中的成敗有很大的影響。

六、鼓勵參與

以社區工作者的觀點，案主往往因對問題本身沒有共識認知，才成為制度結構的受害者。因此需要喚醒其受助意識，教導其確認真正的權益何在，發揮社區自助助人精神，凝聚社區力量。例如：榮民宿舍中有著喜好攝影的老者，中心社工在活動進行時會主動邀請該老人參與攝影工作，老人亦多能將精采畫面生動呈現。多多提供老人自然發揮長才的「舞台」，工作人員的責任就在於製造發揮機會及場景。而充權的適用對象不只有老人，還包括參與的志工、合作的資源團體都是充權標的。協助慢性病患回歸社區後的適應，就業應是落實對他們的社區生活照顧。慢性病患的社區工作適應問題，是其在疾病穩定、回歸社區後的主要「生活任務」；其所牽涉到的包括了病患（案主）與社區工作職場（環境）間的互動。慢性病患就業過程中，需要支持性就業，其成功的關鍵在於應提供慢性精神病患工作現場之個別訓練，並由一位或數位職業輔導員進行經常性的輔導，隨時解決其生活及工作難題，以增進職業適應。慢性病患社區支持性就業的主要特質即在，以慢性病患為主要對象、有薪、非庇護性的整合性工作環境與持續性的協助。

社會變遷及價值體系的更動，讓社會工作必須具備更豐富、更完整的的專業知識、技巧以協助醫療團隊中的各成員，並整合社會、經濟等各項資源，才能完成「助人」的專業使命。健康社區是一種過程，而不是一種結果，也就是說，健康社區是指居民具有一定的共識，想去改善與健康有關的環境，而非單指居民的健康達到某一特定水準。提供慢性病患社區照顧可以增加他們的適應力和降低疾病復發。慢性病患回歸社區生活可達成多項目標，不僅是在尊重社會多元需求，實踐人道主義，以更合乎人道方式照顧病患，也能減少政府支出、增加社會生產力，那麼協助慢性病患回

歸社區生活，以獲致有效的社會生活適應，便成為社會工作者現階段需要
關注的重點。

結語

　　在服務邁向多元化的現代社會裡，醫務社會工作扮演醫療團隊人員與
病患、家屬之間溝通的橋樑；而且在提供的醫療服務更是需要跨專業的團
隊合作模式，包括醫師、護理師、社工師、營養師、藥師、醫檢師等，以
病患及其家屬的需求為前提，並有遠見的看到社區民眾的潛在性問題，甚
至提早為他們規劃預防疾病與促進健康的種種措施，相信將會降低不少社
會成本與減輕個人、家庭的負擔或損失。人是社區的核心，健康是人的基
本權利，健康不再只是身體沒有疾病，更是個人擁有完整的社會功能及完
成生命週期中的任務；擁有健康不再只是靠個人的努力而已，更需有支持
性環境，以促使民眾擁有健康的生活型態。為此，醫務社區工作結合社工
專業人員以及醫療團隊工作者，運用團隊的合作方式，將是創造專業與病
患、社會大眾三贏的最佳途徑。

參考書目

中文資料

中華民國社區教育學會（1995）。學校社區化。台北：師大書苑。

中華民國社區發展研究訓練中心（1983）。社區發展的回顧與展望。

中華民國社區營造學會（1998）。社會福利社區化論文集。

中華民國現代社會福利協會（1995）。如何規劃社區照顧服務。

內政部（2000）。推動社會福利社區化實務工作手冊。中華民國社會政策學會。

文化建設委員會（1999）。社區總體營造理念與實務研討會會議手冊。台北：文建會。

王政彥（2002）。終生學習社區合作網絡的發展。台北：五南圖書出版公司。

王政彥（1998）。在社區學習。高雄：復文圖書出版社。

甘炳光（1997）。社區工作——理論與實踐。台北：五南圖書出版公司。

吳英明（1999）。市民社會與地球村。台北：宏文館圖書股份有限公司。

李天賞（2005）。台灣的社區與組織。台北：揚智。

李素卿（1997）。成人學習者，成人教育與社區。台北：五南圖書出版公司。

李瑞金（1988）。如何在社區中推展福利措施。台北：中華民國社區發展研究訓練中心。

李增祿（1983）。社會福利與社區發展之研究。台中：台中市社會工作研究服務中心。

周月清（2000）。英國社區照顧源起與爭議。台北：五南圖書出版有限公司。

季瑋珠（1993）。社區診斷。台北：巨流圖書公司。

林振春（1999）。社區營造的教育策略。台北：師大書苑有限公司。

林瑞穗（1996）。社區發展與村里組織功能問題之探討。台北：行政院研究發展考核委員會編印。

金天倫（1986）。善用社區資源推動社區發展工作。台北：中華民國社區發展研究訓練中心。

姚克明（1984）。社區組織的理論與實際。台北：台灣省公共衛生研究所。

徐　震（1990）。社區與社區發展。台北：正中書局。

翁毓秀（1988）。社區工作員的任務與職掌。台北：中華民國社區發展研究訓練中心。

莫邦豪（1994）。社區工作原理和實踐。香港：集賢社。

黃清高（1986）。都市社區的守望相助。台北：中華民國社區發展研究訓練中心。

黃源協（2000）。社區照顧：台灣與英國經驗的檢視。台北：揚智文化。

黃煌雄（2001）。社區總體營造總體檢調查報告書。台北：遠流出版社。

楊明珠（2003）。城鄉總體營造之路。台北：聯經出版事業公司。

劉毓玲（1997）。建立社區理想國。台北：天下文化出版股份有限公司。

蔡培村（1996）。成人教學與教材研究。高雄：麗文文化公司。

蔡漢賢（1986）。社區發展的回顧與展望。台北：中華民國社區發展研究訓練中心。

黎幗華（1998）。美國社會服務。香港：三聯書店。

賴兩陽（2002）。社區工作與社會福利社區化。台北：洪葉文化事業有限公司。

蘇景輝（2003）。社區工作——理論與實務。台北：巨流出版社

蔡宏進（2005）。社區原理。台北：三民。

陶蕃瀛（1994）。社區組織與社區發展實務。五南圖書出版有限公司。

外文資料

Bhattacharyya, Jnanabrata. (2004). Theorizing Community Development. Journal of the Community Development Society. Vol. 34. No. 2. PP. 5-34.

Christenson, A. James. (1989). Themes of Community Development. in Christenson, J. A. And Robinson Jr., J. W. ed. Community Development in Perspective. Ames: Iowa State University Press.

Alan, T. (2002, 3th). Community work. PALGRAVE.

Altman, I., & Wandersman, A. (1987). Neighborhood and community environments. New York：Plenum Press.

Chaskin, J. R., Brown, P., & Venkatesh, S. (2001). Building Community Chapacity. N.Y: Aldine De Gruyter.

Cox, F. M., Erlich, J. L., Rothman, J., & Tropman, J. E. (eds). (1987). Strategies of community organization. U.S.A: F. E. Peacock Publishers, Inc.

Davies, M. (1987). Community care practice handbooks-An introduction to social work theory. England：Wildwood House Limited.

Dunham, A. (1970). *The New Community Organization.* 台北：信江出版社。

Fiffer, S. & Fiffer, S. S. (1994). *50 Ways to Help Your Community.* Doubleday： A Main Street Book.

Gordon, D. S., & Donald, S. C. (1993). *Community Social Work, Older People and Informal Care.* Avebury： Ashgate Publishing Company.

Hardcastle, D. A., Wenocur, S., & Powers, P. R. (1997). *Community Practice Theories and Skills for Socialworkers*. New York: Oxford University Press.

Hadley, R., Copper, M., Dale, P., & Stacy, G. (1987). *A Community Social Worker's Handbook*. London: Tavistock Publications.

Hall, D., & Hall, I. (1996). *Practice Social Research–Project Work in the Community.* London: Macmillan Press Ltd.

Ife, J. (1998). *Community Development: Creating Community Alternatives–Vision, Analysis and Practice.* Longman: South Melbourne.

Lavender, A., & Holloway, F. (1988). *Community Care in Practice.* New York: John Wiley & Sons.

Leff, J. (1997). *Care in the Community： Illusion or Reality？* New York: John Wiley & Sons.

Lewis, J. A., & Lewis, M. D. (1989). *Community Counseling.* California: Brooks/Cole Publishing Company.

O'Connor, W. A., & Lubin, B. (1984). *Ecological Approaches to Clinical and Community Psychology.* Canada： A Wiley-interscience Publication.

Popple, K. (1995). Community work theory. *Analysing Community Work: Its Theory and Practice.* Buckingham: Open University Press.

Raymond J. (1995). *Empowerment in Community Care.* U.S.: Chapman & Hall.

Schust, C. S. (1997). *Community Health Education and Promotion–A Guide to Program*

Design and Evaluation. Maryland: Aspen Publishers, Inc.

Sen, Rinku. (2003). *Stir it Up: Lessons in Community Organizing and Advocacy*. Jossey-Bass.

Wharf, B., & Clague, M. （1997）. *Community Organizing: Canadian Experiences*. Canada: Oxford Univ. Press.

國家圖書館出版品預行編目

社區工作與社區發展 / 葉至誠著. -- 一版. --
臺北市：秀威資訊科技, 2010.08
面； 公分. -- (實踐大學數位出版合作
系列 社會科學類 AF0142)

BOD 版
參考書目：面
ISBN 978-986-221-503-6 (平裝)

1. 社區工作 2. 社區發展

547.4 99010309

實踐大學數位出版合作系列
中華民國社區發展協會專書
社會科學類 AF0142

社區工作與社區發展

作 者 葉至誠
統籌策劃 葉立誠
文字編輯 王雯珊
視覺設計 賴怡勳
執行編輯 林泰宏
圖文排版 陳宛鈴
數位轉譯 徐真玉 沈裕閔
圖書銷售 林怡君
法律顧問 毛國樑 律師
發 行 人 宋政坤
出版印製 秀威資訊科技股份有限公司
台北市內湖區瑞光路 583 巷 25 號 1 樓
電話：(02) 2657-9211
傳真：(02) 2657-9106
E-mail：service@showwe.com.tw
經 銷 商 紅螞蟻圖書有限公司
台北市內湖區舊宗路二段 121 巷 28、32 號 4 樓
電話：(02) 2795-3656
傳真：(02) 2795-4100
http：//www.e-redant.com

2010 年 08 月
BOD 一版
定價：480 元

讀 者 回 函 卡

感謝您購買本書，為提升服務品質，請填妥以下資料，將讀者回函卡直接寄
回或傳真本公司，收到您的寶貴意見後，我們會收藏記錄及檢討，謝謝！
如您需要了解本公司最新出版書目、購書優惠或企劃活動，歡迎您上網查詢
或下載相關資料：http:// www.showwe.com.tw

您購買的書名：＿＿＿＿＿＿＿＿＿＿＿＿＿＿＿＿＿＿＿＿＿＿＿

出生日期：＿＿＿＿＿＿年＿＿＿＿＿＿月＿＿＿＿＿＿日

學歷：□高中 (含) 以下　　□大專　　□研究所 (含) 以上

職業：□製造業　□金融業　□資訊業　□軍警　□傳播業　□自由業

　　　□服務業　□公務員　□教職　　□學生　□家管　　□其它＿＿＿＿

購書地點：□網路書店　□實體書店　□書展　□郵購　□贈閱　□其他

您從何得知本書的消息？

　□網路書店　□實體書店　□網路搜尋　□電子報　□書訊　□雜誌

　□傳播媒體　□親友推薦　□網站推薦　□部落格　□其他＿＿＿＿＿＿

您對本書的評價：（請填代號　1.非常滿意　2.滿意　3.尚可　4.再改進）

　封面設計＿＿＿　版面編排＿＿＿　內容＿＿＿　文／譯筆＿＿＿　價格＿＿＿

讀完書後您覺得：

　□很有收穫　□有收穫　□收穫不多　□沒收穫

對我們的建議：＿＿＿＿＿＿＿＿＿＿＿＿＿＿＿＿＿＿＿＿＿＿＿

＿＿＿＿＿＿＿＿＿＿＿＿＿＿＿＿＿＿＿＿＿＿＿＿＿＿＿＿＿＿＿

＿＿＿＿＿＿＿＿＿＿＿＿＿＿＿＿＿＿＿＿＿＿＿＿＿＿＿＿＿＿＿

＿＿＿＿＿＿＿＿＿＿＿＿＿＿＿＿＿＿＿＿＿＿＿＿＿＿＿＿＿＿＿

11466
台北市內湖區瑞光路 76 巷 65 號 1 樓

秀威資訊科技股份有限公司　　　收

BOD 數位出版事業部

∙∙∙

（請沿線對折寄回，謝謝！）

姓　　　名：_____　年齡：_____　性別：□女　□男

郵遞區號：□□□□□

地　　　址：_____

聯絡電話：(日) _____　(夜) _____

E-mail：_____